Reading 泛读中世纪 丛书
THE Medieval AGE
——广泛探索 轻松阅读——

君主之逝

千年来英国诸王死亡史

[英] 苏西·艾奇 / 著
欧阳瑾 宋安可 / 译

MORTAL MONARCHS
1000 YEARS OF ROYAL DEATHS

Dr. Suzie Edge

上海社会科学院出版社
SHANGHAI ACADEMY OF SOCIAL SCIENCES PRESS

此书献给

霍华德（Howard）、莉兹（Liz）、德里克（Derek）、凯瑟琳（Kathryn）和夏洛特（Charlotte）

目录 Contents

引 言　　　　　　　　　　　　　　　　　　　　　　　*I*

第 1 章　哈罗德·葛温森：殁于 1066 年　　　　　*001*

第 2 章　威廉一世：殁于 1087 年　　　　　　　　*008*

第 3 章　威廉二世：殁于 1100 年　　　　　　　　*015*

第 4 章　亨利一世：殁于 1135 年　　　　　　　　*021*

第 5 章　斯蒂芬：殁于 1154 年　　　　　　　　　*029*

第 6 章　亨利二世：殁于 1189 年　　　　　　　　*034*

第 7 章　阿基坦的埃莉诺：殁于 1204 年　　　　　*039*

第 8 章　理查一世：殁于 1199 年　　　　　　　　*041*

第 9 章　约翰：殁于 1216 年　　　　　　　　　　*049*

第 10 章　亨利三世：殁于 1272 年　　　　　　　*055*

第 11 章　爱德华一世：殁于 1307 年　　　　　　*059*

第 12 章　爱德华二世：殁于 1327 年　　　　　　*064*

第 13 章　爱德华三世：殁于 1377 年　　070

第 14 章　黑太子：殁于 1376 年　　075

第 15 章　理查二世：殁于 1400 年　　079

第 16 章　亨利四世：殁于 1413 年　　088

第 17 章　亨利五世：殁于 1422 年　　094

第 18 章　亨利六世：殁于 1471 年　　101

第 19 章　爱德华四世：殁于 1483 年　　106

第 20 章　爱德华五世：（可能）殁于 1483 年　　112

第 21 章　理查三世：殁于 1485 年　　118

第 22 章　亨利七世：殁于 1509 年　　124

第 23 章　亨利八世：殁于 1547 年　　131

第 24 章　亨利八世的 6 位妻子　　139

第 25 章　爱德华六世：殁于 1553 年　　150

第 26 章　简·格雷夫人：殁于 1554 年　　154

第 27 章　玛丽一世：殁于 1558 年　　157

第 28 章　伊丽莎白一世：殁于 1603 年　　162

第 29 章　苏格兰女王玛丽：殁于 1587 年　　170

第 30 章　詹姆斯一世（六世）：殁于 1625 年　　174

第 31 章　查理一世：殁于 1649 年　　180

第 32 章　奥利弗·克伦威尔：殁于 1658 年（复殁于 1661 年）　　185

第 33 章　查理二世：殁于 1685 年　　190

第 34 章　詹姆斯二世：殁于 1701 年　　196

第 35 章　玛丽二世：殁于 1694 年　　201

第 36 章　威廉三世：殁于 1702 年　　204

目 录

第 37 章	安妮：殁于 1714 年	208
第 38 章	乔治一世：殁于 1727 年	213
第 39 章	乔治二世：殁于 1760 年	217
第 40 章	乔治三世：殁于 1820 年	222
第 41 章	乔治四世：殁于 1830 年	229
第 42 章	夏洛特公主：殁于 1817 年	232
第 43 章	威廉四世：殁于 1837 年	235
第 44 章	维多利亚：殁于 1901 年	239
第 45 章	爱德华七世：殁于 1910 年	245
第 46 章	乔治五世：殁于 1936 年	249
第 47 章	爱德华八世：殁于 1972 年	257
第 48 章	乔治六世：殁于 1952 年	262
第 49 章	伊丽莎白二世：殁于 2022 年	266

参考文献	275
致　谢	279

引　言

Introduction

1066年1月，英格兰国王"忏悔者"爱德华（Edward the Confessor）已经步履蹒跚了。他的大脑血管里正在形成一个血栓。很快，血栓就危险地卡在了一条小动脉中。血栓后面那些携带氧气、能量和营养物质的红细胞和血浆因而受阻，推挤着纹丝不动的血栓。由于血液无法畅通地输送进大脑组织中，爱德华的脑细胞开始缺氧了。然而，脑细胞属于要求很高的需氧细胞，需要供血才能存活。

假如他的大部分脑组织都没有出现缺血问题（即供血不足），那么，尽管他还能暂时存活下来，但他在肢体活动、说话或者理解等方面多半都会遇到困难。爱德华多次中风，直到最后大脑停止工作，这位国王便与世长辞了。他的遗体经过防腐处理，安葬在威斯敏斯特（Westminster）由他修建的那座大教堂里。在当年1月的头一个星期里，他的去世引发了一系列事件，导致1066年成了英国历史上最著名的年份之一。王后的哥哥哈罗德·葛温森（Harold Godwinson）继承了王位，但是哈罗德没有想象到接下来发生的事情。到了1066年的圣诞节，哈罗德也撒手而去，由另一位继承人加冕为王。

虽然人们相信君主受命于天，可实际上君主与我们无异，不过都是些凡人罢了。但尽管纯属凡人，他们的死亡却常常会产生深远的影响。一位国王驾崩，可能对有些人来说预示着大祸临头，但对其他人来说却预示着他们得救了；这一点取决于他们支持的是谁，以及谁将继位成王。新君既有可能带来战争和家破人亡，也有可能带来和平与财富。每当一位君主去世，随后都是一个令人惶惑和忧心忡忡的时期。君主的死亡故事会让我们得知他们在位时的诸多情况，但其中许多故事是为了安抚刚加冕的在位者而写出来的。

"忏悔者"爱德华是一个虔诚且品德高尚的人，这样一种暗示是他统治英国之后的宗教编年史家传达给我们的。我们之所以知道爱德华是一位好人，是因为在历史记载中他得到了善终。他们不需要编造或者为我们讲述爱德华不得善终的故事，史料中也没有描述他像许多不受爱戴的君主那样死后臭气熏天地腐烂或者可怕的死亡场景的故事。他的结局平静安详，反映了我们应该怎样去看待此人。这是因为讲述君主之死的故事从来都不仅仅是对细节的简单记载。更准确地说，它们都是道德故事，旨在让百姓和子孙后代铭记他们的统治。君主的死亡，既反映了他们的生活，也体现了他们治下的生活质量。因此，爱德华之死的故事读来令人觉得舒适。不过，继"忏悔者"爱德华之后登上王位的那些君主，却并非总是得到了同等的对待。

克利福德·布鲁尔（Clifford Brewer）是最后一位在世的在1944

年诺曼底登陆（D-Day landings）期间服过役的外科医生，他和我们一样，在较为清闲的时候也对君主的死因很感兴趣。他在《国王之死》（The Death of Kings）一书中，探究了英国的历代国王与女王——从"征服者"威廉（William the Conqueror）直到维多利亚女王（Queen Victoria）——的死亡情况。他的观察结果间或带有一种外科医生的倾向，一名内科医生则有可能做出不同的阐释。

本人也是一名医生，后来又攻读了历史专业，因此对人体的历史和死亡的历史都产生了兴趣。深深地吸引着我的是，甚至在君主咽气之后，这些有时让人觉得毛骨悚然的故事也有可能被人用来进行辩护或者指控他人。尽管君主们的生活或许与手下子民的生活大不一样，可我认为那些君主的死亡其实体现出了当时每一个人的死亡情况。本书旨在探究君主们临终之时的故事，从而为我们理解他们的死亡提供新的信息。自布鲁尔所描述的那些故事结束以来，英国又有 4 位君主离世，并且至少有 1 位君主的死因已经被查明。如今，我们应该用现代的医学和遗传学知识来重新衡量英国君主的死因，并且在有些情况下对英格兰和苏格兰历代国王和女王的故事进行新的诠释。

我希望，随着我们对人体的了解日益深入，我们也会了解到更多那些自 1066 年以来塑造了将近 1 000 年历史的君主的情况。如今，我们掌握的人体和医学知识越多，就越能深入探究历史人物体内的情况，也就越能了解他们当时可能经历了些什么。只不过，这些探究全都属于回溯诊断，而我们得出的每一种观点，也都是根据当前的理解所做的诠释。对于任何一位试图进行回溯诊断的人，专业的历史学家也许会大感震惊或者不以为然。试图在事发数百年之后再来确定死因的做法，既会出现许多的矛盾之处，也会在解释时面临困难。然而，史料中对君主所患疾病和临终情况的详细记载，让我们完全可以去探究他们的死因。凭借不断变化的历史研究与流行文化潮流，君主们的生活一直都在许多故事中占据着核心位置。如今，记载君主生活的资料更加容易获得、更加广为人知，远远超过了历史上大多数人能够获取和得知的程度。但最重要的是，琢磨可能的病理和患者获得的治疗方法是一件很有意思的事情。由于有外科医生和内科医生中的精英为患病君主提供最新的医疗护理，因此我们可以看出当时人们所持的医学信条、对医学的认识和医疗风格。我们可以看出它们的变化情况，这种变化不仅存在于人们如何对待活着的躯体，也存在于他们对待死后遗体的方式当中。我们会看到，尸体剖检是在什么时候变得更加普遍，还有尸体防腐的做法如何以及为何发生了变化。我们可以看出，经由人们对君主进行的治疗，每一个人所用的那些治疗方法在 1 000 多年的时间里是如何变化的。

本书的每一章都讲述了一位不同君主的故事，我们将对有关他们的医疗历史——进行深入的探究。在对任何一位前人进行回溯诊断时，不管他们是君主还是别的什么人，我们都须小心谨慎，既不能把我们自己的患病经历强加于他们身上，也不能死板地拘泥于现代的疾病。在过去的 1 000 年里，有些疾病完全有可能出现过，然后又消失了，我们甚至都不知道它们存在过。

关于英格兰和苏格兰历任国王和女王的死亡情况，一直都既不乏离奇与意外之处，也有极其普通与十分神秘的地方。他们当中，有暴力致死的、有罹患传染病的、有纵欲而亡的，偶尔甚至还有死于弑君的。他们面对着阴谋、指控、对抗，以及无时不在的下毒危险。受伤是一种持续存在的威胁，他们不仅有可能在战场上受伤，也有可能在娱乐消遣的时候受伤。狩猎和比武，与作战一样危险。在休闲娱乐时受伤或者丧生的君主可不止一个。就算我们的君主躲过了受伤而死的结局，传染病也同样很有可能将他们击倒。痢疾、肺结核和天花都曾导致君主死亡。一位君主的死亡，很少没有谋杀的嫌疑。毒害的传言从来就没有远离过那些当权者的双唇。许多篡夺了前任王位的君主，都增加了他们自己面临类似的致命结局的危险。简而言之就是，您若是在夺得王位的时候双手沾满了鲜血，那么，如果您也将遭遇暴力谋杀的结局，就不要觉得惊讶了。

到了20世纪，国王和女王们已经不再用斧头砍掉别人的脑袋，不再用火钳捅戳屁股，也不再用腹泻的方式来治疗如今夺走我们大多数人性命的、与长期生活方式有关的肺部和心脏疾病了。然而，说到君主时，人们对这个世纪君主的死亡其实也并非没有出现过争论。

有些王室成员基本上已被世人遗忘，还有一些则在学术界和大众文化中被人们视为偶像。记载他们死亡和相关仪式的史料极多，因此对其死亡的研究也成了我们在时间的长河中如何对待、照料和处理遗体的历史。当然，对于其他人来说，他们的结局极有可能是在一场瘟疫期间，或者随着整座村庄遭到流行性疾病、饥荒或战争的蹂躏而被葬入一座万人坑里。国王与女王的身体与其他人并无二致，因此死后同样会腐坏和毫无尊严可言。

然而，就君主的情况而言，我们可以肯定的是，史料中讲述的故事和我们看到的历史都经过了粉饰，以便满足撰写者的需要。作家和宗教史学家往往都是博学之士，他们的写作目标既定下了基调，也支配着我们的理解。他们既可以让他们觉得应当崇拜的人拥有圣洁的身心健康，也可以让他们想要抹黑的人拥有邪恶的腐烂结局。他们动动笔就能做到这一点，而他们撰写的故事至今也仍在流传。

活着的人虽然经常为国王与女王的遗体举行奢华且隆重的告别仪式，但他们并没能获得十足的安息。为寻找铅和财宝而进行的盗墓、修道院的拆毁以及人们纯粹的好奇心，已经导致许多坟墓被打开、凿穿、挖掘和被盗。至于理查三世[1]，人们发现其遗骸的过程甚至成了一个关于坚持不懈、解决问题再加上运气不错的精彩故事。

如今，我们该戴上橡胶手套，深入探究一下1 000年来这些君主死亡的血腥内幕了。

苏西·艾奇

2022年3月

---

[1] 理查三世（Richard Ⅲ，1452—1485），英国"约克王朝"的最后一位国王（1483—1485年在位），据说是杀害了侄子之后登上王位的，后在战斗中因部下叛变而被杀。莎士比亚等剧作家曾将其刻画为"驼背暴君"的形象。——译者注（如无特别说明，本书脚注皆为译者注）

第1章

哈罗德·葛温森：殁于1066年

Harold Godwinson

哈罗德在错误的时刻抬起了头。

从贫民学校（Ragged School）教室里到伊顿公学（Eton College）礼堂里的每一名英国学童都须了解到，英国国王哈罗德是在1066年的黑斯廷斯之战（Battle of Hastings）中被一支利箭射中眼睛而亡的。

听到附近的一名士兵喊了一声"当心"，哈罗德便转过身来，在可能算最糟糕的时刻往战场上方的空中望去。冰冷而锋利的箭头射中他的脸部，击穿了他的眼球。眼中流出的液体润滑了箭头，使之一路撕裂了他的视网膜，穿透了他的颅骨，射入了他的大脑额叶当中。如今，在本地酒吧星期五晚上举行的智力游戏中，在孩子们和奶奶于圣诞节时玩

"打破砂锅问到底"（Trivial Pursuit）的游戏的交谈中，这个故事都会一遍又一遍地被提起：1066 年，英国国王哈罗德二世在黑斯廷斯被一支利箭射中眼睛，由此开启了诺曼征服（Norman Conquest）和"征服者"威廉的统治。

可同样是这些学童，注定会在日后人生中某个极度令其失望的时刻得知，哈罗德之死的具体情况很有可能属于无稽之谈，哈罗德·葛温森十有八九不是那样丢掉性命的。如果此时就是这样一个令他们感到失望的时刻，那我表示最诚挚的歉意。

尽管如今英国的学校里教给学生的有可能仍是这种说法，但出现了一种强有力的论据，证明哈罗德之死并不是由利箭造成的。只不过，这种认为利箭致死一说纯属谎言的现代观点，却无法阻止我们思考在 11 世纪的战场之上被箭矢射中眼睛而亡的想法。

哈罗德有一个经久不衰的刺绣形象，其中的他紧紧抓着一支牢牢地扎在脸上的箭矢；这个形象源自一件已经保存了数个世纪之久的绝妙艺术品，即巴约挂毯（Bayeux Tapestry）。这件刺绣品保存得极其完好，长达 70 米，向我们讲述了诺曼入侵的故事。我们不太清楚这个故事究竟是由何人讲述的，也不清楚哈罗德究竟遭遇了什么。伸手去抓脸上箭矢的士兵的标志性形象，就位于"国王哈罗德被杀于此"（*Hic Harold Rex Interfectus Est*）一行文字的下方。

那些敏锐地观察巴约挂毯的人会注意到，挂毯上还绘有一个人，并且也绘在那行文字的下方。此人倒在地上，被一名挥舞着利剑的骑兵扎穿了。这个人可能自始至终就是哈罗德。然而，如果按照顺序来看巴约挂毯，我们就可以看出，哈罗德先是被箭矢射中了眼睛，倒在地上（其间袜子变了），然后才丢掉性命，被持剑的骑兵大卸八块。有意思的是，在18世纪的一幅巴约挂毯的复制品上，哈罗德的脸上却没有中箭。那么，他脸上的利箭会不会是后来添加上去的呢？或许是在修复的过程中添加的？

被箭矢射中脸部，不一定会立即致人死亡。至少还有两位君主可以证明这一点。英格兰的亨利五世（Henry V of England，在他还是威尔士亲王[1]的时候）和马其顿的腓力二世［Philip II of Macedon，即亚历山大大帝（Alexander the Great）的父亲］两人都在战斗中受过箭伤，但将箭矢从他们的颅骨上拔下来之后，两人都活了下来。可惜的是，苏格兰的詹姆斯四世（James IV of Scotland）却并非如此：1513年，他在弗洛登[2]被一箭射中脸部而亡。

但这并不是说，哈罗德国王就百分之百不是因为眼睛中箭而死的；要记住，他确实死于1066年10月的那个战斗之日。我们的确知道，他的生命并不是在一个漫长而痛苦的临终场景中结束的。哈罗德之死，并非严重的伤口感染了整个脸部，引起了败血症所导致。他并没有痛苦地躺上数周之久，并没有神志不清地由一位早已悲痛欲绝的遗孀照料他的伤口。某种东西让哈罗德当天就去世了。那是一瞬间的事情；如果说是箭伤，那么利箭一定是深深地插入了他的眼中，穿透了眼睛后面的颅骨，导致大脑深处损伤。它一定是造成了脑内出血和肿胀，这意味着含氧血液无法再流经大脑和维持大脑的正常功能了。

---

1 威尔士亲王（Prince of Wales），在12世纪之前，该头衔是威尔士本地的领导人的头衔，自1301年英国征服威尔士之后，该头衔一直为英国王位继承人所有。
2 弗洛登（Flodden），英国诺森伯兰郡北部的一处丘陵，1513年英格兰人在这里打败了入侵的苏格兰人。

诺曼人的弓箭所发射出来的木箭上固定着金属箭头，就空气动力学原理而言，这样的箭具有快速而锋利的特点，可以轻而易举地射穿脸部组织、眼球、眼窝处的薄骨，以及它们后面呈果冻状的大脑组织。眼球本身极其脆弱，却位于具有保护作用的颅骨外面。它只是一个软乎乎的液体球，由周围的细小肌肉固定和控制着。

假如一位诺曼人是用拳头击中了哈罗德的脸部，或者使用的是一件钝的武器，那么，哈罗德的眼球一定会往后被挤回眼窝，而不会爆裂。那种力量的冲击力可能很大，足以导致眼窝后面的薄骨层破裂。这层薄骨是为了整体才被牺牲掉的，它会释放掉能量，防止眼球即将发生的、棘手的爆裂。这种情况有点儿类似于在一场冲击力很大的撞车事故中，现代的汽车外壳会在乘客四周扭皱起来。在这种创伤性事件中，似乎无人能够幸免于难，但正是汽车外壳的坍塌挽救了乘员的性命，因为它吸收了碰撞的能量。

眼眶骨折是压力穿过眼睛后让薄骨层受到直接冲击导致的，称为爆裂性骨折。所以，爆裂性骨折可以防止眼睛遭受钝力造成的损伤，但被锋利且迅速的箭矢射中却是另一回事了。利箭一旦射穿眼球和眼窝壁，就会碰到柔软的脑组织，因为它避开了保护脑袋其余部位的坚硬颅骨。

箭头一旦穿透眼窝，就会击中大脑前部叫作前额叶的地方。不足为奇的是之所以得名如此，正是因为前额叶位于大脑前部。尽管命名合乎逻辑，但大脑额叶负责处理的却是情感。我们可以推想，假如哈罗德的大脑额叶受到了猛烈的撞击，那就完全有可能暂时性地导致他情绪失控，可能还会让他脏话连篇。大脑额叶受损后，若是没有让人立即丧命，确实就会体现为患者的行为失常。

假如我们一定要找出导致哈罗德当场丧命的一处损伤，那就是利箭肯定射穿了他的大脑和其中的血管。这种情况可能导致了一连串的出血与肿胀，让脑组织挤压自身和颅骨，直到血液不能再流动、无法再为脑组织提供氧气。遭受这种性质的创伤性脑损伤之后，这个人很快就会陷入昏迷和走向死亡。

哈罗德虽然有可能并未因被利箭射中眼睛而当场身亡，但他完全有可能因为行动不便而被持剑的士兵抓住和砍死。亚眠主教（Bishop of Amiens）居伊（Guy）在其《黑斯廷斯战役之歌》（"Song of the Battle of Hastings"）中称，哈罗德被4名骑士大卸八块，其中就有诺曼底的威廉（William of Normandy），他的这部作品是最早描述同一时期诸多事件的史料。当然，他们都会声称哈罗德死于所向披靡的威廉之手。记载此事的版本很多，有些刻画了哈罗德面部中箭的情况，有些却没有。

在叙述国王和女王之死的时候，人们的说法总是五花八门、截然相反，这种情况将变成一种主旋律。他们经常会对君主的政治、宗教或者道德品性进行评论，试图将继任君主的统治合法化。宣传性、含混不清和相互矛盾的说法，既可以让君主的死亡方式变得更加血腥，同时也可以让君主的死亡方式变得更具深远的意义。通常来说，描述君主遭遇的故事能让我们深入了解当时的政治背景，尤其是继任君主所处的政治环境。

哈罗德死了，不管是死于箭伤还是死于剑伤，而他的遗体也落到了获胜的诺曼人手里。哈罗德的遗孀伊迪丝（Edith）被带到了诺曼人的军营里，去辨认那具据说就是她丈夫的遗体。由于遗体的脸部已经严重受损，因此伊迪丝当时也许只能通过在一些仅为她所熟悉的部位辨认出其他的显著标记来给出答案。

哈罗德的母亲去找威廉（此时我们就可以称他为"征服者"了），

提出用黄金将儿子的遗体赎回去。威廉没有答应，因为他担心哈罗德的遗体会被人们当成圣物，或者当成烈士供奉起来。威廉本人在横渡英吉利海峡（the Channel）之前，曾经挖出了圣瓦勒利（St Valery）的遗体来获得道德支持，所以他认为哈罗德的遗体也有可能如此，这种想法是对的。而且，见到遗体的人或许会注意到哈罗德的脸上并没有插着一支利箭，那样就会毁掉一个流传千年之久的好故事了。

关于哈罗德·葛温森的安息之地，人们至今仍有争议；因此，有些人一直都在试图挖出他们认为属于哈罗德的骸骨，以寻找答案。

1954 年，工人们在英国苏塞克斯郡（Sussex）博瑟姆（Bosham）的圣三一教堂（Holy Trinity Church）里抬起一块破旧腐朽的地板时，发现了一具盎格鲁—撒克逊（Anglo-Saxon）的棺材。博瑟姆是哈罗德的出生地，因此当地的历史学家认为，那具棺材中的可能就是哈罗德的骸骨。由于骸骨的头部和一条腿的部分都已缺失，所以这种伤情与亚眠的居伊那首歌曲中描述哈罗德最后时刻的情况相吻合。2003 年，奇切斯特主教区（Diocese of Chichester）驳回了一份挖掘请求，认为确认这具遗骸真实身份的可能性不大。因为某种观点或者为了满足好奇心而在证据如此之少的情况下去挖掘遗体，在当时被认为是一种耸人听闻的做法，尤其是挖掘任务的费用还会由一家电视公司来支付。更何况，该项目很有可能徒劳无果。就算 1954 年发现的那具骸骨确实有所残留，人们能够从中提取到 DNA 的机会也微乎其微，而在这一过程中，他们还需毁坏部分骸骨。即便能够提取到 DNA，他们也还需要一个参照者，即一个能够确定是差不多一千年之前的哈罗德·葛温森本人后裔的在世者。如今的碳年代测定法还不够精确，不足以确定这些骸骨属于哈罗德，而非这位国王上一代或者下一代人的骸骨。

不管墓中安葬的究竟是不是哈罗德，掘开一位基督徒的坟墓都将产生严重的后果，都将开创一种危险的先例。那样一来，闸门将被打开，首先是本书中提及的每一个人的遗体都可以挖掘出来，那然后又将是谁呢？

大多数学者认为，有证据表明，哈罗德安葬在沃尔瑟姆修道院（Waltham Abbey）里。一些记载中声称，这位国王是被海葬了；还有一些史料则称，他的安息之地是在靠近海滨的某个地方，而且故意没做标记，以免变成反抗诺曼人的叛军所供奉的圣物。在据说哈罗德身亡的那个地方，矗立着贝特修道院（Battle Abbey）或者说该修道院的遗址，但哈罗德的骸骨留存于何处却依然是个谜团。

那天哈罗德究竟有没有被利箭射中眼睛，是一个我们永远都不太可能回答的问题了。就算他被射中，箭矢也有可能没有让他立即丧命，只是导致他无力再去抵挡身边那些挥剑持矛的暴徒了。眼睛中箭的说法极有可能代表着一种不利于这位国王的观点，即他实际上并不是一位真命天子。威廉对王位的要求充其量是试探性的，但诺曼人都认为，哈罗德违背了他向诺曼底的威廉发下的誓言，所以得到了应有的惩罚。他为背信弃义付出的代价，就是当时人们对叛徒实施的那种象征性惩罚，即剜目致盲。在接下来的一千年间，哈罗德都被世人描绘成了一个背叛誓言的瞎眼国王。我们不会是最后一次碰到这样的死亡故事，它们传达的是作者围绕着对逝者的记忆所形成的隐秘目的，而不是对逝者辞世时刻的真实描述。

第 2 章

威廉一世：殁于 1087 年

William I

诺曼底的威廉公爵就是在 1066 年的黑斯廷斯之战中获胜的那位私生子。他实际上还被人们称为"杂种"威廉（William the Bastard）。我们并非仅仅因为他入侵了英格兰而如此辱骂他。他是罗贝尔大帝（Robert the Magnificent）和法莱斯的赫勒瓦（Heleva of Falaise）两人的私生子，但我们暂时还是应当称之为"诺曼底的威廉公爵"，因为这样对孩子们更好。威廉在此战中获胜，于是这位诺曼底公爵就能够要求登上英格兰王位了。

威廉相信自己登上英格兰王位是名正言顺的，因为他的远房表亲"忏悔者"爱德华曾经承诺把王位传给他。他认为这是新任国王哈罗德发过誓要维护的安排，于是愤怒的威廉便前去寻求他认为原本就属于自己的王位。如今世人所称的"征服者"威廉,在声名狼藉的 1066 年圣诞节那天开始了他的统治。

威廉加冕之后采取了许多巧妙的措施,包括兴建新的城堡、让手下的诺曼底贵族迁居到英格兰,以及进行北方劫掠(Harrying of the North)。他将手下的神职人员安插到教会的重要职位上,将当地的神职人员排挤了出去。他下令编纂了《末日审判书》(Domesday Book),其中记录了百姓及其土地的情况,或者更确切地说,其中记录了威廉新获得的土地情况。不过,他没有在英格兰停留太久,而是回到了法国,因为那里的天气稍微宜人一些。那样做可不能怪他。

1087 年夏季,也就是黑斯廷斯之战的 21 年之后,诺曼底的威廉依然在四下征伐和大肆劫掠。在一场突袭之后,骑着战马穿过芒特(Mantes)的大街小巷时,他很可能正在思忖着法国君主对他说过的话。法国国王腓力(King Philip)曾指出,威廉胖得就像是一名孕妇。威廉当上英格兰国王之后,体重大增。他身旁的那座城市正在化为焦土,手下烧杀掳掠、无恶不作的军队点着了房屋,导致城中一片混乱。一座着火的房屋腾起了一团炽热的火光,把威廉的坐骑吓了一跳。多宾(Dobbin)猛地立起后腿,砰的一声倒在了地上。威廉在不断庆祝征服的过程中而变得过于庞大的身躯被甩向前方,丰腴的肚子撞到了马鞍那沉重的铁制鞍桥上。

腹部撞击带来的压力让他的内脏猛地往后,撞向坚硬的脊柱和骨盆,足以将他的一处器官挤压并且撕裂开来。肠道穿孔是人们分析威廉之死时最常提及的一个原因,但也有可能是直肠穿孔或者膀胱穿孔,甚至有可能是尿道穿孔。在肠道穿孔这样的伤情中,医生应该会听到伤员说腹部胀痛,同时还伴有呕吐症状;这位国王的死亡报告中虽然提到了他曾痛苦地呻吟，却没有提及腹胀和呕吐这两种症状。肠道穿孔意味着肠道里的东西，比如那么多场征伐过后庆祝时所吃的汉堡和所喝的啤酒——通常情况下，肠壁会将它们与腹膜（即腹壁的内层）隔开——都会溢出来，由此导致的粪便和细菌会大肆引发问题。结果就是腹膜炎，即腹膜发炎和感染。不加治疗的话，腹膜炎有可能导致痛苦的死亡。如今，这种患者需要一名外科医生、一名麻醉师、多位手术室护士和重症监护室护士，加上充足的抗生素才能救活。虽然撰写编年史的修道士奥尔德里克·维塔利斯（Orderic Vitalis）没有提到威廉住过什么重症监护室（ICU），但我们必须记住，此人的描述是在威廉死了数年之后才记载而成的，因此有可能遗漏了一两处细节。

另一种情况是，威廉的下腹部遭到马鞍鞍桥的猛烈撞击之后，他的膀胱甚至是尿道（即让尿液从膀胱往下排出体外的管道）可能穿了孔。这种伤势虽然罕见，但夹在两腿之间的马鞍若是极其大力地推挤，就有可能出现。

膀胱穿孔的信号就是血尿（即尿液中带血）；同样，我们应该会在记载中看到对这一点的说明。从膀胱壁的裂缝中渗漏出来的尿液，可以导致不该有尿液的部位受到感染，然后造成有可能致命的败血症。尿液若是不能排出尿道，就会回流到肾脏当中，从而影响肾脏的功能。肾脏若是因什么而无法过滤血液，接下来就会造成危及生命的问题。

不管是哪种器官穿孔，肠道、膀胱也好，尿道也罢，反正都是这次受伤导致了威廉的死亡。但是，他拖了好几个星期之后才去世；威廉命人把他送到了诺曼底首府鲁昂（Rouen）的圣热尔韦隐修院（Priory of St Gervais），他手下的主教们可以在那里照料他。编年史家奥尔德里克曾写道，在弥留之际的那段时间里，威廉至少有所悔改，对他犯下的一切暴行，尤其是在英格兰犯下的暴行感到愧疚。他还有时间对他的两个儿子和土地做出规划，让威廉·鲁弗斯（William Rufus）当英国国王，让罗贝尔·柯索斯（Robert Curthose）担任诺曼底公爵。1087 年 9 月 9 日，英国国王兼诺曼人公爵（Duke of the Normans）威廉一世死于一处器官内部破裂引起的并发症。那天上午他还神志清醒，然后就驾崩了，享年 59 岁。

发生在"征服者"威廉身上的故事，并没有就此结束。当然没有。国王刚一驾崩，劫掠之风便四处而起，他身边的贵族也纷纷跑去保护各自的土地和财产了。他们留下来的仆役，便将国王的所有财物都据为己有，连他的衣服也不放过，让他的遗体随随便便地躺在寝宫的地板上。这个故事经常被人们反复提及，用以证明当一位不受人爱戴的国王导致的恶果。人们都认为威廉奸巧狡诈、缺乏教育、教养不足，不配当国王，而其驾崩的故事则变成了那种德不配位的延伸。

很快，国王那具冰冷的遗体便开始变色了。尽管他的遗体被人从卧室的地板上挪回到了床上，可接下来的情况几乎却没有什么庄严可言。他的朝臣们花了很久的时间来决定如何纪念他、怎样和在哪里安葬他，以及应该邀请哪些人来参加葬礼。他们花了很长的时间。鲁昂大主教（Archbishop of Rouen）最终宣布，国王的遗体应当送到卡昂（Caen）的圣斯蒂芬（St Stephen）的修道院里去；可由谁来处理遗体，给遗体进行防腐，或者去除已经发臭的部位呢？一重又一重障碍接踵而至。在前往卡昂的路上，送葬队伍还不得不停下来扑灭一场突然发生的火灾。所有的遗体都会开始发臭，连国王的遗体也不例外。一位名叫卡昂的阿塞林（Ascelin of Caen）的骑士站出来，声称即将安葬威廉的那座教堂建在他父亲拥有的土地上，而那处土地是被诺曼底的威廉骗走的。他不会允许葬礼举行，除非他们付清钱款，只有这样，他才会同意他们继续举行葬礼。我们想不出最终究竟是什么让此人改了主意。

与此同时，威廉那具不断腐烂的遗体正在鼓胀起来，变得越来越大。人死之后遗体之所以会胀大，是因为将肠道内的东西留在肠道里的机制不再起作用了，于是所有的污秽之物都会泄漏出来。细菌开始为所欲为，可以大快朵颐了；它们一边大肆享用有如美味炖菜的国王尸体，一边打着饱嗝、放着臭屁。气体会让尸体鼓胀起来，而您若是像当时的他们那样，试图把那具鼓胀的、充满了气体的尸体塞进一具石棺里，就一定会有什么东西塌陷下去，并发生爆裂，只是爆裂的肯定不会是石棺。我们很难想象，正在腐烂的遗体突然爆裂之后，国王那具遗体会散发出多么难闻的气味。在送葬队伍的前头，用链条系着的香炉左右晃动，散发出乳香和香料燃烧时产生的烟雾，但没有什么效果。空气中的腐臭之味，直冲鼻孔。他们只得草草完成仪式，然后赶紧离开。

任何一个与威廉有关系的人，可能都已经对尸体横陈的场景习以为常了。在黑斯廷斯之战爆发前，威廉曾经等着天气好转，以便可以让他手下的军队乘船横渡英吉利海峡；他需要一个办法，才能让雇佣的军队在等待之时继续支持他。他们当时驻扎在圣瓦勒利镇，因此将那位与该镇同名的圣徒的遗体挖出来在军队前面展示，命令他们在圣徒的遗骸面前祈祷胜利，似乎就是一件相当正常的事情了。只不过，与威廉不同的是，圣瓦勒利的遗体不会爆裂。他是一位圣徒，因此没有关于他的遗体曾像这位腐烂的国王的遗体一样爆裂的故事。

腐烂是一种比喻，用于给人们认为德不配位的国王们的往事打上烙印。人们认为威廉是一个毫不尊重英格兰的暴君，因此听到他的财产遭人洗劫、他的遗体腐烂破败的说法，就不足为奇了。如果一具完好无损的遗体是死者圣洁的标志，那么一具臭气熏天、腐烂不堪、爆裂且渗出尸水的遗体，无疑就证明了相反的情况。

他那位即将成为下一任英格兰国王的儿子威廉·鲁弗斯，派人为已故的父亲修了一座坟墓；在那座坟墓里，威廉一世竟然出人意料地安息了500年之久。1522年，教皇曾经让人打开他的坟墓看了看，发现一切都保存完好。他被重新下葬，但40年之后，一群加尔文教派（Calvinist）的暴民非法打开了墓穴。他们都指望着找到财宝，可发现其中没什么有用的东西之后，便破坏了墓穴。残留下来的骸骨被人们再次安葬，但后来又在法国大革命（French Revolution）期间遭到了毁坏。当时的盗墓者是在寻找用于制造火枪子弹的铅。只有一根大腿骨，即左股骨没有遗失，并且被人们重新进行了安葬。20世纪60年代，人们又发现了这根股骨。股骨是人体当中最大的骨头，因此哪怕只有单独的一根，也能告诉我们许多的情况。它们可以提供有关股骨主人身高和健康方面的线索。这根股骨源自一个身高约为5英尺9英寸到5英尺11英寸[1]的人。据信，这就是威廉一世留存下来的全部遗骸了；1987年，人们再度将其下葬，以纪念"征服者"威廉去世900周年。他的坟墓上，一块大理石墓碑上刻有一段拉丁文墓志铭，意思是：

所向披靡的"征服者"威廉在此长眠，

---

1 英尺（foot）和英寸（inch）都是英制长度单位，1英尺合12英寸，约合0.304 8米，因此这里的身高约为1.75米到1.8米。

他曾是诺曼底公爵和英格兰的国王，

也是王朝的缔造者，

殁于1087年。

我们能给"所向披靡"一词下个定义吗？唔，我想，到目前为止，他的股骨就是如此。

第 3 章

威廉二世：殁于 1100 年

William II

威廉二世的绰号一点儿也不亚于他的父亲（绰号"征服者"威廉和"杂种"威廉），他被称为威廉·鲁弗斯，意思就是"红脸"威廉（William the Red），因为他有着红红的面色。鲁弗斯并不是"征服者"威廉的长子，而是家里的第三个儿子。他们在新森林（New Forest）的一场狩猎事故中失去了哥哥理查（Richard），当时鲁弗斯才 10 多岁。请记住这个重要的事实，后来它还会出现。显然，新森林对王子们来说是一个危险的地方——或者说，理查死于那里的事实给 30 年之后的某个人带来了灵感。

鲁弗斯还有一个哥哥，名叫罗贝尔。罗贝尔有一点儿桀骜任性，竟然站在"征服者"威廉的敌人，即法国国王一边。尽管他最终与父亲言归于好，但罗贝尔没有获得英格兰的王位。相反，他获得了诺曼底公国，其中并不包括英格兰。英格兰给了鲁弗斯。他们最小的弟弟亨利（Henry）没有获得土地，只是在父王驾崩之后得到了 5 000 英镑。亨利属于那种得到什么东西时会斤斤计较，为了确保自己得到了承诺的数量，一分不差、一毫不少的人。父王最终下葬之后，兄弟们之间的争斗便愈演愈烈，但亨利却笑到了最后。

身为国王，威廉·鲁弗斯的表现还算不错。他捍卫了父亲的王国，镇压了叛乱。他是一位受人敬重的军事将领，享有勇敢和幸运的美誉。他以对忠心耿耿的士兵非常慷慨著称，后者都乐于服从国王的命令，因为不忠会让他们付出高昂的代价，受到严厉且残酷的惩处。

然而，当时还是有许多人对这位国王心怀不满，其中最主要的就是教会。威廉已经拥有了军事实力，并且牺牲了教会和叛乱贵族的利益，增加了他的个人财富。他迟迟没有委任神职人员，以便他能够将土地和财富为自己所用。他的态度显然是反对教权和蔑视宗教的。他的宫廷雍容华丽、崇尚享乐，因此在修道编年史家对威廉·鲁弗斯的描述中也毫不掩饰地充斥着同样的轻蔑之情。这些编年史家碰巧都是虔诚之士，受到了鲁弗斯的蔑视，因此他们便把鲁弗斯描绘成了一个挥霍无度的人和好色之徒，而最糟糕的是，他还是一个不敬上帝的人，因此后来的遭遇就是罪有应得了。

鲁弗斯后来的遭遇，发生在 1100 年 8 月初一个天气晴好的日子里。那天，威廉醒得很早，因为前一天晚上他喝了很多的酒。他是从梦中惊醒的；他梦见自己与魔鬼进行了交谈，而魔鬼对他说，第二天就会去见他。僧侣们也曾告诉他，说他们看到了一些幻象，预示着即将发生可怕的事情。威廉既没有意识到问题的严重性，也没有对此感到烦恼；于是，那天下午，他们便去打猎了。

他们准备就绪之后，威廉便把他的两支箭递给了同行的普瓦领主（Lord of Poix）沃尔特·提利尔（Walter Tyrell）。"好箭应配好射手"（Bon archer, bonnes flèches），他说。我们也许会想知道，那些箭矢之上是否真的刻有威廉的名字。

威廉的弟弟亨利当时正在那片森林里的另一支狩猎队里打猎。狩猎开始了。一头牡鹿跑了过去，沃尔特·提利尔引弓瞄准，射出的箭掠过一棵树之后，射中了国王的胸膛。这可不是好事。一支利箭若是穿透胸部，锋利尖锐的铁制箭头插入肋骨之间，就会击中肺部组织或者重要的血管，甚至是击中心脏。射中肺部将意味着肺部组织向外界敞开，空气和血液就有可能被吸入胸膜（即肺部内膜）与肺组织之间的腔室当中。这种血气胸不但意味着肺部无法正常发挥功能，不能交换活细胞所需的气体，由此带来的压力还有可能对心脏造成挤压。像主动脉（将血液从心脏输送到其他身体部位的动脉）这样的重要血管一旦被刺穿，就会让血液大量喷溢到周围的组织中。心脏的每一次跳动，都会让更多的血液在不应该有大量血液的部位淤积起来。随着心脏泵出的血液越来越少，身体就会出现血压下降的症状，而心脏会开始更加有力、更加快速地泵出血液。儿茶酚胺（应激激素）将被释放，它们会让血管收缩，增加心脏的活动，而心脏则会竭尽全力去弥补供血的不足。鲁弗斯很可能一直在大口大口地喘气，因为他的身体正在努力为组织提供更多的含氧血液；到了此时，他的身体组织（尤其是大脑）都想知道体内的血液究竟去了哪里。假如血管上喷出血液的撕裂之处没有修补好，那么这些补偿机制就会徒劳无用。

周围组织中这种大量淤积的血液若是继续增多，就会挤压到心脏本身，而逐渐增加的压力就会导致压塞（即压迫心脏），让心脏无法动弹，使心脏没有空间来填充并将血液泵出。假如锋利的金属箭头刺穿了心脏本身，受损的心肌马上就会难以协调心脏的挤压和泵血功能了。在这两种情况下，最终结果都将是心脏无法泵血或者无血可泵。

就在他的身体努力进行弥补，试图让他在大量失血的情况下仍能维持生命的同时，威廉折断了射中他的那支利箭的箭杆。他倒到了地上，导致剩下的箭杆更深地扎入了胸腔，就此咽下了最后一口气。要想在这样的伤情中留得性命，您需要立即进行院前的紧急手术来止血。心肌会出现纤维性颤动，因为心脏无法再有效跳动，心肌的运动也会变得不稳定起来。就威廉·鲁弗斯来说，这种伤情所需的医疗护理完全是这位12世纪的国王的同行之人无法提供的。再说，他的随行人员反正也都跑得没影了。他们可不想在一位死去的国王身边被人逮住，或者承担国王之死的责任。一位国王的尸体竟然被随行人员弃之不顾，这个故事再度代表了一个恐惧的时代。提利尔逃之夭夭，先是到了法国，后来又参加了十字军东征。他没有参加这位已故国王的葬礼。参加葬礼的人不多，连国王的弟弟亨利也没参加。

当时，没人留下来处理这位刚刚死去的国王的遗体。这是人们都很熟悉的一个故事；我们得知，13年前，他的父王"征服者"威廉的情况也是如此。国王驾崩意味着改朝换代，意味着新王继任之前可能出现无法无天的局面。一些仆役被留下来搬运这位国王的遗体。他们把遗体拖到一辆马车上，青紫色的血液不断滴落到他们的衣服和手上。放在马车上送往温彻斯特（Winchester）的时候，国王体内的最后一丝空气便从他喉咙里冒着泡沫的血液中汩汩地冒了出来。

威廉·鲁弗斯没有子嗣。王位继承人只能是他的一位兄弟，不是罗贝尔就是亨利；由于罗贝尔当时不在英格兰，因此亨利抓住了机会。听到王兄的死讯之后，亨利即刻骑马启程，但他没有赶往哥哥的身边，而是赶往了温彻斯特。

对于那天发生的事情，人们的说法可不止一种。另一位作家，即法国圣德尼修道院的塞热留斯院长（Abbot Sergerius of St Denis）声称，当天他的好朋友提利尔根本就不在那座森林里。提利尔在临终之前也没有就此事进行忏悔，而临终之时通常都是人们坦白一切罪孽的时候；因此，他或许确实没有做出我们的史书强加于他的那件卑鄙之事。那些相信国王遭到了暗杀的人则提出，提利尔是位神箭手。他并非箭法不行，所以不太可能是意外射中了国王。

几天之后，也就是1100年8月5日星期天，亨利没有到温彻斯特参加王兄的葬礼并进行悼念，而是去了伦敦，由莫里斯主教（Bishop Maurice）加冕，成了英格兰国王亨利一世（Henry I）。他想抢在参加十字军东征的哥哥罗贝尔·柯索斯返回之前尽快登基。在这个没有国王就意味着没有法度的时代，人人都是乐见一位新王如此迅速地加冕的。

就在森林中发生这些不幸的事件之前，由于鲁弗斯蔑视教会和他的不虔敬之举，教皇一直都想把他革除出教。然而，亨利却获得了教会的支持。亨利统治期间的修士编年史家在他们对威廉二世之死进行的撰述中，并不敢提出他是死于暗杀的指控，但我们可以。亨利有暗杀的动机，在鲁弗斯死后对其遗体不闻不问，而且有意思的是，他还见证了自己的哥哥理查和侄子（也叫理查，此人是罗贝尔·柯索斯的儿子）之死，而这两人竟然也是在那座森林里狩猎时意外中箭身亡的。听到王兄的死讯之后，他一刻也没有耽搁。他径直赶往温彻斯特的王室国库，仅仅3天之后就加冕了。这些事情中，哪一件都不像是一个清白无辜的兄弟能干出来的。

我们如今很难查明威廉·鲁弗斯的遗骸,就算不像查明鲁弗斯本人的情况那样困难。他原本安葬在温彻斯特大教堂(Winchester Cathedral)里,但他的遗骸后来却不知所终了。数百年来,人们一直认为威廉·鲁弗斯的骸骨跟其他的盎格鲁—撒克逊君主和几位主教的骸骨放在一起,存于温彻斯特的 6 个地下藏尸所里。这些骸骨都是在其原墓遭到洗劫之后收集来的,虽然如今有份名单称它们可能属于 12 个人,但没人确切地知道这些骸骨究竟属于谁。最近的 DNA 分析已经表明,这些骸骨来自 22 位不同的人物,但其中只有一人的身份能够确定下来,此人就是诺曼底的爱玛王后(Queen Emma of Normandy)。威廉·鲁弗斯虽然没有安息,但如今至少不会像他在那天被随行人员抛弃一样,孤零零地独自躺在棺材里了。

新森林里有一块石碑,标出了如今我们讲述的这个故事在 900 年前的发生之地。那里到底是王室一场可怕事故的发生地,还是一桩恐怖谋杀案的现场,我们永远都不得而知了。我们很难想象,威廉的弟弟亨利一世曾去那里悼念过他。

第 4 章

亨利一世：殁于 1135 年

Henry I

> 伴君实如伴火，
>
> 太近易遭炙灼，
>
> 太远则难免受冻。
>
> ——英国国王亨利一世的御医佩特鲁斯·阿方西（Petrus Alfonssi）

亨利一世是"征服者"威廉的儿子和威廉·鲁弗斯的弟弟，此人也有一个绰号，只不过我们不那么经常听到人们使用罢了。他曾被称为"亨利·博克勒"（Henry Beauclerc），这是一个法语名字，意思是"好文书"，因为亨利能读会写，受过教育。我们可以说，他是一个知识渊博的人。他更像是一位外交家，而不是像哥哥威廉·鲁弗斯那样的战士；或许，这一点就让人们难以去指控他在1100年的新森林里暗杀了身材高大的王兄。在亨利统治期间，威廉·鲁弗斯之死被坚决地归咎于胸部意外中箭。如今没有什么君主对我们虎视眈眈了，所以我们可以毫不害怕遭到处决，大胆地说亨利很可能就是他的王兄之死的幕后黑手，因为他想要夺取英格兰的王位。当然，在他们都已死去900年之后，指控某个人犯有谋杀之罪也是一件轻而易举的事情了。

王兄驾崩之后，亨利极其迅速地动身赶往温彻斯特，仅仅数天之后就在伦敦加冕了。当上英格兰国王的时候，亨利一世时年32岁，接下来他统治了英国35年。若想讨论亨利一世之死，我们需要了解此人的生活背景才行，尤其是我们已经看到，就算在他们去世很久之后，一位君主的死亡常常也会被人们当成评价甚至是抨击其统治的理由。

修士编年史家们认为，亨利治下的宫廷要比他的大个子王兄那个放纵无度的宫廷要健康得多。不管亨利是怎样得到王位的，大家都非常喜欢这位国王。连孩童们也记得"过量食用七鳃鳗"（A surfeit of Lampreys）这句与亨利一世之死有关的话，即使他们对亨利一世的其他方面一无所知。请您记住滑溜溜的七鳃鳗，我们稍后就会谈到。

1068年前后，亨利·博克勒这位赫赫有名的约克郡人（Yorkshireman）生于塞尔比（Selby），从小就立志要为英格兰的民众尽力谋福。亨利与任何一位碰巧经过他身边的女人都发生过关系。他至少生有24个子女，但其中只有2个是婚生子。他的儿子兼王位继承人威廉和他的女儿玛蒂尔达（Matilda），是他与苏格兰的玛蒂尔达（Matilda of Scotland，显然也被称为伊迪丝）结婚后所生。迎娶苏格兰的玛蒂尔达意味着他娶的是苏格兰国王马尔科姆三世 [Malcolm III——此人绰号"坎莫尔"（Canmore），字面意思是"大头"] 和韦塞克斯的玛格丽特（Margaret of Wessex）两人的女儿。玛格丽特号称"苏格兰明珠"（Pearl of Scotland），后来又被尊称为"圣玛格丽特"（Saint Margaret），但她也是韦塞克斯王朝[1]最后一位男性王族"显贵者"埃德加（Edgar the Atheling）的妹妹。这是一桩绝妙的政治联姻。

在婚姻以外，亨利还有9个私生子女在他登上王位之后与欧洲的各个王室联姻。他把这些私生子女当成了外交往来中的礼物。可悲的是，亨利的子女并非全都拥有幸福的结局。"白船"（White Ship）事件这场灾难对亨利死后的王位继承问题产生了巨大的影响。

那是1120年11月一个寒冷刺骨却又风平浪静的夜晚。亨利、他的家人和手下250位贵族即将横渡英吉利海峡，从法国返回英国。一位名叫亨利·菲茨斯蒂芬（Henry Fitzstephen）的人站了出来。数年之前，此人父亲的船只曾经运送亨利的父亲，即诺曼底的威廉横渡英吉利海峡，所以菲茨斯蒂芬提出请求，也想为"征服者"的儿子同样地效力。亨利已经有了计划，并且不想临时改变；不过，若是他的儿子兼王位继承人威廉和其他人愿意，他们当然可以乘坐"白船"横渡英吉利海峡。乘客们兴致勃勃，想要举行一场派对，于是觥筹交错。很快，乘客与船员全都变得酩酊大醉，全都载歌载舞，尽情享乐。他们下令让船只尽快航行，想要跟数个小时之前起航的、亨利一世乘坐的那艘船只比上一比。刚出港口，他们那艘船就触礁倾覆了。在冬天即将到来之前那个风平浪静却极其寒冷的晚上，"白船"上的人除了一人幸免于难，其余都葬身于冰冷的海水之中了。

---

[1] 韦塞克斯王朝（House of Wessex），最初建立于约519年，统治着英格兰西南部，是一个盎格鲁—撒克逊人王朝。至阿尔弗雷德大帝时，统一了英格兰的大部分地区，直至1066年被诺曼王朝所取代。

即便是在风平浪静的海域,掉进冰冷的海水中之后,人体做出的生理反应也有可能迅速让人丧命。第一种反应就是冷水休克,这会导致呼吸突然失控。此时的下意识反应,就是一次或多次大口喘气,随后变成换气过度,即呼吸频率加快。喘息也意味着海水被吸入肺内,从而妨碍到肺部的气体交换。随着进入血液的氧气突然减少,身体就会进一步增加呼吸频率。这一切都是不受控制的。血管收缩,血压与心率也会上升。更重要的是,耳朵周围的冷水有可能导致晕眩和分不清方向;在此种情况下,"白船"上乘客的醉酒则让这一点变得雪上加霜了。在黑暗的海水中,他们可能很难搞清方向。"白船"上的乘客当中,有些人可能当即就死在了冷水休克之下。就算乘客和船员们在落水之初挺了过来,接下来由于没有救援,他们也会死于体温过低。"白船"触礁之后,数百人正是这样丢掉了性命。

唯一的幸存者据说身上裹着一件羊皮外套,此人紧紧地抓住一块礁石,熬过了那个晚上。他是鲁昂的一名屠夫,名叫贝罗尔德(Berold)。此人并不是那帮贵族里的一员,但他之所以跟着他们,据说是为了讨回那些前往英国的贵族中的一些人欠他的钱。他是唯一幸存下来讲述那段经历的人,而当时的情况也很怪异:他声称自己看到王位继承人转移到了一艘小船上,原本可以在那场沉船事故中安然无恙。年轻的储君听到了妹妹落水之后的哭喊声,便回去找她;结果,小船被落水的人团团围住,他们全都想要爬到船上的安全之处,导致小船也倾覆了,将所有的人都拖入了水中。他们的喊叫声传到了岸上,却被当成了船上那些彻夜纵酒狂欢的人发出的吵闹声。

一切结束之后,没人敢去把这个消息告诉亨利。他们让一个小男孩前去告诉国王,那天晚上他至少失去了 4 个子女,还有与王室关系最亲密的众多贵族。亨利的王位继承成了一个问题。

亨利一世虽然保持着子嗣最多的君主这一纪录，可他的驾崩还是引发了王位继承的问题。他的男性继承人已经随着"白船"葬身于海中了。"善良的"玛蒂尔达王后（Good Queen Matilda）于1118年去世之后，亨利虽然又结了婚，却没有诞下更多的婚生子女。尽管他让手下的贵族或者说余下的贵族都宣誓效忠于他的女儿玛蒂尔达，在亨利驾崩后支持她当英格兰女王，可事情并没有如他所愿地发展下去。

由于有王位继承方面的这些问题，亨利变得焦虑不安和多疑起来。要知道，他已经躲过了一位亲生女儿实施的未遂暗杀。亨利的女儿朱莉安娜（Juliane）曾经拿着一把十字弓要杀了他，因为他弄瞎了她的两个女儿，即他的两个亲外孙女的眼睛。亨利之所以牺牲掉两个外孙女，是为了报复由他监护的另一个孩子的失明。此时，由于担心自己性命不保，亨利会经常换床睡觉，并且增加了身边的王室警卫数量。他睡觉的时候，身边总是放着一把剑和一面盾牌，并且经常做遭到袭击的噩梦。尽管多疑，但也许正是由于这种多疑，亨利在位的时间才超过了以往任何一位英国国王。

1135年11月，亨利已有67岁。到了这个年纪的他身体还算健康，只是稍微变胖了一点儿。他一直在外面狩猎，此时该饱餐一顿了。请把那些七鳃鳗递过来，多拿一点。七鳃鳗的模样就像鳗鱼。它们实际上并不是，但这样来描述最为简单。它们属于寄生性的无颚鱼类，寄生在三文鱼和鳟鱼等其他鱼类身上。说实话，我们很可能宁愿去吃三文鱼，只是亨利却不这么想。所谓的"七鳃鳗过量"，就是指他吃了大量的七鳃鳗。由于吃得太多，所以这个故事代表的就是我们不停地吃太多好东西之后的结局。等待着贪吃者的将是惩罚。亨利之死的故事旨在暗示我们，他是因为愚蠢地放纵无度和暴饮暴食而咎由自取。他无视御医们的建议；至少御医们肯定这样说过，好让他们自己撇清亨利驾崩的责任。不管怎样，亨利都爱大啖那些七鳃鳗，吃了很多。

极有可能，是沙门氏菌或者另一种类似的细菌经由鱼肉进入了这位国王的肠胃。感染之初，亨利会出现胃痉挛、便中可能带血的腹泻，以及发烧、恶心、呕吐、畏冷和头痛等症状。症状既有可能在几个小时里显现出来，也有可能需要数天才会显现。看着盘中高高堆着的七鳃鳗时，您既看不见、闻不到，也尝不出来其中的沙门氏菌。仆役或者亨利身边养着的动物的肠道中都有可能携带着沙门氏菌，并且通过粪便排出来，从而将这种细菌传播到可能由仆役们烹制的食物上。甚至是与一位受到了感染的朋友随随便便地握个手，也有可能导致我们感染沙门氏菌。

外科医生克利福德·布鲁尔在其《国王之死》一书中提出，这位国王吃了七鳃鳗之后病发得太过迅速。他说，细菌感染需要更久的时间才会显露出来。他认为，亨利患上的更有可能是一种急性疾病，或许是由胃溃疡引发的穿孔造成的腹膜炎，这种病因就能解释亨利有发烧和呕吐的症状了。他认为沙门氏菌的积聚不会那么迅速地导致这位国王去世。然而，沙门氏菌感染可以在几个小时里就显示出症状，而腹痛、腹泻和发烧等症状也可以表明数种可能的病因。当然，这位外科医生可能只是看到了外科方面的一个问题，而一名内科医生则会看出自己更加熟悉的感染问题。这两种观点都有可能。不管怎样，亨利一世都在1135年12月1日去世了，享年67岁。

不过，亨利的故事并没有就此结束。当然没有。驾崩之后，他的遗体还经历了一段漫长的旅程。亨利生前要求将自己安葬在亲手兴建的雷丁修道院（Reading Abbey）里。他曾付钱给那里的修道士，让他们替他父亲的灵魂和他自己的灵魂获得救赎而祈祷。雷丁修道院后来变成了一座宏伟的教堂和一个宗教社区，成了欧洲规模最大的修道院之一。如今，这座修道院已是一片废墟。我们在英格兰伯克郡（Berkshire）雷丁镇的市中心就可以看到其遗址。为什么要安葬在雷丁呢？编年史家马姆斯伯里的威廉（William of Malmesbury）告诉我们说，那里的地理位置具有战略意义："该地可以接纳几乎所有有机会前往英格兰人口较为稠密的城市里游历的人。"安葬到雷丁所面临的问题就在于，亨利是死在英吉利海峡的另一边。要想在形势开始变得糟糕起来之前把他的遗体送回英格兰，可不是一件容易的事情。亨利的遗体需要一个技术高超的人来进行防腐处理。

首先，他们取出了遗体的内脏，然后埋在鲁昂的杜普雷圣母（Notre Dame du Pré）隐修院附近。尽管取出了内脏（要是不取出来的话，遗体很快就有可能出问题），可亨利的遗体还是开始散发出难闻的气味了。据说，受命前去清除遗体大脑组织的那个人还由于这项任务太过残酷而昏倒过去。他们在亨利遗体的内部抹上香脂，然后用牛皮将他裹住。

接下来，他们便朝海岸进发；可12月的天气十分糟糕，他们在4个星期里都没法乘船渡过英吉利海峡。在那段时间里，国王的遗体开始腐烂了。臭不可闻的黑色尸水开始滴落到遗体下面的地板上。在描述亨利一世及其父亲威廉一世之死的作品中，人们对两人遗体腐烂情况的记载都极其生动，因此尽管它们讲述的是令人觉得毛骨悚然的故事，我们却不应当只根据表面去看待。它们代表的意义远远不只是想让我们恶心得不想吃早餐。它们是在确切地告诉我们，人们是如何看待这些国王的，以及撰写这些故事的作者希望人们如何去记住这些国王。基督徒都曾相信，逝者的遗体是不会腐烂的。这种臭气熏天、令人作呕的腐烂就暗示着死者道德败坏，是他们的身体在死后应得的惩罚。毫无疑问，那些历史学家正是希望我们如此来记住这些人。

亨利那具不断滴淌尸水的遗体余留下来的部分，最终被安葬到了雷丁修道院里。他在那里安息长眠了400年之久，直到亨利八世（Henry Ⅷ）下令关闭了那座修道院。修道士们被赶走，院长遭到了处决，其中值钱的财物都被亨利八世据为己有。亨利位于圣坛前面的安葬之地则成了一片废墟。不论从诺曼底送回来时亨利一世的遗体还余下哪些部位，它们如今都位于奥斯卡·王尔德（Oscar Wilde）熟知的一座维多利亚时期（Victorian）的监狱遗址下面某个地方；或许，他是英国另一位"停车场下的国王"，就像理查三世（Richard Ⅲ）那样。由于亨利已经入土，生前又没有男性继承人，因此人们打算让他的女儿玛蒂尔达来掌权。可是，玛蒂尔达的表兄斯蒂芬却另有想法。

第 5 章

斯蒂芬：殁于 1154 年

Stephen

> 一阵剧烈的肠道痉挛。
> ——理查德·贝克尔爵士（Sir Richard Baker），
> 《英格兰君王纪事》（*A Chronicle of the Kings of England*）的作者

"斯蒂芬国王"（King Stephen）这个称呼其实有点儿不太对。它说起来很不顺口。在许多人看来，根本就不该有这个称呼。"斯蒂芬"这个名字不够"有王者之气"，因此我们干脆叫他斯蒂芬好了。尽管那些盎格鲁—诺曼贵族都宣誓效忠于亨利一世的女儿玛蒂尔达皇后（Empress Matilda），可斯蒂芬还是当上了国王。他甚至曾是那些跪在地上宣誓支持亨利一世之女当女王的人中的一员。不过，亨利驾崩并且下葬之后，他便立即攫取了王位。他毕竟是个男人，在宫廷里的人缘也很好。他声名显赫、富甲一方，一直都忠实坚定地支持亨利一世，只不过他支持的不是亨利的女儿。不仅让一位女性登上王位将是一件史无前例的事情，而且玛蒂尔达一直都不在英国。她在欧洲大陆生活了多年，因为她很小的时候就嫁给了神圣罗马帝国皇帝（Holy Roman Emperor）亨利五世（Henry V）。更糟糕的是，她后来又嫁给了一个没人喜欢的家伙，即安茹的杰弗里（Geoffrey of Anjou）。英国的朝廷必须要有一名男性来接手，于是她的斯蒂芬表兄便登上了舞台。

斯蒂芬是"征服者"威廉的外孙，而不是前任国王亨利一世的儿子，因为亨利一世唯一在世的子嗣就是他的女儿玛蒂尔达。那些不希望由一位女性来掌权的贵族抛弃了她，所以王位落到了这位表兄手里。玛蒂尔达其实没有忍气吞声，而是决定奋起抗争，接下来就爆发了称为"无政府状态"（the Anarchy）的数年内战。最终，斯蒂芬还是保住了王位。

至于斯蒂芬之后的王位继承问题，同样没有那么简单。他的长子尤斯塔斯（Eustace）死于1153年。同一时期的评论家都谴责尤斯塔斯亵渎了圣埃德蒙（St Edmund）的圣殿，因此在年仅23岁的时候暴毙就是罪有应得。除了有可能是因为他掠夺教会的土地而触怒了上帝这一点，我们并不清楚他的确切死因。斯蒂芬对此非常恼火，但他还是冷静了下来，心中更愿意保持和平的局面。再次出现了这样的情况：一位国王不得不长久地苦苦思索谁可以继承王位的问题。在1153年的《沃灵福德条约》（Treaty of Wallingford）中，斯蒂芬与玛蒂尔达的儿子亨利达成了一项协议：斯蒂芬将统治至死，然后由亨利继位为王。亨利无须等上多久：第二年，斯蒂芬就病倒了。

据史料记载,斯蒂芬国王死于中风(apoplexy),但并不是我们可能认为的那种中风。"中风"一词已经不再用于医学记录中,因为它的意思在数个世纪里已经有所改变。在19世纪,它变成了一个用来描述中风所导致的一种疾病的名称。那种疾病既可以是脑血栓引起的,也可以是由脑出血造成的。但"中风"一词最初指的是任何一处内脏出血,而斯蒂芬得的则是肠道出血。他患有一种肠道疾病,也就是直肠(per rectum)出血。对这位国王来说,此病一定曾让他痛苦不堪。

我们认为,大出血即失血致死与外伤或者动脉瘤导致的大血管破裂有关。肠道里面也有可能出现严重的、危及生命的失血。血液持续不断地渗出时,若是不动手术来止血,也会让人丧命。肠道里面密布着血管。在受到感染和化脓的情况下,血管壁就有可能出现溃疡。溃疡会破裂,将血液渗漏到周围的组织中,再从臀部排出。

血液开始不受控制地流出之后,一个身体健康且没有心脏或肺部疾病的人或许能够暂时性地弥补上流失的血液。此时,他每分钟的呼吸频率会开始增加,斯蒂芬起初甚至有可能没有注意到这一点。他的心率也一定会加快,而心搏量即每次挤压心脏心室时搏出的血液量也增加了。

斯蒂芬会觉得全身发冷。失血最常见的症状之一就是体温过低。血液从他的肠道里涌出,很可能曾经滴落到他的病榻旁某位护理人员的脚尖上。随着身体重新分配剩余的血液,护理人员们可能已经注意到,他们这位君主的双手变成了一种深暗的灰紫色。当斯蒂芬的朋友,即圣三一修道院的拉尔夫院长(Prior Ralph)前来照料这位垂死的国王时,他的鼻中一定闻到了肠道失血混合着国王粪便的那种独特的恶臭之味。斯蒂芬的血压开始下降。体内血压过低时,首先牺牲的是大脑皮层,余下的血液则会用于脑干那些基本的维生功能,以便让身体尽可能长久地保持生命机能。与我们其他人无异，斯蒂芬也是一种需氧生物，需要氧气才能生存。没有氧气的话，体内的细胞就会死亡，就会带走这位国王的性命。体内若是没有血液流动，细胞就得不到它们急需的氧气供应，而二氧化碳含量就会逐渐上升。在低血容量性休克期间，患者会呼吸困难，试图吸入越来越多的氧气，但无论患者呼吸得多快或者心脏泵出剩余的血液有多快，体内的血流量都会变得不足起来。

对斯蒂芬而言，他可能喘了几口粗气，或许是因为喉部肌肉剧烈收缩，他还发出了一阵惊人的吼叫。这位国王去世的时候，胸部或者肩部肌肉很可能曾经痛苦地（随着喘息）剧烈抽搐，还发出了一声临终的哀鸣。

理查德·贝克尔如此写道："他的肠闭塞症以及痔疮旧疾突然发作了。"那是一种"剧烈的肠道痉挛"。坎特伯雷的杰瓦斯（Gervase of Canterbury）则写道："国王的髂骨部位突然疼痛起来，同时伴有痔疮的陈旧性分泌物。"很显然，他们两人心安理得地抄袭了彼此的著作。

《国王之死》一书的作者克利福德·布鲁尔曾是一位外科医生；他认为，根据斯蒂芬"髂骨部位"感到疼痛的症状，这位国王应该是死于阑尾炎。任何一位内科医生、外科医生或者其他医疗人员首先做出的诊断中，都应该有阑尾炎。髂骨区位于下腹，包括左右两侧。可惜的是，斯蒂芬腹部的哪一侧疼得最厉害，史料中却没有提及。通常来说，阑尾炎患者可能都是感到右腹疼痛。阑尾是一个指状囊袋，位于身体右侧的结肠末端。急性蚓状阑尾炎可能是由阑尾堵塞引起的。堵塞既可以由平常的粪便或者粪便结石（一种有如石头般致密的粪便团）导致，也可以由感染甚至是淋巴细胞增生造成。接下来，阑尾就会发炎、肿大并且充满脓液，以至于有可能破裂，并将其中的东西溢出到周围的组织即腹腔当中。细菌在腹腔中会大肆破坏，就像它们喜欢在死去的国王身上所干的那样，尽情地"吃喝拉撒"，然后被免疫细胞吞噬，进而产生更多的脓液。脓液不断积聚，就有可能形成脓肿。

简单地把疼痛说成是髂骨疼，并不足以具体说明那个部位的疼痛。也许正如布鲁尔所认为的那样，斯蒂芬的痔血纯属肛门失血，却被当时的人误作了痔疮出血；但要说他们记载的这种直肠失血会是巧合，在我看来却是一件很奇怪的事情。无论所患的是什么疾病，它都导致这位国王在 1154 年，即他快到 60 岁的时候去见了上帝。

当然，鉴别诊断过程中还有更多可能的病因，比如憩室炎和病毒性胃肠炎。腹部症状可能预示着多种疾病。与此前那些国王之死不同的是，尽管斯蒂芬国王的统治带来了暴力和无政府状态，可史学家们却没有对他的死亡进行道德评判。他们指出，斯蒂芬确实有时间来领受圣礼。史料中提及这种事情有着重要的意义，因为这一点表明，史学家都认为尽管斯蒂芬国王治下发生了多年的内战，但他还是配领圣礼的。由于王位继承计划早已制订好，而玛蒂尔达的儿子亨利也踏上了前往伦敦的道路，这次继位就成了一场和平的过渡。

斯蒂芬国王、王后布洛涅的玛蒂尔达（Matilda of Boulogne）及两人的儿子尤斯塔斯，一起被安葬在法弗舍姆修道院（Faversham Abbey）里。那是他们亲自修建的一座修道院，而安葬之地也是他们亲自选定的。随着修道院纷纷解散，局势再度变得动荡不安起来，3 人的坟墓也都不知所终了。像葬在雷丁修道院（监狱）下面的亨利一世一样，如今他们的骸骨也长眠在那里的某个地方，只是无人知道其确切位置。

第 6 章

亨利二世：殁于 1189 年

Henry II

> 可耻。被征服的国王真可耻。
>
> ——（据说是）亨利二世的临终遗言

莎士比亚创作的戏剧中，并没有描绘亨利二世的剧作存世。我之所以说没有"**存世**"的剧作，是因为这样的主题会变成非常精彩的故事。莎士比亚肯定考虑过这个方面吧？当然，还有其他一些剧作家对亨利的生平、爱好及其御用神父等丰富多彩的方面进行过深入的探究。人们对亨利二世生平的评论中，大多提到了他与老朋友托马斯·贝克特（Thomas Becket）的不和及后者被杀这个尚有疑问的方面。尽管亨利二世在位的 35 年里，大部分时间都是导致贝克特被杀的教会与君主之间你争我斗的动荡局势，但它掩盖了亨利的诸多成就，其中包括法律改革，以及如今广受赞誉的、对英国政府与社会进行的改良措施。此人意志坚定，是一位伟大的领袖。亨利会说多种语言，并且热衷于讨论哲学和历史。他可不是一个笨拙懒散的人。由于贝克特死在亨利那些骑士的利剑之下成了他统治时期的一桩标志性事件，所以他是不可能获得太多荣耀的。

　　亨利二世是玛蒂尔达皇后与安茹的杰弗里两人所生的儿子。因此，他是亨利一世的外孙。经历了"无政府状态"带来的混乱和长达19年的内战之后，亨利必须让英格兰重新回到正轨。在挚友贝克特的协助之下，他将王国从战争导致的混乱贫困的泥淖中拉了出来。亨利让贝克特担任坎特伯雷大主教（Archbishop of Canterbury）一职，但权力不但改变了贝克特，还使其对贝克特来说变得比亨利这位国王更加重要了。贝克特坚持让教会凌驾于律法之上。亨利并不接受这一点——对他来说，王室朝廷的律法高于教会——于是，两人之间继续进行着权力斗争。"但愿有人帮我除掉这个讨厌的神父就好了"，亨利曾经嘟囔着说。有些人在引述这句话时，称亨利说的是"不安分的"，还有些人则称他说的是"爱管闲事的"——无论是哪一种，贝克特无疑都让亨利感到心烦。4位骑士对国王的话信以为真。他们闯入坎特伯雷大教堂，杀死了这位手无寸铁的大主教。他们让大主教的脑浆和鲜血溅到了教堂祭坛前的石板上，而贝克特则轻声说道："为了耶稣的圣名和保护教会，我愿意接受死亡。"后来亨利曾光着脚走进坎特伯雷大教堂，在贝克特遇害的祭坛前进行忏悔。至少亨利认识到了这是他在位期间所犯的最大错误，而他也为此后悔了一辈子。

　　亨利二世娶了有权有势的阿基坦的埃莉诺（Eleanor of Aquitaine），

他在埃莉诺与沉闷无趣得像是一位修道士的法国国王路易七世（Louis Ⅶ）离婚之后不到两个月就迎娶了她。嫁给法国国王之后，埃莉诺并没有生下继承人[1]，但如今嫁给了英王亨利，他们夫妇却诞下了 8 个子女。

1170 年，亨利二世在一场暴风雨中幸免于难，当时沉没了 5 艘船只，让许多贵族丧了命；这一幕不由得让人想到了亨利外祖父时期的"白船"海难事件。在那场暴风雨中，有 400 人死于沉船、寒冷和溺水。当时，他们正在前去为亨利那位年仅 15 岁的儿子（也叫亨利）加冕为"幼王"（Young King）以确保王位继承的路上。父王在世之时为年轻的继位者加冕，是法国人的传统。这一次，王位继承人在沉船事故中活了下来。"幼王"亨利（Henry the Young King）很受大家喜欢，这在很大程度上是由于他酷爱比武和崇尚骑士精神，可他对王室的治国理政事务却不怎么感兴趣。可惜的是，"幼王"亨利命不长久，没有活到自己继位的那个时候。他在利摩日（Limoges）附近的征战中死于痢疾，而就在这之前不久，他曾与父王发生争执，因为父王不肯授予他真正的权力。去世之时，他只有 28 岁。

"幼王"举行加冕典礼的几个月之后，老亨利生病了。他病得很重，以至于许多人都以为他会就此驾崩。亨利的心情向来时好时坏，阴晴莫测。他患有一种精神疾病，据说有可能是躁郁症。在有些人看来，此病不过就是金雀花王族（Plantagenets）那种情感强烈的特点罢了。他是金雀花王朝的第一位国王，而他可能患有的躁郁症便变成了一个家族性的问题，困扰着他和他的子孙后代。亨利总是在各地奔波，从不停歇。据

---

1 据记载，路易七世和埃莉诺有两个女儿，没有儿子，因此才说她"没有生下继承人"。

说,他喜欢让每个人都猜不透他。他先是安排早早地会见别人,然后自己却迟迟才露面。他说的是一回事,做的却全然是另一回事。

亨利的儿子们既没有获封土地,也没有自己的权力,都觉得受到了不公平的对待,因此一个个都在变成让亨利感到棘手的问题。他们不但为了获取更多的权力而与父王作对,而且相互争斗、纠纷不断。1173年,同样受不了亨利的埃莉诺乔装打扮成男人,试图前往法国去找她的儿子们,却被抓了回来。她被自己的丈夫关了起来,遭到了软禁。

就在父子之间的争吵和争斗继续加剧的同时,亨利的模样开始变得憔悴起来。他持续发烧,情绪也变得极其低落。发烧或者热病常常伴有嗜睡、食欲不振和精神萎靡等症状。亨利身上也有这些症状。亨利不再有年轻时那样充沛的精力,发烧标志着他的身体很可能正在努力抵御某种感染,无论它是病毒、细菌还是寄生虫引起的。发烧大多与感染有关,但它们还可以表明某种其他的病状,比如另一种慢性炎症性疾病。亨利的大脑内部启动了补偿性和互补性的程序,以便击退入侵者。体内进行生化过程的最佳体温是 37 ℃。而发烧的宽松定义,就是核心体温超过了 38 ℃。这是一种有益的机制,但体温若是升得过高,器官就有可能受损。体温升高之后,体内就会产生热休克蛋白。这些热休克蛋白会刺激并对淋巴细胞、白细胞和免疫系统中的细胞产生协助作用。亨利的身体正在努力抵御某种东西,但究竟是什么,我们却不得而知。

1189 年,亨利在战场上败于儿子理查之手,而他的身体也被体内的那种东西击败了。他撤退到希侬(Chinon),然后神志不清地驾崩了。人们认为,他是死于血液中毒——这种观点是根据亨利持续发烧的记载推断出来的。导致血液中毒的必须是一种持久不灭的病原体,比如疟疾感染,因为亨利发了一段时间的烧。威斯敏斯特的马修(Matthew of

Westminster）曾写道："亨利陷入了绝望的深渊，诅咒着他出生的那一天，并在 7 月 6 日于希侬结束了生命。"据传，亨利还说出了那句著名的临终遗言："可耻。被征服的国王真可耻。"那种情况一定会给人留下相当深刻的印象——假如他确实神志不清，他就不可能有清晰的思维说出这样一句话了。对此，莎士比亚的理解很可能会透彻得多。

亨利死于金雀花王朝的中心地带，而他的遗体也没有像外祖父亨利一世那样，没有被送往英国。没有人想再一次看到国王腐烂的遗体上滴淌着尸水的场景。他与"幼王"一起葬在安茹的丰特弗洛修道院（Fontevraud Abbey）里，后来他的儿子理查也下葬于此，只不过理查当上了国王，得先处理自己的一些事务。

第7章

阿基坦的埃莉诺：殁于1204年

Eleanor of Aquitaine

尽管当时权势熏天，可史料中对阿基坦的埃莉诺之死的记载，却不像提及她的丈夫或者儿子之死那样多。她隐居在丰特弗洛修道院里，到了82岁高龄才去世。史料中既没有提及她出现过精神错乱或者发烧的症状，也没有提及她死后出现了遗体爆裂或者遗体腐烂后滴淌尸水的现象。她既不是死于率军作战之时，也不是死于军营里肆虐的痢疾。

中世纪的王后曾被视为权力博弈中一颗颗被动的外交棋子。世人没有必要去讲述关于她们之死的故事，没有必要借此来对她们的生平或者道德品行进行评判。史料中全然没有记载王后们的情况；除非去世之时没有给丈夫留下子嗣，否则的话，史料中就不会提及她们。编年史家没有什么真正的必要去对王后之死做出政治评价，他们记载得更多的是国王们哀悼去世王后的方式。史料中所载的全都是国王的情况。如今，史学家们正在对那些被不公正地遗忘了的王后所承担的角色重新做出恰当的评价，让她们以那些长期为世人所遗忘的行为和参与赢得人们的敬重。她们所起的作用其实要比同一时期的编年史家所承认的重大得多。

埃莉诺安葬在丰特弗洛。后来，由于法国大革命期间陵墓纷纷被毁，她的骸骨便佚失了。

第 8 章

理查一世：殁于 1199 年

Richard I

雄狮命丧蚂蚁之手。

理查一世一生中的大部分时间都是在法国征战，并没有为英格兰做出多大的成就。他之所以一直属于英国历史上的一位英雄人物，要归功于他手下那个具有 800 年历史且相当成功的宣传部门，因为后者指出，就算理查一世当时不知所终、杳无音信，他所做的贡献也要比他那个一无是处、惹人厌恶的弟弟约翰（John）好得多。与兄弟们不同的是，理查是在法国长大的，从小就在母亲阿基坦的埃莉诺位于普瓦图（Poitou）的宫廷里备受宠爱。他受过良好的教育，不但接受过课堂教育，还接受过兵法和骑士之术的训练。他先是被法国国王腓力二世（Philip II）封为骑士,后来在长大成人的过程中又获得了身为一名军人和领导者的极高声誉。他的绰号是"狮心王"理查(Richard Coeur de Lion)。

理查的兄弟们则是在父王亨利二世的宫廷里面长大的。亨利二世的诸子之间并不和睦,而他们与父王的关系也很不好,所以理查曾与弟弟约翰及法国国王携起手来,反抗亨利二世。理查年轻之时和在位期间的人际关系也是有得有失。

理查有两个哥哥。亨利二世的长子威廉年幼时就夭折了。当时,长子继承制(即长子会自动成为继承人)在安茹王族中还不存在,因此二哥亨利死后,理查并没有理所当然地成为父亲王位的法定继承人。亨利二世驾崩之时,只剩下理查和弟弟约翰两位子嗣了;可当时理查身处法国,而他的弟弟却没在法国。英格兰的王位正等着理查去夺取。1189年加冕之后,他释放了遭到囚禁的母亲(她也因与丈夫亨利二世不和而遭到了囚禁)。他宣布立侄子,即已故的哥哥安茹的杰弗里的儿子亚瑟为其继承人,之后,他就开始前去征战了。对于寒冷、潮湿和多雨的英格兰,谁又知道理查究竟是不喜欢哪一点呢?在英格兰的碧绿田野上,他并没有逗留多久。

理查的一生具有一名勇武骑士的冒险故事需要的所有情节点。年少之时,人们曾经怀疑他与法国国王腓力关系暧昧。如今,两人又与奥地利的利奥波德(Leopold of Austria)一起,率军对圣地(Holy Land)发动了军事行动。第三次十字军东征是针对穆斯林领袖萨拉丁(Saladin)的一场进击,因为后者占领了当时属于基督教徒的土地;只不过,理查及其手下的十字军没能夺取耶路撒冷。尽管如此,这可能是史上最著名的一次十字军东征,并且被世人视为一场成功的东征。但是,理查原来的兄弟情义很快就开始出现问题了。他与利奥波德因为争夺战利品而闹

第 8 章 理查一世：殁于 1199 年

翻了——理查拒绝将任何战利品分给利奥波德。这种变了味的关系对理查来说是相当不幸的，因为后来他遭遇海难时，碰巧位于利奥波德的地盘上。这位国王成了俘虏，被扣押起来索要赎金。他与法国的腓力这位老朋友也产生了争执，还与德国交恶。他们全都想要进行报复，都想利用他的被俘来向英国索要巨额赎金。

理查令人敬畏的母亲站了出来。在 12 世纪一个描述她就这一争议性问题坚决要保护儿子免遭恶意拦截的故事中，阿基坦的埃莉诺曾给教皇写了一封信。她用强硬的言辞，在教皇面前指责了利奥波德的行为。此事最终导致利奥波德被逐出了教会，因此是埃莉诺赢了；但为了救回儿子，她却仍然需要支付巨额的赎金。这笔钱是在英格兰筹措起来的；由于所需的赎金数额太大，因此筹措得来的硬币只能先存放在圣保罗大教堂（St Paul's Cathedral）的地下室里，然后由埃莉诺亲自送往欧洲大陆，以确保她的儿子获释。回到英格兰之后，理查象征性地再度加冕，然后马上又去征战了。

1199 年，在围攻利姆塞斯（Limousines）的沙吕（Chalus）城堡时，理查被弩箭射中，这次受伤最终将导致他死亡。当时的理查没穿盔甲，在城堡外墙附近经过，成了敌人的活靶子。伯特兰·德·古尔顿[Bertrand de Gourdon，也有可能名叫皮埃尔（Pierre）、约翰或者戴夫（Dave），各种说法不一]一直在伺机杀掉这位国王，此人声称他的父亲和两位兄弟都被理查杀害了。现在，他的机会来了。城墙上的一名守卫跳来跳去，用平底锅当盾牌抵挡英军的箭矢，逗得旁观者哈哈大笑。理查也被逗乐了，直到他的肩膀被箭矢击中。

关于理查究竟是哪一侧的肩膀被弩箭射中，人们的说法不一。起初，这位国王什么都没说，因为他不想引起恐慌。回到帐篷里之后他才发现，那支弩箭射得很深，嵌入了胸壁，御医们无法将箭头取出来。他们只能除掉没有深深扎入国王体内的那部分木制箭杆。

为弩箭所伤11天之后，理查一世便因伤口坏疽而去世了。马修·帕里斯（Matthew Paris）曾在《大编年史》（*Chronica Majora*）中如此写道："一种乌青之色加上肿胀，伤口四周的部位全都变了色；这就导致国王开始感到剧痛。"此人描述的情况确实有点儿像是坏疽。气性坏疽（gas gangrene）可以由细菌引起，而最常见的细菌则是产气荚膜梭菌（Clostridium perfringens）。细菌释放出来的气体可以导致周围的组织坏死。尽管理查身上很可能还有一种由其他细菌引起的、可怕的局部感染，但关于皮肤变黑的这种描述却意味着，人们经常会把坏疽当成"狮心王"理查久拖之后才驾崩的死因。刚开始的时候，他的皮肤会呈苍白色，然后才会开始令人震惊地变成紫色。随着气体在体表下方逐渐积聚，皮肤的纹理甚至有可能变成气泡状，让这位国王的胸壁变成一层紫黑色的、疼痛难忍的气泡膜。根据这一描述以及理查是在受伤的10天或者11天之后去世的来看，夺走这位国王性命的很可能是败血症。

败血症在以前被称为败血病、血毒症或者脓毒性休克，是一种由感染和身体对感染做出的反应共同导致的多器官衰竭综合征。弩箭的金属箭头可能沾有灰尘和细菌，甚至有可能在射穿衣服的过程中带着小片脏布。在他潮湿的体内，这种温暖的混合物会为细菌的快速繁殖提供完美的温床，导致理查的肺、肝、肾和大脑等脏器迅速衰竭。

败血症导致的死亡遵循着一种可以预知的模式。理查一开始时会发烧。他有可能觉得全身发热或者极其畏冷，还会浑身发抖。体温升高是人体产生的一种反应，旨在尽力减缓细菌的生理活动，同时激发一系列的免疫反应。发烧的同时，还会伴有疼痛和恶心的症状。他的脉搏会加快，呼吸也会开始急促起来。针对感染做出的这些反应，都是为了帮助氧气到达体内需要氧气的部位，但理查的血压会下降，因为释放出来的化学物质会对血管产生影响，降低血管的阻力，让血液可以聚积起来。此种情况对这位国王来说可不妙。

体内率先显著受到这一切影响的系统之一就是呼吸系统。由于细小的血管会将不需要的体液渗漏出去，而这种体液会聚积起来，对肺部组织间的氧气输送产生影响，因此肺部有可能形成肺水肿。假如给理查的胸部照个X光，那就有可能表明，肺部通常呈黑色、充满空气的区域里密布着呈白色阴影的体液。由于血液不能充分供氧，所以他体内的血氧含量会开始下降。患有严重的败血症时，由于血液和氧气无法到达体内需要它们的部位，乳酸盐（这是细胞在没有氧气的情况下产生能量所需的一种生成物）就会逐渐聚积起来，二氧化碳水平会改变，从而驱动呼吸反应。理查一世躺在临终病榻上大口喘息的时候，严重的呼吸窘迫症状一定会非常明显。

假如能够更加仔细地观察一下理查的血液，我们就会看到，由于他的免疫系统试图调动防御机制，血液中的白细胞会增加。与免疫有关的蛋白质——比如C-反应蛋白（C-reactive protein，即CRP）——的产生和输出量也会猛增。C-反应蛋白是肝脏对免疫细胞分泌信号分子做出反应时产生出来的一种蛋白质。C-反应蛋白会附着于已经死亡或者濒临死亡的细胞上，并将它们标识出来，以便激活免疫系统的补体途径（即放大并增强免疫细胞和抗体的级联因子）。所以，当体内出现需要激活免疫反应的问题时，C-反应蛋白水平就会上升；这种升高可以在血液中检测出来，是炎症的一种标志。

肝脏若是因为缺少氧气和其他营养而衰竭，就很难产生出这些急需的分子。这种生化连锁反应非常普遍。例如，部分由肝脏形成的凝血因子所控制的凝血功能破坏，就有可能导致灾难性的后果。肠道和胃部的上皮细胞有可能遭到破坏，导致溃疡和肠道出血，并因持续的凝血问题而恶化下去。

输往肾脏的血液减少后，肾脏就无法再将它们在正常情况下从血液中过滤的毒素清除出去，而肾脏本身也会受损。肾脏产生的尿液会减少；接下来，由于产生出来的废物尿素在血液中逐渐积聚起来，这个人就会患上尿毒症。肾脏功能失常后，体内就会出现电解质失衡；某些电解质的流失或其他电解质的逐渐积聚则有可能影响到肌肉，尤其是对心肌产生影响，导致心脏纤颤。

输往大脑的血流量和氧气供应量减少之后，患者就有可能出现烦躁不安、精神失常和意识模糊等症状。这位享年41岁的国王临终之时，应该就是这种情况。

1199年4月6日，理查一世在母亲的陪伴之下去世了。"雄狮命丧蚂蚁之手"成了一句流行语。这位显赫威猛的国王，竟然死于地位卑微的弓弩兵之手。同样，它也可以用于指入侵体内、导致严重感染并让这位强大的国王丢掉了性命的微小细菌。有些人认为，国王曾将伯特兰召至临终之榻旁，赦免了他的罪行，甚至还赐了钱财给他。在面对上帝之前，临死之人确实有在最后一刻全力以赴地请求宽恕和给予宽恕的习惯。还有些人认为，尽管宽恕伯特兰可能对这位将死的国王有所帮助，可宽恕却没有给伯特兰带来任何益处。理查一世去世之后，臭名昭著、残暴野蛮的雇佣军布拉巴贡人（Brabacons）的首领梅卡迪埃（Mercardier）就下令将这位年轻的凶犯活活地剥了皮。

接下来的任务就是决定如何处理这位国王的遗体了。理查的那颗

"狮心"、他的内脏和身体分别安葬到了不同的地方。他的肠子、器官和大脑葬在利摩日，身体则被送到了丰特弗洛修道院，长眠于父王亨利二世的脚下。他的心脏被取了出来，做了防腐处理，然后装进一个小小的铅盒里，埋在了鲁昂。几百年之后的 2013 年，人们将其发掘出来并且进行分析，发现当时的人曾用桃金娘、雏菊、薄荷和酸橙对理查的心脏进行了防腐处理。听上去，他们似乎是准备把它放到锅里去煎炒，而不是要把它放到一具铅棺里去。

用这种方式将一位国王的心脏取出来，并且为国王举行特殊送别仪式的做法，很可能源自十字军东征期间。当时的士兵和贵族都离乡背井，若是死了，他们都不希望自己的遗体留在他们觉得令人生厌且全是异教徒的那个地方。不过，要把一具遗体完完整整地一路运回英格兰，却有点儿棘手。所以，活着的人就会把死者的心脏取出来，隆重地送回家乡，交给死者的家人。心脏的安葬变得具有了象征意义，而对那些据信为天选之子的国王来说，就尤其如此了。国王、王后和贵族都会要求把他们的心脏安葬在一个对他们有着特殊意义的地方——就像如今我们撒骨灰一样。他们的遗体也有可能被安葬在王国内的一个特别之地，以便传播这种象征意义。值得注意的是，理查的遗体中没有任何部位被送往英格兰。

内脏中全都是粪便与细菌，而一个人生前将那些十分难闻的东西与其余的身体部位分隔开来的机制，到了死后就不起作用了。肠道中的细菌可以自由扩散、大肆吞噬了。它们会让尸体腐烂得更加迅速，因此在理查一世所处的那个时代，若是想长途运送人们的遗体，就必须把遗体中的内脏取出来，埋在距这个人去世地点很近的地方。就像亨利一世返回英格兰的那趟最后之旅一样，遗体运送是一件非常棘手的事情。据说，当地的修道士对留下理查的内脏都不太感兴趣。在他们看来，污秽不堪的内脏代表了死者所有的邪恶；哪怕内脏来自一位国王，修道士们也不愿去处理它们。

1191 年，也就是理查一世驾崩的 8 年之前，他迎娶了纳瓦拉的贝伦加丽亚（Berengaria of Navarre）；不过，这对夫妇聚少离多。理查没有子女，婚生与非婚生的子女都没有（这是历史学家们质疑其性取向的另一个原因）。由于没有继承人，理查一世便要求将亚瑟加冕为王。理查的弟弟约翰却另有想法。不久之后，亚瑟便被人谋害了。

第 9 章

约翰：殁于 1216 年

John

地狱固然肮脏，但地狱本身也因约翰更肮脏的存在而遭到了玷污。

——引自圣奥尔本修道院（St Alban's Abbey）的编年史家马修·帕里斯

约翰王（King John）不但在当时遭人憎恨，如今也仍然不为人们所喜。他既令人生畏，喜欢恃强凌弱，又施虐成性。我们憎恶约翰王的程度，并不亚于我们热爱他的哥哥理查。世人对这两位国王的缅怀是截然不同的。没有多少人说约翰的好话。1902 年，约翰王的传记作者凯特·诺盖特（Kate Norgate）曾将他描述成一个"近乎超常邪恶"的人。

后来的学者则怀疑约翰王的心理方面有问题，就像他们怀疑约翰王的父亲患有金雀花王族的躁郁症一样。尽管也有些人试图支持约翰王，但世人似乎并没有那么大的兴趣去为他正名，就像我们在理查三世（Richard Ⅲ）身上看到的那样。

1216年10月，约翰王死于痢疾。有人也许会说，对于这个贪婪、自私的人而言，污秽不堪的粪便不受控制地从他的肠道中涌出，夺走了他的性命，是一种十分恰当的结局。虽然约翰王可能并不是被不幸福的民众杀死的，但对他手下那些心怀不满的臣民来说，他的驾崩却恰逢其时。

约翰是亨利二世的第四个儿子，年轻时原本是不太可能继位为王的。当时还没有长子继承制，即让长子自动成为继承人的规定，但各个儿子的忠心程度却并不一样。连约翰的父母即亨利和埃莉诺两人，也争论过他们最宠爱哪个儿子的问题。约翰甚至被称为"无地王"（Lackland），因为当时的安茹帝国没有土地分封给这个第四子了。但是，那种情况并未阻挡这个心怀嫉妒和怨恨的年轻人去尝试。后来理查继位，成了下一任英国国王，可他在1199年驾崩，再一次带来了王位继承的问题。

约翰的侄子、时年12岁的亚瑟是布列塔尼公爵（Duke of Brittany），也是约翰的哥哥杰弗里的儿子；理查一世感染坏疽去世之后，亚瑟就被拥立为国王。这个年轻人挡在了约翰和王位之间。约翰抓住了亚瑟，而接下来，亚瑟就顺理成章地彻底消失了。有些史料中甚至声称，是约翰亲手杀害了亚瑟。

起初，约翰命人弄瞎和阉割了这个孩子，让后者变得对王国毫无用处。那些受命前去执行这一任务的人全都不敢下手，于是他们为关在鲁昂城堡里的亚瑟解下锁链，带到河边去见他的叔叔。约翰亲自用匕首刺穿了那个男孩的心脏，然后将了无气息的尸体扔进河里，并且用石头压住。

由于兄长们此时都已不在人世，而他又恶毒地除掉了自己的小侄子亚瑟，因此约翰得以继承了王位。传言中亚瑟受到的对待，以及约翰即将做出的可怕决定，都给他的统治蒙上了一层阴影。当然，关于他杀害亚瑟的故事可能经过了添油加醋，以便助力当时反对这位国王的事业；可亚瑟既然已经不知所终，那就肯定是有人杀害了他。约翰则是显而易见的可能黑手。

时年32岁的约翰抓住了自己的机会，但不久之后，人们就开始称他为"坏国王"(The Bad King)了。他实在是太坏了，以至于手下的贵族们都联合起来反对这位君主，要求恢复他们的权利。1215年，他们迫使约翰王在兰尼美德（Runnymede）签署了《大宪章》(Magna Carta)。这是英国历史上最具深远意义的文件之一，其中承认了贵族们的权利，保护他们免遭非法监禁，并且对他们缴纳给约翰及王室的封建税赋加以限制。《大宪章》赋予了贵族们对统治者进行问责的权利。1215年签署的《大宪章》一直不断被人提起，成了酒吧问答游戏里的知识。这也是我们队稳稳必得的一分。

约翰治下的社会氛围极其糟糕，以至于许多人都以为世界末日即将到来；但幸运的是，整个世界并没有像人们预言的那样在1212年终结。约翰甚至在签署《大宪章》之后不久，就千方百计地让教皇免除了他履行自己在其中做出承诺的义务。

不可思议的是，心怀不满的贵族们还曾提出把王位交给法国的路易王子（Prince Louis）。考虑到两国之间已有数百年的冲突，英国人竟然会请法国国王来接管英国,这种做法就很令人觉得诧异了。当时的形势一定已经到了极其糟糕的程度。在无人反对的情况下,路易登陆英格兰,被拥立为王。约翰有点儿恼火,便在北部的约克郡(Yorkshire)和林肯郡(Lincolnshire)集结人马,然后南下去对付叛军。然而,他的这趟征程不啻为一场灾难,而人们常常记住的,就是约翰在此期间丢失了国王的珍宝。他的辎重车卷入上涨的河水中,被冲到沃什湾(the Wash)涨潮的河口里去了。

度过了倒霉的那一天后,到了晚上,约翰又暴饮暴食,吃了很多的水果、喝了很多的苹果酒,很快便突发腹痛,并且发起烧来。由于胃部绞痛不已,发烧又让他思绪混乱,因此他度过了一个不眠之夜,大汗如注。第二天,他依然胃痛、发烧且筋疲力尽,连马背都跨不上去了。在接下来的两天里,他不得不被人抬着往来于各座城堡之间;到了第四天,身体虚弱、脱水和受到感染的他,便死在了纽瓦克(Newark)。

再一次,一位国王之死的故事具有了重要的象征意义。约翰所得的痢疾之症恰如其分,人们都认为是贪婪与饕餮的罪过导致了他的死亡。如此死去就反映了他的军事失败记录、他削弱了英国对诺曼底的主权以及他残暴地对待百姓。他又是一位打压教会的君主,因此人们认为,他痛苦而肮脏的死亡就是理所应当、罪有应得。

这件令人遗憾的事件不可能没有引起人们的注意,起码也会让人觉得惊奇。假如约翰是喝了一名心怀不满的修道士给的毒酒身亡的,那就没人感到惊讶了;可史料记载中称他的死因是痢疾,而对继承其王业的人来说,这样说多半是大有助益的。

在这个时期,认为君主应当安葬于威斯敏斯特教堂的想法还没有出现,因此约翰王被安葬在伍斯特大教堂(Worcester Cathedral)里。将一具因患肠道疾病而死去、屎尿横流且臭气熏天的遗体从纽瓦克送往伍斯特，肯定是一段长途跋涉之旅。

当时，国王们的安息之地遍布各地，比如威廉二世葬在温彻斯特、亨利一世葬在雷丁、亨利二世葬在安茹的丰特弗洛，那里还长眠着他的另一个儿子理查一世。约翰王要求将他安葬在伍斯特的大教堂里，以便体现出他对邓斯坦（Dunstan）和伍尔夫斯坦（Wulfstan）两位圣徒的虔敬。圣伍尔夫斯坦曾是伍斯特的一位主教，是诺曼征服前最后一位在世的主教，后在约翰王治下由教皇英诺森三世（Pope Innocent Ⅲ）封为圣徒。其实，英诺森三世曾经把这位英国国王革除出教，但过去的事情就让它过去吧。

就在人们跋山涉水，运送着约翰的遗体去安葬时，该国的贵族们不得不迅速收回了他们拥护法国人路易来当英国国王的态度。哦，真是对不住，我们搞错了，您请回法国去吧，再见（au revoir）。回头见（À bientôt）。

约翰王的遗体在伍斯特安然无恙地长眠了数百年之久，直到乔治三世（George Ⅲ）统治时期；1797 年，人们对约翰王的棺椁在那座教堂里的确切位置产生了争议。为了找出答案，他们便打开了一两座墓穴。对于这种事情，乔治王朝时期的人可不需要什么理由。我们该不该再打开一具棺椁呢？

他们最终找到了这位国王的遗骸。他们描述说，约翰王身高 5 英尺 6.5 英寸[1]。在这种情况下，我们是不是该说这是他的"体长"而非他的"身高"呢？他的遗体上盖着一件带有头巾的修士袍服，试图体现他的

---

1 约合 1.69 米。

虔敬之心，并且帮助他通过炼狱（Purgatory）。听起来，约翰似乎需要他能够获得的所有帮助。

这位国王的遗体边，还有一副带鞘长剑的残骸。成千上万的民众蜂拥而至，想在他们重新封上墓穴之前看一看其中的遗骸。你们肯定也会去看的，对不对？就算错过了一睹那具腐朽遗体的机会，但在大英图书馆（British Library）里，如今你们仍可以查阅到一份关于约翰王棺椁的开棺记录。

"爱慕虚荣、反复无常和令人生厌"等词语原本完全可以用来描述约翰王，可这些词语却被人们用以描述他的妻子即昂古莱姆的伊莎贝拉（Isabella of Angoulême）了。约翰王驾崩后，伊莎贝拉把儿子交给能力非凡的威廉·马歇尔（William Marshal）去照管，自己则回法国去了。她在法国再次嫁了人，还在她与路易十四世（Louis XVI）的妻子发生争吵之后，试图毒死路易十四世。事发后，伊莎贝拉逃到丰特弗洛修道院里，成了另一位就此死去、没有留下任何记录的英国王后。她的第一任丈夫约翰王的遗嘱原件，如今依然保存在伍斯特大教堂里，是我们已知最早的、源自800年前的一份单页王室遗嘱原件。至于王位，则传给了他们那位年仅9岁的儿子亨利。

第 10 章

亨利三世：殁于 1272 年

Henry III

英格兰的第三位亨利国王，是"坏国王"约翰（Bad King John）的儿子。1216 年父王死于痢疾之时，他还只是个孩子；自然，当时的他是无力实施统治或者做出影响整个王国的重大决策的，但一位摄政王却可以做到这一点。对于某些贵族而言，能够掌控新任国王是一种有利的优势。身为骑士的威廉·马歇尔与一小群忠心耿耿的贵族，便成了小亨利的摄政大臣。路易王子被他们打发回了法国，被告知他们"只是开了个玩笑"，而他事实上也从来没有当过英格兰的国王。威廉·马歇尔重新颁布了《大宪章》，并且确保亨利三世遵守《大宪章》中规定的承诺。然而，并非所有的贵族都是同一条心，这一点给亨利带来了麻烦。

即便是长大成人之后，亨利也有点儿没用。他既不懂怎样治国理政，也搞不清楚自己的财务状况。亨利的妻子即普罗旺斯的埃莉诺（Eleanor of Provence）趁机大占他的便宜。她偷偷地把亨利的钱财都送给了法国娘家的那些朝臣。而在英格兰，骚乱持续不断就是意料之中的事情了。叛乱贵族西蒙·德·蒙特福特（Simon de Montfort）一心要改革政府，内战随之爆发。在1264年的刘易斯之战（Battle of Lewes）中战败之后，亨利被俘。西蒙成立了一个新的政府，并且召集贵族和主教们，加上来自各个行政区的代表，组成了一个议会。这样做并非真正代表了整个国家，而是开启了西蒙·德·蒙特福特的专制暴政。

1265年，亨利的儿子爱德华在伊夫舍姆之战（Battle of Evesham）中平息了叛乱、击败了德·蒙特福特之后，才夺回了王位。德·蒙特福特的首级，连同那两颗挂在他的鼻子上做装饰的睾丸，最终被送给了他那位悲伤欲绝的遗孀，即亨利的亲姐姐莫德（Maud）。为了达到最大的宣传效果，他们还绕了一大圈才将德·蒙特福特的首级送去，自然也经过了不同的城市。

与德·蒙特福特不同的是，亨利三世不是在战场上受伤而血腥地死去的。他的死亡过程要缓慢得多。1270年，亨利在圣埃德蒙兹伯里（Bury St Edmunds）的时候，头一次感受到了脑部血栓导致的刺痛。当时他的病情虽然稍有好转，但接下来他再次病倒了；于是，他断定自己只能待在伦敦，挨着他最喜欢的圣徒"忏悔者"爱德华（或者挨着此人的遗骨）。

随后，亨利似乎患上了多发性脑血栓症，即中风。一些细小的血栓块在他的动脉里四下游走，然后开始卡在脑部的血管中，阻碍了血液的流动。

血液必须在血管里自由流动，输送到全身各个部位（除了眼球中的晶状体）才行。血液有可能溢出血管的时候，人体就需要一种快速发挥作用的关闭机制了。凝血功能可以防止一个小伤口变成后果严重的大出血，因此血凝块其实是一个健康且功能正常的身体中的组成部分。这种机制是挽救生命的必要手段；但可惜的是，血凝块也有可能在并不需要它们的地方出现和带来问题。一旦发生这种情况，我们就会看到心脏病发作（心肌梗死）或出现肺栓塞，或者像亨利一样患上中风（即脑血管疾病）。

血管中的任何损伤都会触发血小板的激活。血小板又称凝血细胞，是血液当中一种没有颜色的微小细胞。它们会黏附在受损的血管壁上，然后聚集起来，形成一种堵塞物，封住受损之处，防止继续失血。一系列凝血因子开始相互作用，让更多的血小板和更多的细胞凝集起来，形成凝血块。纤维蛋白会在那里形成一张网，捕捉到更多的血小板和细胞，一直将伤口堵住，直到伤口愈合。

血凝块发挥出作用、伤口也充分愈合之后，血凝块就会溶解掉，让受伤区域恢复光洁，而血液也不会再从血管壁上涌出了。诱发血凝块形成的因素既可以是简单的纸张划伤，也可以是血管本身的一种内部病变。血管壁上的病理性斑块若是破碎脱落，就会引发一种凝血连锁反应，将血凝块输送到血管当中。血栓栓塞事件即血液因受阻而无法通过的现象有可能在大脑当中产生下游效应，甚至在几分钟之内就致人死亡。

在亨利的大脑当中，多次轻度中风的累积效应最终夺走了他的性命。对于每次中风造成的损伤，起初一个人可能根本就注意不到；但损伤累积起来之后，此人在认知或身体机能方面的衰退就有可能变得越来越明显。随着大脑血管出现的每一次栓塞发作，他的身体就会变得更加虚弱，他的头脑就会变得更加混乱，他的机能就会变得更加无力。19世纪的内科医生威廉·奥斯勒（William Osler）对这种身体衰退的情况进行过评论，他说："这种人死亡所需的时间，会像他们长大成人那样漫长。"

由于奥斯勒认识到了这一点，而自希波克拉底（Hippocrates）以来，世人也对其进行了描述，因此我们对中风的各种症状已是早有了解。一侧肢体突然失去控制、面容不对称或者语言障碍，都有可能属于同一综合征的不同症状。这种病情起初被称为卒中。一直要到17世纪医生们经常进行尸检和尸体解剖的时候，他们才将这种疾病的体征、症状与大脑中的凝血或出血问题联系起来。

亨利多次中风的累积效应，导致他驾崩于1272年的秋季，享年65岁。他年纪轻轻就登上了王位，并且没有在战场之上受伤身亡，因此亨利成了中世纪历任君主当中在位时间最久的国王，他的这一纪录直到500年后才被乔治三世打破。

由于他的父王已经丢掉了欧洲大陆上的诺曼底和安茹，因此亨利治下王国的面积，就比此前历任国王治下的都要小得多了。他在英格兰留下的印迹就是兴建了一些引人注目的大教堂。宏伟壮观的威尔斯（Wells）大教堂、约克大教堂和林肯大教堂，都是在他的资助之下兴建起来的。

亨利还斥下巨资，重建了威斯敏斯特大教堂，将"忏悔者"爱德华的遗体迁葬于一座崭新的陵墓里；至于他自己，则被安葬到了"忏悔者"爱德华此前的安息之地。与父王一样，亨利也选择与他最喜欢的圣徒长眠在一起。可他并没有在那里安息多久：亨利的儿子爱德华一世（Edward I）为父王修建了一座精美的陵墓，然后就将亨利的遗体迁葬了过去。

第 11 章

爱德华一世：殁于 1307 年

Edward I

在所有的国王中，英格兰的爱德华一世或许拥有一个最令人难忘的绰号：由于长有一双长得出奇的腿，所以他被称为"长腿"（Longshanks）。亨利三世只有 5 英尺 6 英寸[1]高，可他的儿子爱德华却身高 6 英尺 2 英寸[2]。除了脾气异常暴躁、明显需要学习愤怒管理课程的可怕名声外，身高也让他成了一个令人望而生畏的人物。他还被称为"苏格兰人之锤"（Hammer of the Scots），只不过这个绰号是后来获得的，在他驾崩入土之后很久才出现。

爱德华是在一个冲突频发的时代长大的，从小就做好了战斗的准

1　约合 1.68 米。
2　约合 1.88 米。

备；当时，叛乱贵族西蒙·德·蒙特福特要求在英格兰的统治中获得更多的发言权。爱德华曾经以一名勇武王子的身份与叛乱贵族们作战，并且不同于父王的是，他后来还成了一位勇士国王。爱德华睚眦必报和心狠手辣的名声，便随着他的成长而与日俱增了。他俘虏了西蒙·德·蒙特福特、威廉·华莱士[1]和更多的人之后，不但残忍地杀害了他们，还将他们的身体部位当成战利品进行展示。不论我们如何看待中世纪之人的行为，这样的事情都是不该做的。

然而，当时这样干的其实不止他一个人；威廉·华莱士在斯特林桥（Stirling Bridge）战役中获胜之后，曾将被俘的英国骑士休·德·克雷辛厄姆（Hugh de Cressingham）剥皮，并将剥下来的人皮分发给了胜利者。华莱士还用他分得的那部分人皮，给自己的佩剑做了一条饰带。

凭借一种真正的勇武骑士作风，爱德华后来变成了一位声名赫赫的十字军战士。由于太过有名，他也成了敌人刺杀的目标。其中一名刺客曾用一把涂了毒药的利刃刺中了爱德华，随后爱德华才击败并且刺死了那名刺客。据说是爱德华的妻子，即卡斯蒂利亚的埃莉诺（Eleanor of Castille）救了他一命，及时把他伤口中的毒液吸了出来，才没有让最糟糕的情况发生。爱德华原本就对妻子颇为敬重，如今对她肯定是更加敬重了。人们都深情地铭记着他们的婚姻，认为这桩婚姻对王室来说非比寻常，因为它既是一桩政治婚姻，也是一种爱的结合。1290年埃莉诺去世的时候，爱德华曾伤心欲绝。同样，史料中对这位王后去世情况的记载少之又少，但关于爱德华国王哀悼她的内容却记载了很多。埃莉诺

---

[1] 威廉·华莱士（William Wallace，1270—1305），苏格兰骑士和苏格兰独立战争中的重要领袖之一。

在林肯郡附近去世之后，从那里到她在伦敦的安息地之间，有一排纪念十字架穿过整片区域，以此标志着她的这趟最后旅程，如今我们仍然可以看到。在他们停下来过夜的每个地方，爱德华都以埃莉诺的名义立了一个十字架。有些十字架是用石头建造的，还有一些如今已名存实亡；比如说伦敦的"查令十字"（Charing Cross），就曾是埃莉诺的一个十字架的所在地。

从十字军东征归来并且加冕之后，爱德华便开始西征威尔士，去迎战拒绝臣服于他的威尔士亲王卢埃林（Llywelyn）了；在那里，爱德华大开杀戒，取得了节节胜利。等到他在威尔士大兴城堡，确保了那里的安全之后，爱德华又将注意力转向了北方，开始与苏格兰人一较高下。1286年，苏格兰国王亚历山大三世（Alexander Ⅲ）在一场暴风雨中骑行时意外坠崖、摔断了脖子之后，他留下的一个孩子玛格丽特（Margaret）便成了王位继承人。爱德华打算让年轻的玛格丽特嫁给他自己的儿子，从而将两个王国统一起来，谁知玛格丽特还没等到登上王位就死了。对"长腿"来说，接下来的一切都没有按照计划进行。

组织严密的英军正在跨过斯特林桥的时候，威廉·华莱士及其手下提前发动了攻击，将部分英军与其主力部队之间分隔了开来。少量过了桥的英军朝着土地松软、泥泞难走的地形进军。其余的英军不是被砍倒在地、鲜血淋漓，就是颜面尽失，落荒而逃了。

1307年，爱德华一路北上，试图再度与苏格兰人决一死战；此时领导苏格兰人的是罗伯特·德·布鲁斯（Robert the Bruce）。英军远征到了离卡莱尔（Carlisle）不远的金沙堡（Burgh by Sands），但爱德华并没有继续进击，也没有实现打败苏格兰人的目标。他的心中涌起了那种熟悉的感觉。爱德华生病了，可人们对此却无能为力。

再一次，一位凡人君主死在了痛苦不堪、棘手难治的痢疾中；这种严重的肠道感染足以让人动弹不得、严重脱水，并且丢掉性命。爱德华的结局与约翰王无异。我们原本不难料想，约翰应该是遭人谋杀，爱德华则有可能战死沙场。可恰恰相反，两人都是被出血性的腹泻击倒和打败的。爱德华知道情况不妙，知道他快要死了。他要求手下将他的骸骨当成圣物保存起来，在任何一支英军与苏格兰人开战前都要带着，好让他看到英格兰对边境以北的地区实施统治的局面。可苏格兰人却不这么想，而爱德华二世（Edward Ⅱ）也是如此。相反，爱德华的遗体被送到了南方的威斯敏斯特教堂，他父王的遗骸正在那里等待着他。或许，爱德华的儿子兼王位继承人若是像父亲一样更勇敢一点，他就有可能实现父亲的遗愿，把父亲放到一口烹煮国王之汤的大锅里煮上一煮，将其骸骨清理干净、保存起来。结果，爱德华和他的儿子都没能夺取边境以北地区的王权。

也许，英格兰的橄榄球队可以试一试。也许，他们每隔一年跑上默里菲尔德（Murrayfield）的球场，迎着激昂的风笛声和成千上万苏格兰支持者要让英格兰人血流成河的呐喊声时，可以把老爱德华的骸骨放在身前呢。如今，他们在威斯敏斯特仍会找到"长腿"的骸骨，而自700年前爱德华葬在那里以来，他们也不会是第一批前去挖掘其骸骨的人。

葬在威斯敏斯特大教堂的君主当中，没人能够在好奇心重的乔治王朝时期的人的窥探下做到安然无恙。1774年，经威斯敏斯特座堂主任牧师（Dean of Westminster）批准，文物学会（Society of Antiquaries）打开爱德华一世的陵墓看了看。他们发现，"长腿"身上穿着红金色的王袍。他的双手握着权杖。他们还给遗骸绘制了一幅素描画；幸好，此画是由某位极其长于绘图的人绘制出来的。[结果表明，此人就是诗人兼画家威廉·布莱克（William Blake），当时他正在文物学会里那位雕刻师的手下当学徒。]这位国王的遗体保存得极其完好。他们量了一下，发现爱德华的遗骸仍有 6 英尺 2 英寸高。一份记载其研究结果的史料还让我们得知，"某种球状物质——可能是眼球的肌肉部分——在眼窝中仍可移动"。

随着爱德华一世下葬于威斯敏斯特大教堂之后极其缓慢地腐烂，并且对英格兰、威尔士或苏格兰的事务再也没有了发言权，他的儿子爱德华二世便开始无拘无束，引发了更多的戏剧性事件。

第 12 章

爱德华二世：殁于 1327 年

Edward II

你们一直都在等着看到爱德华二世之死的故事，对不对？或者说，你们可能已经等不及了？也许你们是直接跳到了这一章，我们能够理解。爱德华二世之死的故事就是一个传奇，它与查理一世（Charles I）被砍头一样广为人知，是一个脍炙人口、阴森恐怖的弑君故事。在有些人看来，国王爱德华一世英勇神武、威名赫赫，他的这个儿子却很不争气，所以结局就是罪有应得。然而，如今一切都不再像爱德华之死的故事最初呈现出来的那个样子了。700 年来的流传、修改、揣测和粉饰，已经让我们对当时的真相一无所知了。

1284 年，爱德华出生于威尔士的卡那封城堡（Caernarfon Castle），16 岁时被封为威尔士亲王。当时，人们曾对这位亲王寄予厚望。他是国王的第四个儿子,但3个哥哥都已在幼时夭折,于是,爱德华成了法定的王位继承人。他是一位长相英俊的年轻人,可后来却让身边的人大失所望,其中就包括他的父王。年轻的爱德华对高贵的骑士之术、能够体现君王威严与战士勇毅的消遣活动毫无兴趣。相反,他却对户外活动和艺术、手工艺活动、音乐与戏剧——还有其他的年轻男子更感兴趣。

爱德华最喜爱的朋友(或者说"宠臣")就是皮尔斯·加弗斯顿(Piers Gaveston)。此人是由爱德华一世国王带到亲王家中的,目的是想激励这位亲王去干一番大事。后来,爱德华一世肯定会后悔自己做出了这个决定。加弗斯顿自重且幽默,同时也很高傲。他与威尔士亲王的关系造成了很多问题,导致亲王父子之间、亲王与贵族们之间都发生了冲突。在一桩令人遗憾的事件中,老爱德华爆发出了他那种众所周知的怒火,把爱德华亲王按在地上,扯下了儿子的数缕头发。然后,他把加弗斯顿逐出了王国。可不久之后爱德华一世驾崩,这就意味着新任国王爱德华二世可以把这位遭到流放的朋友接回来了。

加弗斯顿一如既往地英俊、聪明且自负——而且极其令人生厌。他尤其让其他的贵族觉得讨厌。他喜欢给他们取一些可笑的外号,而不出所料的是,贵族们都不太喜欢那样。国王赏赐给加弗斯顿的礼物、土地和头衔,不计其数;直到最后,贵族们认为他们必须采取措施了。

1312年6月,沃里克伯爵(Earl of Warwick)盖伊·博尚普(Guy Beauchamp)绑架了加弗斯顿,将他关进了沃里克城堡那座臭名昭著的地牢里。沃里克伯爵在那里对加弗斯顿宣判了死刑,然后将他转移到兰开斯特(Lancaster)的布莱克洛山(Blacklow Hill),准备在那里将他杀掉。了结加弗斯顿性命的任务交由两名残暴嗜血的威尔士人执行。其中一人用利剑刺死了他,另一人则砍下了他的脑袋。他们把加弗斯顿的尸体丢在两人砍下他头颅的地方，任其腐烂。后来一些修道士取回了加弗斯顿的遗体，并且好事做到底，安葬了国王的这位朋友。如今，加弗斯顿被杀的地方矗立着一座纪念碑，为这个故事增添了一丝维多利亚时期的色彩。不过，这并不是爱德华二世唯一让人皱眉的人际关系。小休·德斯潘塞（Hugh Despenser the younger）也受到了牵连，此人也被残忍地处死了；但这一次，他是遵照爱德华的妻子伊莎贝拉和罗杰·莫蒂默（Roger Mortimer，后文将介绍他的更多情况）两人的命令，以绞刑、五马分尸和肢解之刑被处死的。

尽管对其他年轻女子很感兴趣，爱德华还是娶了法国国王腓力四世（Philip IV）的妹妹伊莎贝拉为妻，并且一起育有4个孩子。要说爱德华有过什么明智举措的话，与王后闹翻肯定不在其中。也许，告诉别人说他随身带着一把小刀以防遇到王后，或者说要是没带武器的话，他就有可能用牙齿把她撕碎，也不是什么明智之举。这对王室夫妇之间毫无爱情可言。

在远离爱德华的法国，伊莎贝拉结识了一些遭到流放的英国贵族，其中就有罗杰·莫蒂默。两人的目光在一座挤满了人的院子里第一次相遇之时是一个关键的时刻。当时，莫蒂默刚从英国国王爱德华囚禁他的伦敦塔里逃了出来，到了巴黎。他与伊莎贝拉聚在一起，制订了一个计划。麻烦即将到来。麻烦即将从四面八方向爱德华涌来。

在北方的苏格兰，罗伯特·德·布鲁斯夺回了曾被爱德华的父王占领的一座座城堡；于是，1314年爱德华便率领一支军队北上去对付布鲁斯。他在班诺克本之战（Battle of Bannockburn）中被苏格兰人打败并受到了羞辱，当时壮丽的斯特林城堡（Stirling Castle）就在眼前。那些没有被枪尖扎死或者踩死的人好不容易挣脱出来，逃离了可怕的战场。爱德华被赶跑了。苏格兰人再次把金雀花王朝的一位国王赶回了老家,让他三思而后行。或许,假如爱德华遵从了父王的遗旨,带着他的骸骨去见证那场战斗,那么他们在班诺克本应该是能够召唤出一定的军事威力的。

爱德华的统治就是一场灾难。由于爱德华二世在苏格兰和爱尔兰两地都战败了,又因无能而使许多人与他断绝了关系,所以1327年议会便废黜了这位国王。爱德华的长子继位,成了爱德华三世(Edward III);不过,由于当时他只有14岁,还在经常熬夜晚起和整天玩游戏,所以整个国家实际上是由伊莎贝拉和罗杰·莫蒂默两人统治着。在爱德华三世统治期间,或者更准确地说,是在王后伊莎贝拉和她的男友实施统治的那段时间里,爱德华二世则被看管了起来,从一座城堡转移到另一座城堡。

编年史家杰弗里·勒·贝克(Geoffrey le Baker)曾写道,爱德华曾被他们故意关押在格洛斯特郡(Gloucestershire)的伯克利城堡(Berkley Castle)里,那里条件恶劣,让他备受羞辱。贝克对爱德华二世之死的描述是根据威廉·毕晓普(William Bisschop)告诉他的情况撰写而成的;后者是托马斯·格尔尼(Thomas Gurney)和约翰·马尔特拉弗斯(John Maltravers)的朋友,据说就是这两人杀害了国王。勒·贝克记述说,这位被废黜的国王饥肠辘辘,身边全都是腐烂的动物尸体,因为他们希望他染上疾病,自然死亡。如果爱德华染上腐烂之物散发出来的瘴气而自然死亡,就不需要有人直接去杀掉他了。但是,爱德华向来不喜欢照别人的意愿行事,并没有如他们的愿自然死去。身为一位遭到废黜的国王,他就算被关了起来,也依然是一种威胁;所以,他的日子就屈指可数了。虽然没人确切了解爱德华死亡的具体情况,但深受一代又一代英国学童喜爱的那个故事却令人毛骨悚然。

既能将这位国王杀害,同时还能逃脱惩罚的一个可靠方法,就是用重物将他死死压住，然后用一根烧红的铜棒或者一把炙热的火钳从直肠插入他的体内。这样做不会留下明显的外伤痕迹。这是一个可靠的办法，但并不是一种必然的方法。比如说，窒息也不会留下明显的外伤痕迹，有些毒药也是如此。

我们不妨来探究一下人们认为这位被废黜的国王被如此恐怖地杀害了的观点。爱德华原本是一个身体健康的年轻人，没有得过慢性疾病，却在顷刻之间因某种凶猛而迅速的东西去世了。假如这种致死之物确实是一把炙热的铁火钳，它就不会仅仅刺穿直肠或者肠道，不会让他像"征服者"威廉一样，在腹膜炎的长期折磨之下死去。要想立即杀掉爱德华，火钳必须捅得很深、很迅猛，足以伤及主要的血管。扎穿腹部的大血管会导致大量血液突然涌入腹部，或者从直肠喷出。这种瞬间而残酷的肠道翻腾，将是一件十分血腥的事情。较小血管内的血压无法维持下去，大脑会因为缺血而停止运行，心脏则会因为没有血液来维持心肌功能或者因为无血可泵而很快开始出现纤颤。

如果是这样的话，爱德华那种令人毛骨悚然的尖叫，在城堡以外都应该听得见。这个细节并不能真正支持杀害他的人不希望留下外在证据的理论。无疑，他们会把任何尖叫声都掩盖起来。

多年以来，这个炙热火钳的可怕故事一遍又一遍地被人们添油加醋地讲述着。修道院的史学家们也曾利用这个故事，来评价爱德华的同性恋取向所导致的恶果。这个具有象征意义的故事不只是对"罪孽"本身的一种谴责，它也谴责了爱德华的不当关系对整个王国造成的破坏。

爱德华的真正死因，世人永远都无法确知了。假如那天他确实死在城堡里，那么，他被人用某种没有留下痕迹的方式闷死的可能性似乎更大。再说，将遗体示众来证明爱德华已死的做法，也并不像乍看上去那么言之凿凿。关于爱德华逃走了、他的遗体被掉了包,以及他后来过着流亡生活的谣言,曾经到处流传。19世纪,人们还在意大利发现了一些文献,其中详细描述了爱德华逃之夭夭的情况。一位意大利主教曾经致函爱德华三世,告知后者的父王已经逃到了欧洲大陆上,并且短暂谒见过教皇,然后在那里隐居了下来。就证人保护计划的实施来说,其实他有可能被送往更糟的地方,但至少不会是斯特林。他在那里应该会很不受欢迎,何况那里还经常下雨。

为金雀花王朝诸王作传的历史学家伊恩·莫蒂默(Ian Mortimer)得出结论说,1327年的那一天,爱德华根本就没有死在伯克利城堡,更别提有什么受尽折磨、痛苦死去的详细情况了。日期与时机都表明,假如这位遭到废黜的国王确实是在那天去世的,那么爱德华三世和其他显贵人士都得等到遗体进行了防腐处理之后,才会有机会去确认爱德华二世的身份。但在14世纪,防腐处理包括用蜡布遮住死者的整个身体与脑袋,人们根本就看不到死者的脸部。就算当时展示的确实是国王的遗体而不是一具替身,也没有几个人会近距离看到他的遗体,并且在他的脸部被永久遮盖起来之前言之凿凿地证实那就是爱德华二世。有意思的是,自此以后,人们对已故君主的遗体进行防腐处理时,就不再用蜡布将遗体的脸部遮盖起来了。至于原因,就随您去想了。

不论爱德华是如何被杀的,这个炙热火钳的故事都像哈罗德国王在黑斯廷斯被利箭射中的故事一样,已经成了每一位英国学童在历史课上听到的主要内容;一直要到有人在互联网上发表以"嗯,其实……"为开头的评论,才能将其纠正过来。

死了也好,活着也罢,反正爱德华的糟糕统治结束了。如今被人们当成英国国父铭记着的,则是他的儿子。

第 13 章

爱德华三世：殁于 1377 年

Edward III

> ……无论好坏，他都帮助我们成了如今的自己。
>
> ——伊恩·莫蒂默

提起爱德华三世，人们就会联想到一幅幅这样的画面：一个崇尚骑士精神的亚瑟王式的宫廷里，贵族们聚集一堂，举行场面壮观的比武，在为爱德华治下获得的伟大军事成就而进行训练。爱德华三世功绩卓著、成就斐然，因此许多人都认为他是英国历代国王中的佼佼者。

首先，他必须摆脱贪慕权力的罗杰·莫蒂默的掌控；而在做到了这一点之后，他便审判和处决了莫蒂默。莫蒂默遭受了绞死、五马分尸和肢解之刑，残酷程度与他此前一边吃着午餐、一边优哉游哉地看着处决休·德斯潘塞时毫无二致。爱德华没有处决自己的母亲，只是把她关押了一段时间。

没有了母亲及其男友的干涉之后，爱德华就能够亲政了；于是，他开始着手解决前任诸王遗留下来的各种问题。他向苏格兰人和法国人开战，一度还将两国国王扣押在英格兰。由于爱德华对法国王位拥有合法的继承权，所以他发动了英法两国之间的百年战争（Hundred Years War，但我不确定双方是否一开始就同意这样来称呼那场战争）。他在克雷西（Crécy）以寡敌众，并且凭借英国的长弓，摧枯拉朽地战胜了法国人，赢得了一场原本不太可能的胜利。他带着自己的儿子爱德华一起战斗，在普瓦捷（Poitiers）取得了胜利；他还摧毁了法国的帆船舰队，从而确保法军无力再对英格兰发动进击。

可以说，爱德华三世正是我们的中世纪故事中那种具有王者之气的国王。因此，爱德华三世登基之后，英格兰就出现了很多的好事。在有些人看来，爱德华的统治因为他寿命太长而有所受损。假如他驾崩得早一点儿，在他的辉煌时刻离世，那么形势就不会恶化到爆发玫瑰战争（Wars of the Roses）的地步了。他真是太不善解人意了。

悲哀得日渐年老体衰的爱德华，竟然被妩媚的爱丽丝·佩瑞斯（Alice Perrers）迷得神魂颠倒；此女是他的情妇，也是王后菲丽帕（Philippa）的侍女。在记述爱德华三世最后日子的故事中，爱丽丝的形象都不是很好。

1376年9月，爱德华三世因长了一个据说很大的脓肿而病倒了。这种诊断结果在记载这位国王生平的多种史料中都有出现，但可惜的是，没有哪一种记载给出更多的细节。要是能够确定爱德华罹患的巨大脓肿长在哪个部位就好了。脓肿是脓液聚积起来形成的，而脓液本身又是由破裂的细胞碎片积聚而成，是人体抵御感染性微生物、试图遏制细胞残骸扩散的结果。腿脚上的脓肿，与牙齿、腮腺，甚至是肛周等部位的脓肿大不一样。随着免疫系统开始发挥作用，脓肿周围的部位就有可能出现疼痛、发红、肿胀，变得又红又肿。脓肿若是破裂，就会涌出脓液。爱德华的脓肿既疼痛难当，还散发出难闻的气味。多亏了一位作家，此人告诉我们，爱德华"身上长了一个脓肿"——简直是说了等于没说。史料中虽然不止一次提到那个神秘的脓肿是在 2 月份破裂的，却依然没有指出它是在爱德华身上的哪个部位破裂的。

64 岁生日那天，爱德华曾给他的 7 位御医赏赐了袍服。那个医务室里不缺人手。当时，这些御医显然对爱德华发挥着重要的作用。

爱德华在位期间，尽管黑死病席卷了欧洲大陆各地和他治下的英格兰，可他本人却躲过了那种疾病。当时 1/3 的人口就没有这么幸运了，而爱德华的家人也没能逃过此劫。他的女儿珍妮（Jeanne）就是在穿过法国前往西班牙结婚的途中染疫而死的。

直到 20 世纪 40 年代，也就是第二次世界大战（Second World War）过后，人们才发现了爱德华死因的一条线索。那是一件珍品，不是用黄金而是用石膏制成的。修复威斯敏斯特大教堂的人在爱德华木制雕像的头部发现了一个死亡面具。死亡面具是用石膏或者蜂蜡敷在刚死之人的脸上模铸而成，以便保存下他们死亡时的面容。这有点儿像维多利亚时代的尸检摄影术，并且同样令人毛骨悚然。爱德华的死亡面具上有扭曲之处，左侧嘴角下垂，这表明他患有中风之症。但是，一次中风并不能解释爱德华晚年认知能力衰退的原因。也许，爱德华三世的遭遇跟亨利三世一样。随着时间的推移，多次轻度中风导致了认知能力的衰退，最终在 1377 年，即他 64 岁那年导致了一场较为严重的中风，从而结束了他的生命。

当然，认知能力下降的原因有很多。我们必须认识到，爱德华是金雀花王族中的一员，身上携带着代代相传且与精神疾病相关的基因。我们只能借助为数不多的线索，去推测爱德华的死因。不过，对于爱丽丝·佩瑞斯的所作所为，我们了解的情况却要多得多。据她的敌人称，爱德华三世弥留之时，爱丽丝竟然将他手指上的戒指捋下来，装进了自己的口袋里。

尽管我们对爱德华的死因所知不多，但史料中对其遗体处理的描述，却充分说明了当时的防腐处理方法。首先是把遗体摆好，由内侍对遗体进行清洗。然后是对他的遗体进行全身擦拭，将香脂与香料按压进每一条褶皱和每一个孔窍里。接下来，人们用刀从他的剑突（即胸骨下部）开始切开遗体的皮肤，沿着腹部中央往下一直切到耻骨，并将皮肤层和脂肪撑开，以便为取出内脏提供充足的空间。他的网膜（即覆盖和支撑腹部各个器官的脂肪与结缔组织内膜）、胃、肠、肝脏……所有器官都得取出来。他的头骨被切开，大脑组织被取出，然后代之以更多可以防止腐烂的油脂与香料。接下来，他就被裹进了数层蜡制裹尸布里。这位国王的每一根手指都是单独用布裹住，"仿佛双手都戴着麻布手套"。当时还花了 21 英镑，支付给了一个叫作罗杰·钱德勒（Roger Chandler）的人，去购买覆盖爱德华遗体的香脂与香料。这种习俗不只是为了防止遗体腐烂，还是为了遵循遗体完整才算圣洁的要求，让遗体尽量保持干净。

接下来，爱德华被裹进一件长长的束腰外套中，脸部则盖上了一块丝绸手帕。人们将一枚戒指戴到他的手指上，然后给他戴上了手套。他的胸前放着一根带有十字架的棍子，左手则握着权杖。

他被安葬在威斯敏斯特大教堂里，跟他的妻子菲丽帕葬在一起。一支点着火把的送葬队伍护送着他的灵柩，在圣保罗大教堂里停下来过了一夜。在送葬队伍中，500 多位王室成员都身着黑色丧服，400 名火炬手则披着黑色的连帽斗篷。在威斯敏斯特的那座大理石陵墓上，我们可以看到爱德华三世的一尊镀金铜像。雕像的头部枕在维多利亚女王捐赠的一个枕头上。上面还有 12 座经过了装饰的人像，代表着他的 12 个子女。信不信由你，反正大多数具有英国血统的人可能都是爱德华三世的后裔；因此，正如伊恩·莫蒂默在其《完美国王》(*The Perfect King*) 一作中总结的那样："……无论好坏，他都帮助我们成了如今的自己。"

第 14 章

黑太子：殁于 1376 年

The Black Prince

> 我的伟大荣美，全然逝去，
>
> 我的肌肉销蚀，只剩骸骨。
>
> ——出自坎特伯雷大教堂里黑太子墓的墓志铭

如果我们要用一句话来说明"黑太子"的死因，那么其中多半会含有"痢疾"一词；只不过，伍德斯托克的爱德华王子（Prince Edward of Woodstock）的遭遇，却远非如此简单。最后一次病倒之前的多年里，他的身体一直都是时好时坏。他患上的不是一种急性的、吃了什么东西就死的痢疾，而是一种久拖不愈的疾病。1356 年进行普瓦捷之战时，他曾相信自己拥有近乎超自然的力量。他的肚肠开始翻江倒海的时候，他一定觉得有点儿震惊。但是，"黑太子"并不惧怕死亡，而是蔑视死亡。

伍德斯托克的爱德华的名声，如今仍然存有争议。也许是因为他没有活着登上王位，人们才把他高高地供在神坛上，认为他原本可以是一名威猛的勇士吧。但对于他的敌人来说，他是一个野蛮凶残的折磨者。他的"黑太子"这一绰号的起源有几种相互矛盾的说法。之所以获得这个可怕的称呼，原因之一可能就是他对敌人，尤其是在利摩日对法国人的残酷无情。另一种说法则是这位勇士太子喜欢黑色的盔甲。有些人说这个绰号源自他的陵墓，因为他的陵墓由金属建造，阳光透过坎特伯雷大教堂里他的安息之地上方的窗户照进去后，那种金属就会变成黑色。

1370年9月对利摩日的洗劫确实黑暗恐怖，但我们别忘了，当时这位太子已经病倒，身体虚弱，全身浮肿。当一个人的内脏翻江倒海、肿胀得异常厉害时，谁也不会有好心情。他的病似乎在西班牙的巴利亚多利德（Valladolid）就开始了；当时，他手下军队中的许多人都染上了痢疾。痢疾在士兵当中极其迅速地传播开，大多数人都没能幸免，而许多人再也没能见到英格兰。痢疾让爱德华觉得身体极其不适，在随后的几年里，他多次病倒在床，频上厕所。偶尔，他病得非常严重，以至于仆人们都误以为他死了。

阿米巴痢疾（Amoebic dysentery）是由一种叫作溶组织内阿米巴（*Entamoeba histolystica*）的厌氧寄生虫引起的。阿米巴痢疾的传播则是凭借连环致命寄生虫的惯用作案手段，即经由"粪—口传播"。

快到午餐时间了，您放下了一直假装在用于工作的手机。您转向了电脑，至少记得要在吃午饭之前打印出一份文件。我们还打印文件吗？键盘看上去不脏，至少从远处看上去不脏，但有人在您之前用过它，是某个手上沾了一点儿粪便的人。您懂打字。您很快就干完了，而三明治也在等着您去吃。开始吃吧。等等，您洗手了吗？您为什么要洗手呢？刚才上厕所的又不是您。您用手指抓住面包，一些蛋黄酱会从指间挤出来。蛋黄酱需要舔舐干净，否则就会让一切都变得黏糊糊的。

您是将哪种东西冲进了洗手间呢？是键盘、您的三明治，还是蛋黄酱？所谓的污染物，就是讨厌的寄生虫被传播给新宿主之前所寄附的东西。它们先是被转移到了口腔，然后被吞咽下去，进入肠道。它们能够承受胃部的各种防御手段。这些小生物会大量繁殖，并且附着在肠壁上，导致上皮层渗漏和体液流出。有些微生物会脱落，随着粪便排出体外。排出体外原本是件好事，但在您冲厕所的时候，它们往往会以气雾剂的形式喷出来。所以，我们有必要谈一谈您放在浴室马桶旁边架子上的那些牙刷了。觉得恶心吗？就阿米巴痢疾而言，胞囊或者虫卵之所以会通过这种方式传播，是因为溶组织内阿米巴是一种原虫。

您有可能运气很好，没有出现任何症状，只是把它们传播到了别人身上。不过，您也有可能染上令人痛苦的血性腹泻和阿米巴性肝脓肿。"黑太子"的情况似乎就是后一种。从他无意中摄入的每一个成熟的胞囊中，分裂的细胞核都会产生8个滋养体。在大肠里，滋养体会通过二元分裂再度繁殖。它们可以侵入肠黏膜，即把肠道内的东西与其他身体部位分隔开来的细胞内膜。从肠黏膜出发，它们还可以进入血液，并且转移到其他的器官里。或者它们会形成一个新的胞囊，而这些新胞囊又会随着粪便排出，然后在别人享用自己的鸡肉蛋黄三明治时，被他们吃进肚子里。

说到爱德华的结局之时，同一时期的史料中至少有一次提到了痢疾。是提到了他的生命终结，而不是提到了他的臀部[1]。除了水肿或者浮肿，他还患有一种急性的致命性疾病。爱德华的身体正在每况愈下，变得全身虚弱无力。他可能出现了贫血，因为肠道出血意味着爱德华多年以来都在便血。浮肿是慢性阿米巴痢疾的一种常见症状，但同时也表明他有可能患上了肾病（一种肾脏疾病）。

在去世的14年之前，这位太子就已制订计划，要在坎特伯雷大教堂为他举行葬礼、修建纪念碑。如今，他的陵墓仍在那座大教堂里，我们仍然可以去参观。但是，我们最好不要在吃午饭之前去触碰他的陵墓。"黑太子"伍德斯托克的爱德华原本是王位继承人，却死在了父王爱德华三世之前。于是，"黑太子"的儿子理查便成了下一位无法永生的君主。

---

[1] 英语中的"end"一词既指"结局、终结"，也指"尾部、末端"，故作者才有此说。

第 15 章

理查二世：殁于 1400 年

Richard II

先生们，你们难道要弑君吗？

——理查二世

年轻有为之时，理查曾经直面起义的农民，并且问了他们一句话："先生们，你们难道要弑君吗？"

理查的父亲是伍德斯托克的爱德华，也就是我们如今所称的"黑太子"。后来，"黑太子"之所以变成了大众的偶像，很可能是因为他没能当上国王就去世了，还没有机会把事情搞得一团糟。取而代之的是他年幼的儿子，也就是爱德华三世的孙子，他成了英格兰的下一任国王。

1377 年加冕的时候，理查年仅 10 岁。那时他还穿着短裤，年纪太小，无法独自实施统治，所以理查的叔叔、令人敬畏的冈特的约翰（John of Gaunt）便担任了英格兰管理人一职，掌握了最高权力。

理查的统治之所以被人们铭记着，主要原因就是他对"农民起义"（Peasants' Revolt）的处理方式，理查在这场起义中的境遇有着至关重要的意义。1381年夏，理查治下的各地发生了骚乱。当时，他还只有14岁。叛乱者成群结队，大肆劫掠村庄，焚烧土地和房屋，袭击富人和权贵。理查无法派手下的军队去迎击叛军，因为他的军队正在遥远的地方与苏格兰人和法国人作战，继续进行着理查之前的国王没有打完的战争。叛军一边向伦敦进军，一边齐声高喊着："所有律师都去死吧。"他们对不平等、农奴制、高房租以及瘟疫过后的工资上限都感到不满。他们袭击了冈特的约翰所在的萨伏伊宫（Savoy Palace），还有城中的许多宅邸。就在众人纷纷逃离伦敦时，理查却留了下来。他骑马出宫，会见了叛乱分子，听取了他们的意见。叛军首领瓦特·泰勒（Wat Tyler）走到离国王太近的地方时，形势却急转直下了。伦敦的市长一拳打死了泰勒，因此叛军差不多都群情激奋起来。"先生们，你们难道要弑君吗？"这位年幼的君主大声喝道。

在如此幼小的年纪，理查就证明了自己配得上祖父爱德华三世所戴的那顶王冠。对参与起义者进行的审判与惩处，让民众都归于理查的掌控之下。英格兰的百姓都曾心想，我们终于有一位好君主了；可是，美好的东西永远都不会长久。

长大之后，理查变成了一个以自我为中心的年轻人，对他身边的人全然不屑一顾。无论什么时候，这位国王只要开口说话，就会得罪人。理查二世的统治曾经被人们多次比作他那位命运多舛的曾祖父爱德华二世的统治。甚至有人提醒过理查，要他注意这一点。他们两人都惹恼了身边的贵族，并且都为此付出了代价。

理查二世变得过分关注时尚与奢华，而他治下的王国却被忽视了；这一幕不禁让人想起了人们对威廉二世及其宫廷的谴责。有人曾经指责，说理查二世与理查·德·维尔（Richard de Vere）的关系过于亲密。一切堪称似曾相识。由于一些团体正在密谋反对他，理查二世开始痴迷于自己的王权与天命、占星术与神秘学以及"忏悔者"爱德华的圣徒地位。他宣称自己已然独立自主，想要大权独揽；但对于这个王国，大自然（Mother Nature）或者上帝却另有打算。

1391年，理查二世治下的百姓遭遇了严重的粮食歉收。1394年，又一场瘟疫暴发，席卷了本已饱受蹂躏的英格兰。就像它袭击其他各地一样，这场瘟疫也对宫廷造成了重击。理查二世的妻子即王后波西米亚的安妮（Anne of Bohemia），可能根本就没有注意到她被某种小东西咬了一口。跳蚤神不知鬼不觉地寄生在一只老鼠的背上到处跑动。那只跳蚤咬破她的皮肤之后，鼠疫杆菌（*yersinia pestis*）这种细菌便涌入了她的体内。虽然如今许多人都认为当时的罪魁祸首有可能是体虱，但致病的细菌却始终相同。

在她温暖、舒适的皮肤下，鼠疫杆菌获得了食物，便可以大量繁殖了。细菌唯一面临的威胁就是安妮的免疫系统，因为她的细胞会竭力避免出现感染的问题。这些看不见的微生物穿过她的淋巴系统，来到她的淋巴结上。脓液逐渐增多，她的淋巴腺便开始变大、肿胀，充满了脓液，令她觉得疼痛不已，从而得上所谓的淋巴结炎。理查二世的爱妻波西米亚的安妮就此去世了。理查二世伤心欲绝。

盛怒之下，他下令拆掉了自己最喜欢的、安妮死于其中的那座行宫——希恩庄园（Sheen Manor）。希恩是一座王室庄园，位于萨里郡（Surrey）一侧的泰晤士河（River Thames）上，正对着特威克纳姆（Twickenham）教区，以及位于米德尔塞克斯郡（Middlesex）一侧河岸上的埃尔沃斯（Isleworth）王室庄园。理查二世原本很喜欢那座行宫，可妻子死于那里之后，他却诅咒那个地方，命人将那里夷为了平地。

理查变得更加古怪无常起来，在妻子的葬礼上甚至变得很是凶暴，用棍子将阿伦德尔伯爵（Earl of Arundel）抽了一顿，说后者竟然胆敢迟到，又想早早离去，这把他身边的人都吓坏了。阿伦德尔其实早已触怒了国王，因为他是那群密谋对付国王的人中的一员。理查二世后来又对其他的同谋进行追查，杀掉了当中的3人，余下的人则遭到了流放，其中还包括他的堂弟亨利·博林布鲁克（Henry Bolingbroke），此人就是冈特的约翰之子。

理查二世手下那一小群亲信与广大贵族之间的分歧越来越大了。理查二世治国不善，以及由此导致的法国入侵的威胁，都让广大贵族深感不安。在中世纪晚期的英格兰，尽管政府是行使王权的绝对权威，但社会确实拥有向统治者问责的权利。局势变得极其紧张起来。

1399年冈特的约翰去世之后，理查二世便褫夺了约翰的儿子亨利对其土地与头衔的继承权，理由是亨利的父亲在那场阴谋中扮演了不光彩的角色。不出所料，亨利·博林布鲁克前来向他复仇了。没过多久，理查二世便丢掉了王位，被迫在上议院（House of Lords）宣布退位，以免受到审判。亨利·博林布鲁克登基，成了英国国王亨利四世（King Henry Ⅳ）；他不但是那位废王的堂弟，也是护国公冈特的约翰之子。

像理查二世这种被安置在偏远的城堡里备受煎熬的逊位国王，往往都会变成那些对新政权心怀不满之人汇集的中心，因而也会成为叛乱的策源地。比如以理查之名策划的"主显日起义"（Epiphany Rising），就曾试图除掉博林布鲁克，让理查二世复位。挫败那场叛乱之后，新国王就明白他必须除掉理查二世了。然而，这件事情非常棘手。在1400年这一新的世纪降临之时，理查才32岁，身体也相当健康。其实，在那一年的2月14日之前，关于理查二世已死的谣言早就传到了法国的宫廷里。不管怎样，他的日子显然是屈指可数了。

人们普遍认为，英国国王理查二世是被囚禁在庞特弗拉特城堡（Pontefract Castle）期间饿死的。托马斯·沃尔辛厄姆（Thomas Walsingham）等人曾写道，理查二世是在抗议过程中主动绝食身亡的；这种情况倒是很符合他那种行事夸张的性格。当然，这种说法也把责任牢牢地推到了理查二世自己身上。在其他人看来，亨利·博林布鲁克完全可以说理查二世是在听到"主显日起义"失败的消息之后自杀身亡的。有些人则指控说，理查二世根本就不是自愿饿死，而是死于明显的谋杀，是受到了最大威胁的亨利·博林布鲁克实施的。让理查二世活着是一件危险的事情，因为他对亨利的王位始终都是一种威胁。

莎士比亚描述理查之死的故事则更加富有戏剧性。剧中声称，那位已遭废黜的国王在城堡里曾被一群挥舞着斧头的刺客到处追杀，领头的刺客名叫埃克斯顿（Exton）。在一场奋战到底的英勇打斗中，理查二世抢过了一把斧头，砍倒了4个人，然后才被刺客击中头部身亡。这个故事曾经广为流传。若是身处1634年，您还可以去参观一下庞特弗拉特城堡，看到石柱上据说是那场英勇搏斗中留下的痕迹，就像电影里的场景一样。莎士比亚显然是认为，漫长乏味的饿死没有殊死搏斗那么具有戏剧性，肯定会让他那部描述理查国王的戏剧变得沉闷拖沓。观看一部长达10天、描绘某个人物不吃不喝的戏剧，很可能会让观众觉得兴味索然。

假如理查二世是饿死的，那么他在君主当中就称得上是绝无仅有的一位了。数个世纪以来，君主的死亡模式其实都与所有民众的死亡模式类似，都是从外伤和感染导致的死亡，逐渐变成了与生活方式相关的慢性疾病所导致的死亡；只不过，没有其他哪一位国王是饿死的。尽管他们始终都面临着中毒、中箭、被匕首刺中、患上痢疾和坠下马背的危险，可君主们根本不必担心自己没有东西可吃。究竟他是主动绝食身亡还是被狱卒逼着饿死的，我们就不得而知了。像许多讲述国王之死的故事一样，考虑到理查在瘟疫和饥荒困扰着手下百姓的时候仍然过着奢侈无度的生活，那么这种结局对他来说就是适得其所了。人类需要经常进食才能存活下去。在没有食物的最初24个小时里，体内储存的糖原就会迅速消耗殆尽。我们体内储存的葡萄糖不多，部分储存在肝脏，部分储存在肌肉里，还有少量则储存在血液中。肝脏中储存的葡萄糖和肌肉里储存的少量葡萄糖，很快就会耗尽。一旦消耗完毕，若是没有在饮食中摄入碳水化合物，人体就需要从其他的储存中获取能量了。假如一名态度友好的狱卒端上一盘饭菜，理查二世的身体就可以将吃下的脂肪和蛋白质利用起来。假如狱卒把饭菜留给自己吃而不给理查二世，那么理查身体所需的能量就只能来自他的体内了。他的大脑组织和心肌可以把游离的脂肪酸和酮类当作能量来源加以利用，可肝脏却会利用氨基酸，通过分解肌肉的方式来产生葡萄糖。这一过程就是糖原异生。

不久之后，理查二世一定会饿极成怒（hangry）。他会又饿又怒，向身边的人大发脾气，对什么都感到烦躁。他的情绪很可能急转直下；由于身体试图保存能量，所以他会感到昏昏欲睡。如果牢房里有床的话，此时他就会躺到床上去。

在一段漫长的时间里，人体都会靠着蛋白质的分解代谢去获得所需的能量——分解那些由蛋白质构成的身体部位，比如肌肉、指甲和骨骼。最终，连一些重要的结构性蛋白质也会遭到分解，器官就会开始衰退了。身体会把任何一种可以获得的营养物质都用于维持器官的存活，而不会用于构建和修复等其他功能。理查二世的身体已经变得很虚弱，他会感到心跳加快了，同时伴有严重的口渴和痛苦的便秘症状。他的双眼会开始下陷，视线也会变得模糊起来。肌肉开始萎缩，免疫系统开始衰退。伤口的愈合速度会变缓慢，而抗感染反应也会变得很迟钝。体温开始下降，理查二世会觉得又冷又累。极度饥饿的人有可能变得极其暴躁易怒，或者变得无精打采、反应迟钝。在瘦弱和营养不良的人身上，保持核心体温的机制会受到影响。庞特弗拉特城堡里那一堵堵阴冷潮湿的墙壁，一定在向他一步步逼近。

　　一个人饿死所需的时间，因多种因素而异——年龄、健康状况、体重和饮水，都会产生影响。要想让理查二世迅速死于这种"疏于照管"，他们还得让他完全不喝水；而缺水对于身体来说，就是另一回事了。据说，若是有水可喝，绝食的人可以存活40天之久。

　　仅仅因为饥饿，就在极短的时间里夺走了此前身体很健康、才33岁的理查二世的性命，这种情况看上去确实奇怪。脱水，甚至是中毒，可能都是致死原因之一。然而，饿死这种诊断却流传了下来；而且，这种死因对囚禁他的人也很有好处，因为他们可以用"自愿"的理由将责任全都推到理查二世的身上，就像他们可以把责任全然推给其他任何一个人那样。

　　有些人说，理查二世完全是窒息而死的；照例，也有人说他逃跑了，而且是我们都很熟悉的那种逃脱情节：一具尸体被留了下来，神不知鬼不觉地伪装成了这位"死去"的前国王。这些故事，如今我们都耳熟能详了。

　　为了消除这些流言蜚语，亨利还命人把理查二世的遗体运到伦敦，停放在圣保罗大教堂里示众。当时人们看得到理查二世的脸庞，因而可以确定其身份，遗体的其余部分则被包裹着封装在铅棺里；不过，这样做并未彻底平息人们认为理查属于枉死的指控。有些人甚至更出格，说那具遗体根本就不是理查二世，说理查二世逃走了。随后，那些声称理查二世仍然在世、住在苏格兰并由苏格兰宫廷照料的人或是被绞死，或是遭到了监禁。当时，这一定是个非常敏感的话题。其中一个称理查二世活着的故事流传了下来：一个据说就是理查二世的人住在斯特林城堡里，成了苏格兰人的宾客，受到了无微不至的照顾。虽然很难想象，但据说此人当时是在帮助苏格兰人对抗英格兰的那个篡夺者。这个人，我们姑且称之为"可能的理查"吧，在1419年12月于斯特林城堡去世，安葬在附近的格雷弗莱尔修道院（Greyfriars Abbey）里；那座修道院就坐落在如今该市的火车站附近。

　　在英格兰，那具据说是真正的理查二世的遗体起初被安葬在赫特福德郡（Hertfordshire）。后来那具遗骸被亨利五世下令挖出来，并且迁葬到了威斯敏斯特大教堂，因为亨利五世有点儿不满他的父王，即博林布鲁克对待理查二世的方式。这位前任国王被安葬在他的妻子即波西米亚的安妮旁边。理查二世原本早有这种打算，已经为他们夫妻两人修建了一座精美的陵墓。最终，他如愿以偿了。尽管没有人真正相信那个"斧头之战"的故事，但1871年威斯敏斯特大教堂的理查二世陵墓被人们打开"进行清理"的时候，又浮现了新的证据。翻修或者清理是一个很不错的借口，但维多利亚时期的人和乔治王朝时期的人一样，都很喜欢打开棺椁一探究竟。在理查二世的陵墓里，他们发现了那具差不多已有

500年之久的骸骨、手套的碎片，以及他生前喜欢穿的那些漂亮的尖头鞋。他们绘制了素描画，拿走了一些证物。英国国家肖像馆（National Portrait Gallery）的乔治·沙尔夫爵士（Sir George Scharf）还为理查二世的头骨绘制了一些精彩的素描图，发现没有证据表明斧头砍中过理查二世的头部或者其他部位。至此，关于他在庞特弗拉特城堡监狱的石柱之间进行过英勇的斧头大战的故事就告一段落了。

近来，人们又在一个1871年的烟盒中发现了一些残存之物；这个烟盒一直存放在英国国家肖像馆一些长期没有打开过的档案盒当中。烟盒里有一片木头，据说是理查二世棺椁上的一部分，还有一些据说来自其棺材中发现的手套与鞋子的皮革碎片。

现在，亨利·博林布鲁克摆脱了其堂兄及堂兄徒劳无效的统治，能够以国王之名统治英格兰了；他的父亲却没有做到这一点。理查二世遭到废黜之时，亨利曾经许下诺言，说他不会再用理查二世那样的方式来实施统治，而是会做得更好。

第 16 章

亨利四世：殁于 1413 年

Henry IV

> 欲戴王冠，必承其重。
>
> ——《亨利四世》，第 3 幕，第 1 场

很多人说，亨利·博林布鲁克在位期间，一直都因自己对待与他一起长大的那位堂兄的方式而心感内疚和沮丧。实际上，他是罪有应得：亨利曾经承诺自己会做得更好，可他并没有兑现自己的诺言。在一定程度上来看，是因为他的健康状况不佳，才没有如愿地去实施统治。亨利处决了约克大主教（Archbishop of York）理查·斯克洛普（Richard Scrope），因为后者参与了 1405 年北方的"珀西叛乱"（Percy rebellion）；这一举动让许多人都深感不安。斯克洛普没有经由陪审团

审判，而是以最高的叛国罪直接被判处了死刑。连首席大法官（Chief Justice）威廉·加斯科因爵士（Sir William Gascoigne），也根本不想跟砍掉斯克洛普脑袋一事扯上关系。大家都认为，这种可怕的行为惹恼了上帝。上帝的震怒便降临到博林布鲁克身上，让他患上了一种皮肤病；据说那种病不但极其令人讨厌，让他破了相，最终还对他的统治产生了巨大的影响。

在英格兰和整个欧洲大陆的当时人所撰的著作中，他所得的疾病都被称为"麻风"；然而，它是否确实属于"汉森病"（Hansen's disease），即一种由麻风分枝杆菌（*Mycobacterium leprae*）导致的传染病，却没有令人信服的证据。"麻风病"一词，曾被用于指一般的皮肤病；因此，他患上的更有可能是其他某种疾病，而不是我们如今所称的麻风病。据明确记载，亨利的皮疹苍白如雪，让人觉得它有可能是牛皮癣，而不是会带来神经损伤的麻风病。牛皮癣会导致皮肤上出现带有银色鳞片、极其瘙痒的鳞状皮疹，最常见于头皮和躯干，并从膝盖和肘部向外扩散。通常每10天至30天更换一次的皮肤细胞，此时仅三四天就会被新生细胞所替换，从而造成细胞逐渐堆积起来。这种自身免疫介导性皮疹，即免疫系统攻击自身细胞部位的病有可能反复发作，持续数周或数月之久，然后裂开，甚至会出血。免疫系统中T细胞的这种反应，通常都是由一种原因诱发，进而攻击自身的皮肤。指甲也有可能改变颜色，变得坑坑洼洼，还有可能连带引发关节炎。牛皮癣不具有传染性，如今这种患者虽然可以尝试对症治疗，却没有根治之法。光疗、外用维他命D、甲氨蝶呤、环孢菌素，甚至是现代的生物制剂、可以直接阻断免疫系统特定要素的单克隆抗体，都有一定的疗效。对如今一些人而言，我们可以在预防与代谢综合征相关的炎症的过程中找到治疗方法。但对亨利来说，当时却只有洗剂、饮剂、葡萄酒和祷告。

亨利四世的真正死因是什么，我们并不清楚。他驾崩之后，各种阴谋论便在15世纪的"流行媒体"上传播开来；亨利四世死于麻风病的观点也流传了下来，人们认为这是他残酷对待堂兄理查二世和那位大主教而应得的惩罚。有位历史学家曾指出，亨利的脸部和手上都长满了脓疱，这使得麻风病这种死因显得更加奇怪了。亨利病倒之后，他会突然从睡梦中惊醒，痛苦地大喊大叫，说一定是身边的人灼伤了他的脸。这种情况既不可能是麻风病或者牛皮癣的症状，事实上也不可能是梅毒或者雅司病（yaws）的症状，认为亨利患有梅毒或者雅司病是另一种不太负责的观点。

这些病症最初都会表现为一种令人痛苦的病毒样疾病，并且伴有持久的皮疹、惊厥，最终还会导致死亡。这种描述虽然的确符合亨利的病程，却与梅毒是200年之后才由克里斯托弗·哥伦布（Christopher Columbus）首次从新大陆（New World）带入欧洲的说法相悖。雅司病是一种慢性皮肤感染，伴有溃疡和乳头状肿块（即皮肤中的良性肿瘤），这一点已经广为人知。它和梅毒是由相同种类的细菌引起的。甚至有人提出了先天性梅毒的观点，认为亨利的父亲，即冈特的约翰曾因罹患性病而接受过治疗；考虑到他有着臭名昭著的滥交行为，死于这种疾病就是不足为怪了。先天性梅毒在神经、肝脏、脾脏和骨骼内有多种表征，可以导致失明和耳聋、脑膜炎，当然还有皮疹。然而，先天性梅毒很可能在1405年亨利首度生病之前早就露出了丑陋的端倪，那时他快40岁了。梅毒的说法似乎更有可能是为了抹黑冈特的约翰。当时，想要这样做的人有很多。

皮疹常常都是全身性疾病的一种表征；至于亨利四世，没过多久，他就出现了其他的健康问题。他开始有了类似于癫痫发作的症状，随后每次就是一段时间的昏迷不醒。在遗嘱当中，他说自己是一个罪孽深重的可怜之人。亨利四世所患皮疹的性质不明，导致我们像他本人一样，也摸不着头脑。问题就在于，皮肤病与他的临终病症和癫痫发作之间究竟是有所关联，还是纯属巧合。我不是一个相信巧合的人，因此倾向于前一种情况。

亨利四世经历了数次突然昏倒和康复。有的时候，他完全无法亲自处理事务，而有的时候却又精神十足。1413年，在参谒"忏悔者"圣爱德华的圣地时，亨利再度昏倒，被人抬到那座修道院的院长座堂之后，就在其中的耶路撒冷厅（Jerusalem chamber）里去世了。长久以来，亨利一直相信自己会死在耶路撒冷，因此他的预言是有一定道理的。

尽管人们对亨利四世生平的了解模糊不清，并且随着各种作品在欧洲各地的传播，人们对这些说法添油加醋，亨利的症状也被说得越来越严重，但克利福德·布鲁尔还是对亨利四世的死因进行了具体的分析和判断。他称亨利患有"致死的尿毒症，伴有严重的慢性剥脱性皮炎"。因此，他认为是亨利的皮肤病导致了肾衰竭，使得尿素在他的血液中越积越多，最终导致癫痫发作和死亡。尿毒霜（Uraemic frost）就是指尿素没有被过滤出血液之后，聚集于皮肤上的那层白色晶体。肾脏衰竭后皮肤中出现的尿素沉积症状，与记载中"苍白如雪"的描述相符。

各种疾病都有可能导致皮肤问题，而皮肤病也有可能诱发其他的疾病。亨利四世首先出现的是哪种情况，我们永远都不得而知了。布鲁尔的观点与我们所知的亨利四世所患疾病的病情和死亡情况是一致的。尽管历史学家和医生们都有充分的理由，但我们还没有充足的证据来确诊亨利四世所患的具体究竟是什么疾病。无论是什么疾病夺走了亨利·博林布鲁克的性命,这位国王的身体健康状况或者说身体不好都对他的统治产生了影响,导致他错失了许多良机,造成了多年不稳定的局面。

亨利四世安葬在坎特伯雷大教堂,他的遗体要是在过去的600年里一直没人打扰就好了,但你我都很清楚,这种情况是不可能出现的。人们又有一个谜团需要解开,因而又需要打开一具棺材了。

17世纪90年代出现了一份很有意思的手稿,它一直保存在剑桥大学基督圣体学院(Corpus Christi College),让人们对亨利四世的下落产生了怀疑。那份手稿详细讲述了一个我们以前闻所未闻的不同故事,描述了这位国王的葬礼。手稿中声称,那些受命将亨利四世的遗体从伦敦送往他在坎特伯雷选定的安息之地的人,没有彻底地完成这一任务。坐船沿着泰晤士河航行时,他们遭遇了一场威力十足的暴风雨,几乎摧毁了整支船队。慌乱之中,他们把这位国王的遗体扔进了泰晤士河,就扔在柏京(Barking)和格雷夫森德(Gravesend)之间的某个地方(毕竟来说,正是一些小细节才让故事变得可信)。叙述者透露说,他们刚把遗体丢进河里,暴风雨便移往别的地方,大家都得救了。想必,上帝不会是还对亨利·博林布鲁克怀恨在心吧?

不过,这份新发现的文献可不可靠呢?这份手稿是由亨利处决的那位大主教手下一位名叫克莱门特·梅德斯通(Clement Maydestone)的雇员撰写而成的,实际上题为《约克大主教理查·斯克洛普殉难史》(*A History of the Martyrdom of Richard Scrope, Archbishop of York*)。警钟原本一直在响,提醒我们是否应该严肃地对待这种说法。克莱门特·梅德斯通声称,人们把一具空棺材送到了坎特伯雷。乔治王朝时期的人想知道真相,而要查明亨利的遗体是否安葬在墓穴里,就只有一个办法了。我们再打开一具棺材好吗?

19 世纪的人一般都不担心掘墓开棺是否合乎道德伦理，而打开亨利四世的陵墓也不例外。在亨利·博林布鲁克长眠 400 年之后，一群乔治王朝时期的人、坎特伯雷大教堂的主任牧师和常驻教士打开了国王那座精美陵墓的顶盖，让他的遗体再次呈现在世人的眼前。墓中有一具较小的铅棺，据说里面葬着亨利的妻子，即纳瓦拉的琼（Joan of Navarre）的遗骸。至少她没有受到打扰。但对于亨利四世，他们却看了个够。

亨利棺椁上盖着的金布已经碎裂，只剩下了些许残迹。其中还有一件用皮革制成的东西，但无法辨识出是什么。他们注意到，发现的那具木制棺椁质地很粗糙。棺椁的一部分位于墓穴的大理石下面，他们觉得最好的办法就是将棺椁锯开一块。他们拉开木板，发现了一具铅棺，铅棺的四周则是一捆捆稻草。铅棺上面放着一个用树枝做成的十字架，可惜一拿起来就碎了。他们切开了一块铅板，打开一个窗口，露出了下方盖着亨利四世遗体的那块深褐色皮革。他们没有提到铅棺中的气味。

"让在场者全都感到震惊的是，这位已故国王的面容保存完好，清晰可见。"或许，他们当时是想看到亨利四世罹患麻风病或者梅毒的证据。他的脸上根本没有出现明显的颜色变化。在空气接触到遗体的肌肉和亨利四世的脸部碎解之前的那段时间里，他们没有看到任何表明他患有某种疾病的迹象。他们虽然没有移除他头顶上方的铅板，但确实捅了一捅。在场的验尸官声称："他把手指伸进去之后，明显触摸到了眼窝中突出的眼眶。"

他们用手指探捅的结果表明，这位国王并未像基督圣体学院的文献中描述的那样，并没有被人们丢进河里。对这位已故君主心怀不满的人，一直都在编造各种故事。这种情况也不会是最后一次。

第 17 章

亨利五世：殁于 1422 年

Henry V

> 那一夜，全军都感受到了亨利的关怀。
>
> ——《亨利五世》，第 4 幕，序曲

提到英国国王亨利五世的时候，无论脑海中浮现出来的是哪位著名人物的面容，不管是奥利维尔（Olivier）、布拉纳（Branagh）还是希德勒斯顿（Hiddleston）[1]，您都会经常听到莎士比亚的《亨利五世》一作中的台词，并且要比您想象的更加频繁。在引文中、在广告中、在体育赛事中，您都会听到。

---

[1] 以上三人均为演员，曾在电影或电视中饰演过亨利五世。

第 17 章 亨利五世：殁于 1422 年

"再向突破口发起一次攻击，亲爱的战友们！"

"我们都是兄弟。"

"上帝保佑亨利（Harry）[1]、英格兰和圣乔治（St George）。"

虽然威廉·莎士比亚会在他创作的历史剧中丑化名人，但亨利五世却得到了这位诗人极其友好的对待。

亨利五世是篡位者亨利·博林布鲁克的儿子，曾经流亡了一段时间；父亲的堂兄理查二世在位之时，他是不太可能当上国王的。亨利迅速成长起来，因为他不得不如此。他的母亲和舅舅在他很小的时候就去世了；等到他的父亲处理掉理查二世之后，哈尔[2]便成了王位继承人。此后，他开始与因病而日益丧失了行动能力的父王进行抗争。他甚至一度要求亨利四世逊位，因为父王的病情阻碍了小亨利的宏图大志。

1413 年，他的父亲驾崩了；据说一戴上王冠，年轻的哈尔就变了。人们曾经大肆宣扬这种变化，说亨利五世从一个粗暴冲动的年轻人变成了下一个英勇无畏的领袖，坚信自己的君权神授，并且坚守着为英格兰夺回法兰西的梦想。虽说加冕之后，他可能变得更为严肃认真了，但亨利五世从小就表现出了勇武战士的气质，他参加过对抗威尔士叛军和欧文·格伦道尔（Owain Glendower）的战役。

我们已经看到，描述君主之死的故事常常象征着人们铭记君主统治的态度，而关于冲动、叛逆的年轻人变成伟人的故事，则是让一位国王变成不朽人物的另一种常见套路。在英国的众多君主中，亨利五世被塑造成了另一位伟大的勇武国王；他在这片土地上牢牢地树立了王权的威

---

1 在中世纪时，"Harry"是"Henry"的昵称或者说小名。
2 哈尔（Hal），亨利的昵称。

严,并且为王国夺回了法兰西。亨利五世驾崩之时年仅35岁,但在更早的时候,即在1403年的什鲁斯伯里(Shrewsbury)战场上,他就差点儿去见了上帝。当时他才16岁,犯了与哈罗德·葛温森相同的错误,在最不应该的时候仰头望了望空中。一支利箭射中了亨利的脸部。

幸好,利箭没有射中这位年轻王子的眼睛;不过,那支箭确实深深地射进了他的上颌骨,即颧骨当中,很不容易拔出来。他将木制箭杆折断之后继续战斗,但金属箭头一直卡在他的动脉和神经附近,非常危险。战斗结束之后,清除箭头异物的这项艰巨任务便交给了一个以前是囚犯的宫廷外科医生,名叫约翰·布拉德莫尔(John Bradmore)。此人设计出了一种不可思议的工具,可以穿透伤处,这样他就能够检查亨利脸颊内部的情况,并将深深卡在王子脸部的金属箭头拔出来了。他还利用蜂蜜的抗菌性和愈合性,让伤口保持清洁。他挽救了这位准国王的性命,获得了丰厚的赏赐。因此,难怪亨利五世的画像全都是侧面像,目的其实就是不让人们看到他一侧脸颊上的伤疤。

在莎士比亚的戏剧《亨利五世》中,就在阿金库尔之战(Battle of Agincourt)开始之前,亨利在演讲中说:"今天与我一起流血的人/都是我的手足兄弟";不过,其中大多数人流的其实并不是血。在阿金库尔之战前围攻哈尔弗勒(Harfleur)的时候,就有数千兵力在污秽不堪的军营里染上了痢疾,这位国王的朋友、贵族和下等士兵都不例外。有数千人还没有与法军交战就染病身亡了。

据估计,此战中亨利剩余的参战兵力不到1万人,而法国人的兵力却多达3万。难怪在莎士比亚的戏剧中,亨利五世在战前之夜需要用"那一夜,全军都感受到了亨利的关怀"这一方式来鼓舞士气了。尽管胜算如此之大,可法军在此战中打得并不顺利。他们的骑兵冲向英军的防线,却被英军埋在地里的长矛逼得停了下来,而英军长弓兵的箭矢也纷纷射向他们。那天,英军获得了胜利,他们朝法军竖起两根手指,从而引发了世人对这种粗鲁手势起源无休无止的争论。亨利不但在席卷全军的痢疾中幸免于难,还得胜回到了英格兰。他迎娶了法国国王的女儿凯瑟琳·德·瓦卢瓦(Catherine de Valois),两人生了一个儿子,也起名叫亨利。

1422年返回法国后,就轮到亨利国王病倒,并且病情日益严重了。他在夜间出现了轻微的痢疾症状。我们已经看到,数个世纪以来,痢疾一直是一种大规模的、不断致人死亡的疾病。有许多肠道病原体(即肠道微生物)可以导致这种出血性腹泻,包括伤寒沙门氏菌(*Salmonella typhi*)、志贺氏菌(shigella)和大肠埃希氏菌(E. coli)。

伤寒沙门氏菌不但会引起伤寒,还能够在受感染的旅行者的胆囊中长久存活,从而将这种细菌传播到世界各地。这种细菌会黏附到肠壁的上皮细胞上。它们可以从那里穿透细胞膜,进入细胞里。它们还能阻止免疫反应,侵入那些在正常情况下会产生抗体来消灭细菌的细胞当中。使得沙门氏菌极具致命性的基因,就是导致大多数痢疾病例的罪魁祸首,它如今仍然有可能置人于死地。伤寒沙门氏菌感染的并发症则包括胃肠道出血、肠道穿孔和大脑中的伤寒性脑病变。

伤寒是一种与伤寒沙门氏菌(因与蜱虫传播的斑疹伤寒相似而得名)相关的疾病,可以在业已康复的患者体内持续存在多年。如今用来指任何一位传播疾病的人的贬义词"伤寒玛丽"(Typhoid Mary),其实是一位在20世纪初来到美国,并在纽约及周边地区当厨师的爱尔兰移民。由于是在厨房里工作,所以玛丽导致成百上千的人感染了这种疾病。她是美国第一位被确认为伤寒沙门氏菌的无症状携带者。没有任何症状，就意味着她是无声无息地把疾病传染给了那些吃她做的饭菜的人。她一直没有理会人们要求她不去工作的呼声，继续把疾病传染给人们，直到最终被强制隔离起来才作罢。

50 年后，在苏格兰的阿伯丁市（Aberdeen），一家食杂店用切肉机切碎了一罐有问题的阿根廷产的咸牛肉，导致 400 人感染了伤寒。只不过，这一次有抗生素来治疗病人了。既然连我们有了抗生素、对微生物学的了解也大大增加之后，小小的一罐咸肉还是会导致 400 人生病住院，那么我们就不难看出，15 世纪军营里那种不卫生的、肮脏的环境何以会如此具有致命性了。

由于感染其中的一种细菌会导致发烧、腹痛，然后是明显的出血性腹泻等症状，因此亨利五世一定会感到全身乏力。

信不信由您，发烧对生病的身体其实是有益的。如今，我们往往会迫不及待地想用药物把高烧降下来，可发烧实际上却是我们成千上万年以来形成的一种防御机制中的组成部分。当人体感知到一种潜在的致命性感染时，体温就会升高，这可不是偶然的。人体内的细胞拥有一种让它们能够最有效地发挥功能的最佳温度。体温升高就是人体抵御那些您宁愿不起作用的官能（比如说致病菌的作用）的办法。它会让宿主的体内变成一个不那么适合病原体生存的地方。体温上升也是激活其他防御机制的信号。

亨利五世的肠道第一次发现其中有病原体后率先激活的一种防御机制，就是试图通过呕吐或者腹泻将病原体排出体外。腹泻有两种作用。一是迷惑任何一种试图导致腹泻的细菌。第二种作用则稍微严重一些。腹泻是人体通过快速排出毒素或有毒物质来清除那些导致肠道疾病的细菌的方式。要想迅速将粪便排出体外，您不能仅仅依靠肠道蠕动（即肠管正常的、可以让食物和粪便沿着肠道移动的推拉性收缩）。假如还需要更大的推力，那么腹部肌肉就会通过收缩来加以协助。腹部肌肉会尽力挤压，以便快速将粪便排出。腹痛的原因就在于此。它还会导致令人担忧的脱水症状，因为体内的水分都被吸收进了肠道，去帮助稀释和清除有害的细菌了；与此同时，体内的电解质平衡也会受到影响。

人们曾将亨利五世的死因归于痢疾；虽说痢疾可能是其死亡的主要原因，但这位已故君主之死的背后却另有隐情。他的遭遇与"黑太子"相似。痢疾原本来势迅猛，发病急骤。它会迅速让人丧命，就像约翰王和爱德华一世那样。相反，"黑太子"与亨利五世却都是久病不愈。亨利五世甚至卧病在床更久，因此凯瑟琳才得以看到弥留之际的丈夫。得知消息的时候，凯瑟琳正身处英格兰，亨利则在法国。当时的情况可不是像如今收到一条短信之后登上"欧洲之星"（Eurostar）列车就走那样简单。英法之间的那段旅程，耗时一定不短。所以，当时肯定出现了别的什么情况。连亨利五世的御医们也认为，他们根本无力治疗这种疾病。人们对痢疾之类的疾病采取这样的立场似乎很不寻常，因为尽管痢疾夺走了许多人的性命，医生们对它却很熟悉。

相反，不止一种记载中声称亨利五世患有"圣菲阿克"（St Fiacre）病。然而，这是一种有些含糊不清的说法，尽管圣菲阿克是性病的主保圣人，但他也是所有结肠直肠疾病的主保圣人，包括痔疮、瘘管，甚至是结肠癌。顺便说一句，圣菲阿克还是出租车司机、盒子制造商、园丁和不孕不育症患者的守护神，只是那些方面多半与我们这位即将驾崩的国王没有什么关系。在最后一场旷日持久的疾病中，年仅35岁的亨利国王日渐消瘦下去，这表明他患上的并非单纯的痔疮，而是某种更加险恶的慢性疾病。圣菲阿克病的说法可能是指他得的是结直肠癌。

对于 15 世纪的历史学家而言，甚至是对于后来撰文论述该主题的作家来说，这种久病不愈之后的死亡都是一个难题。假如您打算正面记述一位战争英雄，假如您想让这位英雄永垂不朽，那么，此人患有一种与肛门相关的尴尬疾病，就会让您难以下笔。他们不能说亨利五世是在战场上英勇牺牲的，退而求其次的最佳死因，就是与死于战争中的许多其他人一样，是战场上的另一种敌人即传染病。这一点或许就能解释人们对他的死因有不同说法，以及痢疾这一死因会在各种记载中占主导地位了。正如我们看到的那样，国王的死亡方式往往都不只是体现了他们的真正死因。

亨利五世与此前的亨利一世一样，是在英吉利海峡对面的法国驾崩的。这一次，朝臣们都不想出现把国王运回国内安葬途中，尸体腐烂而导致散发着恶臭的黑色尸水不断滴落的问题了。原封不动地把遗体运回去不是一个好办法。他的遗体必须用其他某种方法进行处理，而不能只是用牛皮一裹了事。于是，他们将遗体进行烹煮，轻而易举地剥离了皮肤、肌肉、肌腱和韧带，只留下了骨骼。他们把遗体放进一口大瓮里，煮成了一锅"国王之汤"。骨汤被留在法国，而他的骸骨则被带了回去，安葬在威斯敏斯特大教堂。

"此时英格兰那些躺在床上的绅士，将后悔自己未能来到此地，日后任何人谈起那些与我们一起死于痢疾的人之时，他们都会面带惭色，毫无男子气概。"[1] 当然，我在这里对莎翁的台词进行了改述。

---

[1] 莎士比亚的戏剧《亨利五世》中这一段的原文如下：And gentlemen in England now abed/Shall think themselves accursed they were not here/And hold their manhoods cheap whilst any speaks/That fought with us upon Saint Crispin's day（"此时英格兰那些躺在床上的绅士/将后悔自己未能来到此地/日后任何人谈起那些与我们在'圣克里斯平日'并肩作战的人之时，他们都会面带惭色，毫无男子气概"）。

第 18 章

亨利六世：殁于 1471 年

Henry VI

两度称王、两度被废，这种情况就足以让亨利六世抓狂了。尽管亨利六世号称"疯王"亨利（Mad Henry），但他并不是第一位被世人称为"疯子"的君主。与他的祖父亨利四世、母亲凯瑟琳·德·瓦卢瓦以及相信自己是玻璃之身的外祖父即法国的查理六世（Charles Ⅵ）一样，亨利六世也患有一种精神疾病；这种疾病一直困扰着他的统治，导致此人治下的疆土或者说余下的疆土所处的状态，要比他的勇士父王、阿金库尔之战中的英雄亨利五世离世之前糟糕得多。

据史料记载，1422 年亨利五世突染痢疾而亡，当时小亨利才 9 个月大。权力斗争随之而来，因为一名婴儿是不可能独自统治两个国家的（他 8 岁被加冕为英格兰国王，同时也被加冕为法兰西国王）。亨利五世要求他的两个兄弟，即贝德福德（Bedford）公爵和格洛斯特（Gloucester）公爵在他的幼子长大成人、能够亲政之前的统治时期照顾好后者。两位公爵遵命行事，而对法国人的不断征伐也进展得很顺利。在此期间，法国一位年轻的农家姑娘则心怀愿景，认为她必须带领法国人去抗击英国人。英国人抓住了圣女贞德（Joan of Arc），以信奉异端邪说的罪名烧死了她。愤怒的法国人纷纷拿起武器，此时开始占据上风了。而在英格兰，那些希望继续与法国作战的人和那些想要和平的人之间随后便发生了对抗。在亨利六世逐渐长大的过程中，他几乎没有采取什么措施来维护自己的权威，由此导致王权变得越来越脆弱，而精神疾病也变成了他在位期间的标志。

亨利六世虽然性格软弱、无能至极，但他至少娶了一位强势有力的法国妻子，即安茹的玛格丽特（Margaret of Anjou），显然她才是真正的掌权之人。她不能明着执政，所以只能通过宠信的贵族去处理议会事务。当局宣布与法国签订了和平条约的消息之后，动荡便随之而来。这位一无是处的国王无力掌控局面，叛乱分子在街道上大肆洗劫；玛格丽特则对参与者进行了严厉的惩处。亨利六世的得力助手萨福克公爵（Duke of Suffolk）只能一时压制住各种问题。1450 年，他被叛乱分子处决，骚乱席卷了伦敦。亨利逃往肯尼尔沃斯（Kenilworth），他的堂弟约克公爵（Duke of York）理查站了出来。如果亨利六世没有子嗣，理查就是王位继承人。他认为代表那位无能的君主实施统治是他的职责所在，于是开始与亨利的妻子争夺摄政之职。玛格丽特与约克公爵之间的争斗演变成了玫瑰战争［亨利与玛格丽特属于王族中的兰开夏郡（Lancashire）分支。约克的理查则毋庸置疑，属于王族的约克郡分支］；这是一场血腥而无情的权力斗争，持续了数十年之久。

第18章 亨利六世：殁于1471年

1453年，得知王室在法国的资产落入敌人手中之后，亨利六世陷入了恍惚之中，昏迷不醒，失去了行动能力。就在他卧床不起、无力处理国事的同时，身边的人却在大肆争权夺利。无论是谁，掌控了一位性格软弱的国王就等于掌控了整个英格兰。整整一年之后，亨利才清醒过来，才让自己的亲信复职并赶走了约克的理查。1460年，理查战死。战争愈演愈烈，因为大家都很清楚，谁控制了倒霉的亨利，谁就控制了英格兰。最终，1461年亨利被约克的理查之子废黜；后者登上王位，成了爱德华四世（Edward Ⅳ）。

亨利六世与安茹的玛格丽特两人所生的儿子就是威斯敏斯特的爱德华（Edward of Westminster），他死于1471年的条克斯伯里之战（Battle of Tewkesbury）。史料中声称，亨利六世对爱德华之死深感悲痛，这有可能是亨利六世自己去世的一个原因。由于没有儿子来要求继承王位，这位遭到废黜的国王便成了孤家寡人，不堪一击了。与他之前的爱德华二世和理查二世一样，被废之王亨利六世若是不死，就会对新任国王构成妨碍。据说，亨利六世是在伦敦塔里做祈祷时被击中头部身亡的。

被称为"理查派"（Ricardians）的理查三世学会（Richard Ⅲ Society）的成员认为，爱德华四世的弟弟，即格洛斯特的理查（Richard of Gloucester）与亨利六世的被害没有任何牵扯。自然，对理查三世怀恨在心的都铎王室（Tudors）却一定会把责任推到此人的头上。多年以来，人们一直把矛头指向这个恶毒的"约克派"（Yorkist）。

亨利六世听到儿子兼王位继承人的死讯之后郁郁而死的故事对爱德华四世有利，只不过这种说法有点儿牵强。但是，在数年以前亨利曾因为丢掉了法国而昏倒，所以，这种说法也并非全然不可信了。虽说终生患有抑郁性精神病，可他的身体一直都很健康。他究竟是被利刃刺死的，被击中头部身亡的，还是纯粹是听到儿子战死的噩耗之后心碎而亡的呢？新王爱德华及其弟弟理查——当然还有后来的理查派——都希望我们相信最后一种说法。

情况更有可能是，亨利六世是在1471年5月21日晚上被爱德华四世国王下令杀害的。他享年49岁，成了英国历史上最无能的君主。如今有人声称，这位国王是在伦敦塔的韦克菲尔德塔（Wakefield Tower）里做祷告的时候被人击杀的。人们并不知道亨利国王去世的确切地点，所以如今都在一扇漂亮窗户下的一个地方纪念他；那扇窗户由"闪电战"[1]期间遭到炸毁的其他窗户的彩色玻璃碎片制成——纪念一位在伦敦塔里被杀害的国王，这个地方还算不错。

头部受到的重击应该会导致他的头骨碎裂，碎骨头会挤入亨利的大脑，并且撕裂血管。力量足够大的话，还有可能把果冻状的大脑组织撞向另一侧的颅骨上，造成进一步的瘀伤和肿胀。出血和肿胀会迅速让大脑不堪重负。这位国王随后就会失去意识，而由脑干控制的呼吸和自主神经功能减退，很快就会让他丧命。

尽管身上缺点不少，但亨利六世还是值得我们同情的。他也是反对领导职位世袭制的一个优秀例子。他可能不是一个模范领袖，但他是一个善良且虔诚的人。他不喜欢打打杀杀，也没有喜欢过那个根本不是他主动选择的领导位置。在他死后，围绕着他悲惨的一生兴起了一种狂热的崇拜，声称他行过无数奇迹；可奇怪的是，奇迹大多发生在汉普郡（Hampshire），而不是约克郡。据说，他曾经让一个感染了瘟疫的人起死回生，还改善了很多人的生活，其中大多是弱者和不幸的人。

---

1 "闪电战"（Blitz），1940年德军对英国进行的大规模空袭。

第 18 章 亨利六世：殁于 1471 年

他的奇迹集中于一件遗物上，那就是亨利曾经戴过、用来防止头疼的旧帽子。对于新王爱德华四世及其弟弟理查三世而言，"神圣的"亨利（Saint Henry）这样的称呼有助于对手的事业，因此任何一种这样的说法都会被他们视为非法之举。我们不想让任何人谈论他有多么善良，非常感谢。

亨利六世死后，人们购买了蜂蜡、亚麻布和香料来对他的遗体做防腐处理。他那具经过了处理的遗体起初安葬在切特西修道院（Chertsey Abbey），但数年之后，理查三世将这位前国王的遗骸挖了出来，送到了温莎（Windsor），安葬在有可能下令杀害了他的那个人，即爱德华四世的旁边。

1910 年，人们把他的陵墓打开看了看。他们有可能又是声称他的陵墓需要进行清理，可我们全都明白实际情况。他们发现了一具棺材，里面装着一大堆凌乱腐朽的骸骨，并没有什么特别的顺序。亨利的遗骸在他死了十多年之后迁葬过，因此才凌乱得很。骸骨裹在腐烂后残留下来的蜡制亚麻布里，而朽骨当中还有腐烂导致的淤泥状尸蜡和污水。W.H. 圣约翰·霍普（W. H. St John Hope）是开棺时的在场者之一；此人写道，他看到了颅骨上的头发，其中沾着干了的血迹。还有一人也注意到，亨利六世的颅骨有损伤。我们虽然不可能判断出这些损伤是否真的是这位国王遭受的致命伤，但人们当时得出的结论是，亨利六世的确是被暴力杀害的。或许，他的继任者可以说也是如此。正所谓"欲戴王冠，必承其重"。

第 19 章

爱德华四世：殁于 1483 年

Edward IV

  约克的爱德华也就是众所周知的马奇伯爵（Earl of March），他是约克公爵理查与塞西莉·内维尔（Cecily Neville）夫妇的儿子。约克的理查被杀之后，他时年 19 岁、相貌英俊、魅力非凡的儿子爱德华正是大家都需要的国王人选。好吧，尽管他可能不是亨利六世需要的人选，但他还是被加冕为王了。

  爱德华四世是在"造王者"沃里克（Warwick the Kingmaker）的帮助下，从前任国王亨利六世手中夺得王位的。沃里克是一位有权有势、支持爱德华的贵族（起初如此）。诚然，亨利六世本人其实并未做出什么抗争，但他身边的兰开斯特派进行了反抗。爱德华四世精力充沛，显得威武强壮。这一点与性格软弱的亨利六世形成了鲜明的对比。亨利手下的军队在残酷血腥的陶顿之战（Battle of Towton）中全军覆没，这位国王也落荒而逃了。然而，并非万事都一帆风顺。沃里克正在努力促成英法两国联姻的时候，爱德华却让沃里克大出洋相，娶了伊丽莎白·伍德维尔为妻[1]。后来，他又干了同样的事情，派沃里克前往法国商谈贸易事务；与此同时，却在英格兰把勃艮第人（Burgundian）当成贵宾，与他们一起玩耍消遣。这样做，相当于朝着法国人蔑视地竖起两根手指，表示他不需要法国人了[2]。

爱德华迎娶伊丽莎白并且宠幸伍德维尔家族，惹恼的不止沃里克一人。地位卑贱的伍德维尔家族什么都要插上一手，让贵族们都深感不安。伊丽莎白的父亲和前夫都曾在陶顿之战对抗过爱德华四世。上层贵族们认为，爱德华娶了伊丽莎白是对他们的一种严重羞辱。沃里克气愤不已，因此连王后的加冕典礼都没有参加。爱德华试图用赏赐土地与钱财的办法来与这位老朋友言归于好，可沃里克根本不需要那种东西。虽然收下了赏赐，可他其实不需要。他真正想要的是恢复他的影响力，摆脱伍德维尔家族的掣肘。

于是，沃里克伯爵兼"造王者"理查·内维尔（Richard Neville）背叛了他，转而支持安茹的玛格丽特，想让亨利六世复位。南北各地都叛乱未遂之后，沃里克在巴顿之战（Battle of Barton）中被杀。在条克斯伯里的一场决定性战役中，亨利六世的儿子战死，随后不久亨利六世

---

1 伊丽莎白·伍德维尔（Elizabeth Woodville）是英格兰北安普敦郡人。由于双方父母身份悬殊，故爱德华四世迎娶了她之后，这桩门不当户不对的婚姻曾让英格兰王室蒙羞。

2 竖起两根手指（即呈 V 字形）的手势通常有两种，一种是手心朝外，另一种是手背朝外。前者表示"胜利"或者"和平"，而后者则含有侮辱意味。这里无疑是指后者。

也去世了。

爱德华四世带来了一段时间的稳定，而他也终于能够松开腰带，以适应他那不断增长的腰围了。为了迎合肉体享乐，他甚至进一步松开了腰带。在其统治后期，爱德华四世的宫廷里充斥着虚荣与堕落之风，这位国王处于奢靡无度的中心位置。爱德华开始用催吐剂来清空肚子里所吃的上一餐，这使得他更容易继续大吃大喝。催吐剂是通过直接刺激胃部、导致胃部不适，或者通过化学刺激中枢神经系统内的化学感受器触发区来诱发呕吐的。一旦吸收进血液当中，化学物质就会被触发区识别出来，然后试图通过呕吐来清除体内的有毒物质。催吐剂可能具有危险性，但它们似乎并不是这位国王驾崩的直接原因。

国王贪吃暴食、放纵无度的比喻再次出现了。由于纵情享乐，后来爱德华的身体甚至让他无法去跟苏格兰人作战，只能让其弟弟格洛斯特的理查去对付他们。

爱德华四世突如其来、出人意料的驾崩的时候，年仅41岁。人们一直认为，肺炎、伤寒和阑尾炎就是罪魁祸首；无疑，其中的任何一种都有可能是他的死因。由于爱德华驾崩之后时局艰难，因此没人再煞费苦心地去记载这位国王的真正死因了。

爱德华的遗体呈现在人们面前时，大家都看得出他并非死于暴力。这位国王的身上没有显现出任何传染病的迹象，比如天花的脓疱、麻疹的斑痕或者鼠疫的淋巴结炎。也没有我们在癌症恶病质患者或饿死者身上看到的肌肉萎缩症状。爱德华既没有遭受旷日持久的折磨，也没有什么严重的突发事件导致他倒地而亡。因此，尽管我们并不清楚这位国王的确切死因，但有的时候，我们**没有**看到的那些方面却可以缩小可能的诊断范围。

在为时不久的生病期间,爱德华曾经抱怨过胸痛。如今,胸痛可能意味着心脏病,所以这是一种可能的死因。爱德华的暴饮暴食导致他体重增加,而体重增加又有可能导致代谢综合征,增加他患上冠心病的风险。虽然在1483年的时候并不常见,但这位奢侈无度、放纵贪吃的国王正是最有可能患上此种疾病的人。要知道,他可是亨利八世的外祖父。

胸痛还有其他的原因。爱德华是在当年的复活节[1]去钓鱼时因为感冒而病倒的。有可能,是肺炎在大约10天之后的4月9日夺走了这位国王的性命。肺炎由肺部感染导致,极有可能是肺炎链球菌(*Streptococcus pneumoniae*)这种微生物引起的。肺炎支原体(*Mycoplasma pneumoniae*)也是一种经常感染年轻人的细菌;爱德华当时才40岁,却已经患有潜在的肥胖症和相关的代谢疾病。温斯顿·丘吉尔爵士(Sir Winston Churchill)曾在其《英语民族史》(*A History of English-Speaking Peoples*)一作中得出结论说,爱德华之死完全就是他的纵情酒色导致的。

他应该会感到胸部传来疼痛,也许是吸气时的背部疼痛。他应该会出现咳嗽、痰液发臭、呼吸急促的症状,或许还有肌肉疼痛和发烧症状。叩击他的胸部时会发出沉闷的声音,因为他的肺里那些全都受到了感染的肺泡会产生不同于平时的那种共鸣声。御医们若是把耳朵贴到他的胸膛上,就有可能听到裂爆音,因为感染阻住了顺畅的气流,导致呼吸紊乱。胸部X光片则会显示出肺泡受到感染后形成的白色区域。

---

1 复活节(Easter),基督教的一个节日,为每年春分月圆之后的第一个星期天,用以纪念耶稣基督被钉死3天后的复活。

当然，一位国王的莫名死亡也导致出现了他是被人谋害的指控。在没有明确的医学诊断可以证明的情况下，世间总会有人提出谋杀的指控。甚至有人推测说，爱德华是喝了法国国王赠送的、受到了污染的葡萄酒才身亡的。

爱德华四世安葬在温莎的圣乔治礼拜堂（St George's Chapel）；他在重建那座礼拜堂的时候，就想到要把那里用作自己的安息之地。10天的丧礼过后，他便长眠在一块黑色的大理石板之下了。他的陵墓周围放着五颜六色的供品和珠宝饰品，用以纪念他的一生。后来，在17世纪的一场场内战中，它们都被人攫取一空了。

1789年3月，亨利·埃姆林爵士在整修那座礼拜堂时，打开了爱德华四世的墓穴。人们看到了他那具全长6英尺3.5英寸[1]的遗体，安息在他的妻子伊丽莎白·伍德维尔身旁。打开他的棺椁之后，人们还能看见这位国王残留的头发，及其骸骨周围一摊黏糊糊的泥状物。一位检查遗骸的内科医生取了一小瓶泥状物。他说这种东西就是尸蜡，也就是国王的软组织腐烂之后的残留物。1790年，温莎学院的院长约翰·道格拉斯（John Douglas）将取自爱德华四世墓中的遗物与头发交给了英国文物学会（Society of Antiquaries）。

据说，在温莎的爱德华陵墓的另一部分还有他的两个孩子的骸骨；他们都先于爱德华去世，是率先安葬在他新建的那座礼拜堂里的人。2岁的乔治和15岁的玛丽的骸骨就在其中的某个地方，因此人们曾经认为，两个孩子就埋在爱德华陵墓中看得见的那个侧室里。后来，当人们在礼拜堂的其他地方发现了标有乔治与玛丽两人名字的棺椁之后，就提

---

1 约合1.92米。

出了埋在爱德华与伊丽莎白旁边那个侧室中的人是谁的问题。他们随即推测说，爱德华墓穴侧室里有可能葬着他的其他两个儿子，也就是"塔中王子"（Princes in the Tower），后者的遗骸早已不知所终。原来爱德华的墓穴打开时其实没有人看着；实际上，没人看到里面有什么棺材。两位"塔中王子"的下落，如今仍然是一个谜。

第 20 章

爱德华五世：（可能）殁于 1483 年

Edward V

爱德华五世及其弟弟的遗骸，现在已经不知去向了。没有人知道爱德华四世和伊丽莎白·伍德维尔夫妇的这两个儿子遭遇了什么，因此他们的下落被称为"塔中王子"之谜。这是英国历史上最具争议的事件之一，人人都有自己的看法。由于受人阻止，爱德华没有加冕，但在史料记载中，他还是被称为英国国王爱德华五世。所以，我们此时谈论的其实应该是"塔中国王与王子"，只不过这种说法有点儿拗口罢了。

1483 年 5 月 19 日，也就是父王驾崩数月之后，12 岁的爱德华仍然住在伦敦塔里。尽管这话听上去好像是说他正在英国的首都度过一个愉快的假期，可实际上，当时他是被那位邪恶的叔父，即人人憎恶的格洛斯特的理查关在塔里的。这位幼王的身边又是一些试图掌控他，进而篡行国王权力的人。当年的 6 月 16 日，他的弟弟也被关进了伦敦塔；更准确地说，他的弟弟是被一位别无选择的母亲抛弃了。

在这段内战频发的时期里，格洛斯特的理查起初觉得他是在代行其哥哥的职责，是在侄儿的父王去世之后管教他们，可他也看到了自己的机会。于是，他趁机背弃了两个侄子，摇身一变，成了国王理查三世。到了当年 8 月，那两兄弟便不知所终了，极有可能是被人杀害了。两兄弟的死亡给理查三世带来了巨大的好处。都铎王朝的大法官（Lord Chancellor）托马斯·莫尔（Thomas More）极其关注此事。他曾写道，两兄弟都是被人闷死的，将责任完全归咎于约克派，认为他们和理查三世都是不折不扣的坏蛋。

我们已经看到，遭人篡位而下了台的国王是一种威胁。爱德华五世自己也明白这一点。据说这位幼王每天都做祷告，认为自己一定会被人杀掉，会成为牺牲品。接下来，两位王子就消失不见了。爱德华死后，格洛斯特的理查宣称两位王子都是私生子，然后自己登上了王位。但是，两个年幼的男孩——尤其是其中一为国王、一为王子——是不会凭空消失的。他们如今在哪里呢？

数百年来，莎士比亚和托马斯·莫尔爵士一直影响着我们对这些事情的看法。由于两人都受到了都铎王室的恩宠，所以我们必须对他们的作品保持怀疑态度。托马斯·莫尔甚至描述了那两兄弟之死的具体方式。他的说法是，一个名叫提利尔的家伙奉命去处理掉那两兄弟，想必是因为名叫提利尔的人在参与弑君方面有良好的履历吧（参见"威廉二世"一章）。提利尔则指使迈尔斯·福雷斯特（Miles Forrest）和约翰·戴顿（John Dighton）两人去完成这项任务；他们"于午夜时分来到房间里，突然用衣物裹住那两个男孩。他们将羽毛床垫和枕头使劲往下捂住两人的嘴，不一会儿就闷死了两人；两兄弟呼吸渐无，把无辜的灵魂交给了上帝"。

　　人类需要氧气才能存活（十几岁的男孩子也不例外）。氧气是随着每次呼吸的空气被吸入肺部的。到了肺里后，氧气则会穿过肺泡那层薄薄的细胞层，进入血液。在血液里，氧气会附着在红细胞的色素即血红蛋白上。它们随着血液进入和离开肌肉发达的心脏左侧时，会被大力往前推送并且经由主动脉泵出；主动脉是人体内最大的血管，是动脉循环开始的地方。在适当的条件下，氧气经由血管网络进入组织之后，就会从血红蛋白中游离出来，开始发挥其作用了。假如您因为记起了学生时代被迫绘制或者背诵氧解离曲线的往事而感到畏缩，那就敬请原谅了。没有关系，站在本书所述的这些凶手和阴谋家中间，您是很安全的。捂住那两兄弟的口鼻，既会阻止他们将氧气吸入血液当中，也会阻止二氧化碳排出他们的体外。

　　假如莫尔说的是实情，那么，他们需要死死捂住两位王子多久呢？唔，一切都是相对的。大脑对血液中的低氧含量特别敏感。两位凶手必须保持足够长久的镇定，等待两位王子度过极其痛苦的濒死阶段；在那段时间里，血液中酸度上升导致的肌肉痉挛会让他们看上去像是在进行反抗。他们的手指会开始变成发绀那样的暗蓝色。随着血液中的二氧化碳浓度增加、心跳加速和血压升高，两人身体的反抗和扭动就不仅成了一种有意识的反抗，也成了一种生理机能的反抗，成了一种与死亡进行抗争的原始需求。此时，行凶者自己受伤就是一件不足为奇的事情了，因为 12 岁的少年并非总是小个子。

　　最终，那两个男孩子的身体就别无选择了。没有了氧气摄入，细胞就会死亡；呼吸尝试会变得很微弱；心脏会出现纤颤和停止跳动，他们的身体则会躺倒、瘫软下去，最终死亡。

不论是谁想出了这个计划或实施了谋杀行为，"塔中王子"都被某个人的野心杀害了。假如两兄弟是突发疾病身亡的，那么理查三世肯定会照实说来，并将他们的遗体公之于众，好进一步说明他攫取王位的合法性，可他没有那样做。

虽说爱德华和理查两兄弟的死亡方式和死亡时间至今仍然是一个谜团，但还是有很多值得讨论的地方。到了差不多 200 年之后的 1674 年，人们在伦敦塔的一段楼梯下面发现了骸骨。工人们挖出了一具棺材，里面装着两个孩子的遗骨。遗骨"符合那两位王室年轻人的年纪"。遵照查理二世（Charles II）的命令，人们将遗骸装在一个标有这两位失踪少年名字的骨灰瓮里，安葬到了威斯敏斯特的亨利七世礼拜堂（Henry VII Chapel）。虽然目前还没有确定这些就是"塔中王子"的骸骨，但发现遗骨的位置却与托马斯·莫尔的记载相符。但莫尔还称，那两具遗骸后来被迁葬到了另一个安息之地，所以我们很难完全相信他的说法。

自托马斯·莫尔以来，对于那两兄弟的命运，世人撰写了许多的文章，进行了大量的讨论，也提出了许多的疑问。如今我们拥有了一种强大的利器，可以提供更多的答案，那就是 DNA 证据。我们可以从遗骨中提取不同类型的 DNA。而细胞核 DNA 则可以与他们的叔父理查进行比对（我们拥有理查的 DNA，因为人们已在 2012 年发现了他的遗骨）。我们在遗骸中更有可能找到的线粒体 DNA 是经由女性遗传的，因此我们如果能够在 500 年后找到那两位男孩的姊妹的任何后裔，那就可以把提取到的线粒体 DNA 与之进行比对了。

既然我们不知道威斯敏斯特大教堂里的那两具骸骨是谁的，难道我们不该去确定他们的真正身份吗？"塔中王子"并非此前的 700 年间唯一死在伦敦塔里的孩子。说到 DNA 证据的时候，问题就在于：我们该不该打开那个骨灰瓮呢？基督徒的葬礼是在基督徒死后不受打扰的前提下举行的——只不过，这一点并没有让我们 19 世纪的前辈们感到不安，他们仅仅是为了看上一看，就欣然打开了一具又一具棺椁。如今有了什么变化呢？我们又该把底线定在哪里呢？菲利帕·兰利（Philippa Langley）是一位极其坚定的"理查派"，曾在格洛斯特的理查下葬于一座修道院的 700 年之后，在一个停车场下发现了此人的遗骸；她认为，我们应该对威斯敏斯特的那两具骸骨进行研究。

艺术史学家杰克·莱斯劳（Jack Leslau）则在 20 世纪 90 年代提出了一种极其复杂的观点，声称那两兄弟都留得了性命，后来都长大成人，结了婚，有了自己的家庭。他甚至指出两人就是爱德华·吉尔福德爵士（Sir Edward Guildford）和约翰·克莱门特医生（Dr John Clement），后者是一位内科医生，娶了莫尔的养女，并且担任过皇家医学院（Royal College of Physicians）的院长一职。这种观点完全是根据荷尔拜因[1]的一幅画作提出来的；莱斯劳认为，他在画中看出了两位王子幸免于难的线索。那幅画描绘的是莫尔一家子，还有一位站在最高处的年轻人；而在这种画作中，最高点一般都是重要的位置。画中还有一些记号，莱斯劳声称它们提供了画中绘有那位合法的王位继承人的线索。他曾经试图获得研究克莱门特和吉尔福德家族成员以及爱德华四世家人的遗骸的许可。就我所知，此事迄今还没有人做到。除非未来的君主或者总统对此事另有想法，否则的话，我就怀疑人们做不做得到这一

---

1 荷尔拜因（Hans Holbein，约 1497—1543），德国画家，欧洲北方文艺复兴时期的著名艺术家，代表作有木版画《死神之舞》等。

点。这种说法虽然听上去很不错，但并不是全都说得通。有太多的人，无论是天主教徒还是新教徒，都对亨利八世及其继任者心怀不满，因此会保守这样一个秘密，以便永远不会有人利用它来反对后来的君主。

这种说法并不是唯一一称"塔中王子"留得了性命并且流传下来了的故事。2021年，"理查派"宣称德文郡（Devon）的一座教堂为我们提供了大量的宝贵线索，表明爱德华五世可能活到了1483年之后，以及他在伦敦塔被囚那段时间里的情况。据说，约翰·埃文斯（John Evans）正是这位失踪的君主，死后就被安葬在那座教堂里。此人的遗像仰望着爱德华的一幅彩色玻璃肖像画，其中的爱德华位于王冠下方。还可以在那里看到一幅绘有埃文斯手持王冠和王室象征的画作，上面还有"约克王朝"（House of York）的明显标志。

未经检验的话，我们就无法证明其中的任何一具遗体属于那两位年幼的王子。迄今为止，教会和王室都拒绝对安葬在威斯敏斯特大教堂的骸骨进行任何调查研究。就算可以说那两具遗骸就是年幼的爱德华和理查，它们也不会向我们说明，那两个男孩究竟是如何死去的，又或可能是谁杀害了他们。

第 21 章

理查三世：殁于 1485 年

Richard III

理查三世就是数个世纪以来我们都非常憎恨的那个恶棍。1485 年 8 月 22 日，随着一柄利刃刺穿理查三世未戴头盔的颅骨，这位国王的大脑组织暴露在博思沃斯（Bosworth）鲜血弥漫的战场上，留下的王位空缺由亨利·都铎（Henry Tudor）填补，现代纪元开始了。

理查三世是英国国王爱德华四世的弟弟。他们在一个充斥着血腥内战的时代一起长大，父亲约克的理查在小理查（Richard Jr）年幼之时就被残忍地砍掉了脑袋。身为国王的弟弟，他曾负责监管王国在北部的利益；在该国北部，尤其是在约克郡，他都享有很高的威望。在王兄意外驾崩之前，理查是不太可能登上王位的。爱德华四世有一位继承人和另一位子嗣，他们都是理查的侄子，也就是爱德华和理查这两个男孩。爱

第 21 章 理查三世：殁于 1485 年

德华四世驾崩之后，格洛斯特的理查便成了爱德华之子的监护人。对理查而言，若想自立为王，就得除掉这两位挡路的年轻人，而且仅仅宣布他们都是私生子还不够。照例，当时还有一群心情急切的人，他们都想通过控制年幼的国王来获取各自的权力。我们已经看到，让遭到了篡位的国王活着就等于留下了一种威胁。就算是关进监牢里，外面也会有支持者借着他们的名头作乱。

1483 年夏季的某个时候，年幼的爱德华国王和弟弟就此消失了。有人看到他们在伦敦塔的操场上射箭，然后就再也没有人见过他们。反正也没有人愿意再说起了。无论他们去了哪里，他们永远都被称为"塔中王子"。理查三世的信徒被称为"理查派"，他们坚信理查三世并未下令杀害那两兄弟。他们提出了其他一些嫌疑人，声称这种可怕的指控纯属都铎王朝的宣传，是一场旨在把理查三世说成恶棍，同时为亨利七世登上王位涂上合法色彩的抹黑运动。"理查派"还声称，理查三世骁勇善战，不可能是驼背。莎士比亚笔下的理查三世被描绘成了一位弯腰驼背、四肢干瘪的暴君，性格凶残、睚眦必报。

直到最近，理查三世的遗骸一直都不知所终。早期的史料表明，他是被安葬在中部城市莱斯特（Leicester）的格雷弗莱尔教堂（Greyfriars Church）的。其中记载道，理查三世的遗体被人扔到马背上，然后驮着朝城墙边走去。遗体在城墙边示众一两天，然后就安葬在那座教堂里。另一份史料则称，他的遗体后来被掘了出来，扔进了河里。威廉一世、威廉二世、斯蒂芬及其妻子玛蒂尔达、亨利四世等国王，都有过关于他们的遗体被扔进河里的相同说法。

在 2012 年之前，我们所知的都是理查三世死于 1485 年的博思沃斯之战，死因则是受伤（指因身体受伤而死）。尽管多半有人随时都会提出毒杀的说法（确实经常有人这么干），但理查三世死于博思沃斯战场上的说法并无争议。

2012 年，也就是理查三世驾崩 527 年之后，以"理查派"的菲利帕·兰利为首的一个研究团队在莱斯特城中一座市政办公室的停车场下面找到了这位国王的骸骨。那里就是以前的格雷弗莱尔教堂所在地，理查三世可能就葬于其中。来自世界各地的热心记者都密切地关注着这次发掘。各大报纸都急于展示那座停车场上用漆喷出的字母"R"。它代表的究竟是"理查""国王"，还是"真正疯狂的研究项目"呢[1]？

他们挖了许多沟槽，在现代的混凝土下寻找城墙或者那座教堂的遗迹。他们的发现十分惊人。在顶层之下，有一具匆匆下葬的男子遗骸。此人被安葬在唱诗席的下面；那个地方通常都是为尊贵的人预留的安葬之地。此人身上有战伤，这与理查三世死因的说法相一致；而最令人惊讶的是，此人患有明显的脊柱畸形。看上去，此人真的有可能是理查三世。多么了不起的发现啊。

莱斯特大学的研究人员将遗骸摆好，并且借助 CT 扫描进行了仔细的研究。让所有认为驼背是都铎王朝添加的一种错误标签的人都感到惊讶的是，此人的脊柱竟然弯曲得像是一个问号。他患有明显的脊柱侧凸症，这意味着他的身高因此而降低了，并且一个肩膀可能比另一个肩膀高。他身材瘦弱，与当时的人都说他的身材具有女性化特征相一致。脊柱侧凸症很可能给他带来了极大的痛苦。莎士比亚描述的终究是实际情况，只不过理查三世的胳膊似乎并不像莎翁笔下那样枯瘦罢了。

---

1 "理查"（Richard）、"国王"（Rex）和"真正疯狂的研究项目"（Really bonkers project）都是以大写字母 R 开头的。

有证据表明，他的身上有 11 处明显的伤口，深度竟然足以在他的骨骼上留下痕迹。有 9 处伤口都在头上，而其中有 2 处可能属于致命伤。最有可能致命的一击就是这位国王后脑勺上的伤口。他的颅骨下侧面有一处巨大的锐器创伤。一柄利刃划开了骨头，让他的脑组织裸露了出来，割破了控制呼吸和心跳等自主功能的脑干，并且划破了沿着其弯曲的脊柱往下延伸的神经组织。利刃在颅骨内的前侧留下了痕迹，说明金属刀刃直接刺穿了大脑。对此，理查三世本人可能也不太清楚。

他的身上还有许多穿透性伤口，可能是锋利的长剑或者匕首造成的。理查三世曾经被都铎王朝的支持者围攻，被他们砍倒在地，头部遭到多种武器的多次重击。当时，他很可能是跪了下去，身体前倾或者俯卧在地。尽管莎士比亚确实说过，理查三世愿意用整个王国来换取一匹马，可当时并没有马。他极有可能没戴头盔。理查三世的脸部没有严重受伤，这一点不同于人们在玫瑰战争中的陶顿战场上一座"万人坑"里发现的许多遗体；那些葬在"万人坑"里的人都被砍得面目全非，令人震惊。确保他的脸部完好无损这一点很重要，为的是确认他确实死了。

还有一些屈辱性质的伤口，则是在他死后造成的。其中一处穿透了理查三世的右臀部，刺破了大血管附近的骨盆。假如这是死前造成的，那就可能是致命的一击，但这处伤口却是在理查三世的尸体被随意地驮在马背上、脱掉了盔甲和衣物准备示众的时候造成的。

尽管到了 2012 年的时候，遗体上的软组织早已腐烂殆尽，但我们仍然可以从骸骨中获得更多的信息。它们表明，理查三世死前曾经就着葡萄酒吃过野禽和淡水鱼。在没有当上国王的年少之时，他的一日三餐都较为简陋，是面包、大麦和淡啤酒。研究人员利用放射性碳年代测定法，确定了遗骸的年龄。通过测量碳-14 同位素的衰变，并且根据饮食做出一些校正，年代测定法测得这具骸骨介乎于 1450—1540 年。理查三世殁于 1485 年，正好落在这个年代范围的中部。

迈克尔·伊布森（Michael Ibsen）是理查三世的第 17 代外甥，是他妹妹的后人。温迪·杜尔迪格（Wendy Duldig）是理查三世的另一位外亲后裔。这两位在世的亲戚对确定理查三世的身份有着至关重要的作用。伊布森的线粒体 DNA 与杜尔迪格的线粒体 DNA 相匹配，其中还发现了罕见的 Jlc2c 单倍体。最重要的是，两人的 DNA 也与那具骸骨的 DNA 相匹配。只有一小部分欧洲人的身上携带着那种单倍体，这一点对研究很有帮助。混凝土下发现的那具骸骨就是金雀花王朝最后一位君主的遗骸，理由十分充分。这是一项了不起的发现；要是一部电影的话，我们就会把它当成纯粹的妄想而不予理会了。

假如这具骸骨是维多利亚时代的人在该地区到处挖掘或者乔治王朝时期的人喜欢打开墓穴的时候发现的，那么人们能够做到的，不过就是量一下死者的身高，或许还会描述一下，用铅笔描画出脊柱侧凸和明显的头部损伤罢了。但在 2012 年，骨骼研究、碳年代测定法、CT 扫描和 DNA 分析就不仅能够表明这具骸骨确实属于理查三世，而且能够详细描述此人所受的一些外伤，从而说明他的确切死因了。博思沃斯之战过去 500 多年之后，理查三世的故事也从"他可能葬在莱斯特，或者永远消失在河中"，变成了英国所有已故君主中可能是最详细地确定了身份和可靠死因的一个故事。

2015 年，理查三世的骸骨被安葬在了莱斯特大教堂。当时还特意举行了一场典礼，旨在纪念一位中世纪君主的重新下葬。送葬队伍先是把理查三世的棺椁运到了博思沃斯，接着一路前往那座大教堂的圣地进行安葬。成千上万的人前来凭吊，然后人们把它殓入那位在世亲戚，即家具商迈克尔·伊布森制作的一具棺材里下葬。墓地上立着一块与一位国王相称的现代石碑。人们如他所愿，诵读了他自己那部祈祷书中的祷词。这种事情，晚来总比不来好。

在都铎王朝时期创作的所有戏剧之外，如今人们仍在为理查三世正名。或许"理查派"可以说，**现在是他们不满的寒冬，却被这位约克之子融化成了壮美的夏天**[1]。只不过，考虑到莎士比亚对理查的刻画方式，我就不确定他们是否想要引用莎翁的这句话了。

---

1 引自莎士比亚的戏剧《理查三世》第 1 幕第 1 场中的台词。原文为 "Now is the winter of our discontent/Made glorious summer by this sun of York"（"现在是我们不满的寒冬 / 却被这颗约克的太阳融化成了壮美的夏天"），莎翁在此利用了 "sun" 与 "son" 这两个词的谐音。

第 22 章

亨利七世：殁于 1509 年

Henry VII

<blockquote>
这一切死亡之人的首领。

——引自约翰·班扬[1]
</blockquote>

都铎王朝的第一位国王亨利·都铎，也是英国第七位名叫"亨利"的国王；此人就像一个相当令人失望、沉闷无趣的三明治，夹在理查三世治下与亨利八世治下两个有如鸿篇巨制的时期之间。

这样说，并不是指亨利七世不称职；实际情况恰恰相反。他表现得很出色，只是完全没有什么跌宕起伏罢了。他最终成功地守住了王

---

[1] 约翰·班扬（John Bunyan, 1628—1688），英国 17 世纪的著名作家兼基督教布道家，这句话引自其代表作《天路历程》(*The Pilgrim's Progress*)。

位，不像此前 100 年间的许多前任国王那样。他把财政管理得很好，并且平息了叛乱。他的确筹措了资金，准备去赶跑苏格兰人；可激怒了南方的数千名叛乱分子之后，他便放弃了。他迅速挫败了南方叛乱分子的计划。亨利完全有理由变得偏执多疑，因为他需要对付各种觊觎王位的人；不过，后来他一直都稳稳当当地坐在王位之上。

亨利的父亲就是法国国王之女，即亨利五世的遗孀凯瑟琳·德·瓦卢瓦的儿子埃德蒙·都铎（Edmund Tudor）。他的母亲则是玛格丽特·博福特（Margaret Beaufort），即冈特的约翰的曾孙女。他的身上显然具有王室血统，可即便他确实在战斗中获得了胜利，他的王位继承权也并不稳固。年幼的亨利是在家族争斗和内战期间长大的，他身为兰开斯特王族一员的命运，与亨利六世和爱德华四世之间一连串的反复争斗交织在一起。他是个体格健硕的小伙子，但对兰开斯特王族来说，他却不是一位有用的军事领袖。1471 年，兰开斯特王族在条克斯伯里战败之后，亨利跟着叔叔贾斯帕（Jasper）逃往了法国的布列塔尼（Brittany），然后流亡了 14 年之久。在布列塔尼的时候，亨利干着年轻人所干的事情，过得很是开心。他生了一个儿子，名叫罗兰（Roland）。尽管罗兰在父亲当上国王之后参与了朝廷中的许多大事，但对整个国家的稳定而言幸运的是，他没有提出任何不切实际的王位要求。

1471 年，由于此时亨利六世及其儿子都已不在人世，亨利·都铎便成了兰开斯特王族的领头人。当时，是约克王朝的爱德华四世统治着英格兰。第二任白金汉公爵（2nd Duke of Buckingham）爱德华·斯塔福德（Edward Stafford）曾是理查三世的支持者，后来厌烦了这位国王，便发动了一场叛乱。亨利·都铎和他的母亲玛格丽特·博福特此时就变得非常有用，而亨利也有可能成为王位竞争者了。1483 年，白金汉公爵遭到处决之后,他的遗孀凯瑟琳·伍德维尔(Catherine Woodville)便嫁给了亨利的叔叔贾斯帕·都铎(Jasper Tudor),后者本身也正在策划继续发动叛乱。这些叛乱虽然没有成功,但在威尔士和边境地区(Marches),在那些希望爱德华四世和爱德华五世复位的人当中,支持亨利·都铎的人却越来越多了。亨利便在米尔福德港(Milford Haven)登陆,集结援军,开始进军。1485 年,理查三世在博思沃斯战死,亨利夺得了王位。亨利曾经发下誓言,说他若为王的话,就会迎娶约克的伊丽莎白(Elizabeth of York),从而将两个王族团结起来。

于是,都铎王朝的统治就此开始,只不过还被迫推迟了一段时间才开始。亨利在位期间,一种怪病席卷了英格兰。这种疾病首现于博思沃斯之战之后,它以一种古怪的方式蔓延着,富人的感染率高于穷人,中年人的感染率高于年轻人和老年人,并且更喜欢在农村而不是在人口拥挤的城市里蔓延。这种疾病会迅速让人丧命,患者可能吃早餐时还好好的,可到晚餐时分就死了。

没人知道汗热病究竟是种什么疾病,是什么导致的,或者是如何极其迅速地消失的。也没人知道,这种疾病为何似乎仅仅出现在英格兰。它甚至曾被称为"英国汗热病"(Sudor Angelicus)。这种疾病的首次暴发始于 1485 年秋季,就在博思沃斯之战之后。里士满的亨利(Henry of Richmond)本应在此时加冕,成为国王亨利七世,可汗热病正在导致他身边的人接连死去,所以他不得不等待。这种疾病暴发过 5 次,到 1551 年时才彻底结束。夺走了许多人的性命之后,这种疾病便自行消失了。

染上此病后的第一种症状就是心生恐惧和有种末日将至的感觉。随之而来的则是颤抖、打寒战(肌肉不受控制地抖动)、头晕、关节痛

第 22 章　亨利七世：殁于 1509 年

（颈部、肩膀和四肢的关节疼痛）。接下来就开始出汗了。由于出汗太厉害，所以患者的衣服和被褥都会湿透。汗液的气味也很难闻。患者会持续数个小时感到心悸和口渴，然后就会疲惫不堪，只想睡觉。然而，闭上眼睛之后，您大概就不会再睁开双眼了。脱水和疲惫会让患者一命呜呼，很快的。

汗热病极有可能是一种具有传染性的微生物引起的。汉坦病毒心肺综合征（Hantavirus pulmonary syndrome）是可能性最大的起因之一。这种病毒会经由老鼠身上携带的叮咬类昆虫或者它们的粪便与尿液传播。但汉坦病毒一般不会在人与人之间传播，因此并不完全符合当时的情况。在一些大家族里，富人的居所都有大量的食物，故必然有老鼠相伴。虽说二者之间的关联并不确定，但它可能说明了这种疾病更喜欢感染富人而非穷人的原因。

然而，当时有很多人在前一分钟身体还相当健康，后一分钟却死了；这种情况表明，罪魁祸首应是一种毒素，而不是一种活的蚊虫。也许是炭疽热，尽管炭疽热并不一定会导致严重出汗。麦角菌是另一种疑似的致病菌，它还与 1518 年席卷欧洲的舞蹈病有关；舞蹈病会让人们不停地蹦跳舞动，直至倒地身亡。患者体内没有产生明显的免疫力，因此有可能多次感染这种疾病。当时还出现了一种长期性汗热病；那些侥幸死里逃生的患者，在感染之后的数个月里都很难康复。虽说对于这种疾病究竟是什么的问题，我们无法达成一致的意见，但我们也确实形成了一种共识，那就是不希望再次看到这种疾病。

1497 年亨利七世本人开始感到身体不适之后，他便把小亨利隔离起来，只允许精心挑选出来的几个人去看望后者。从此前一个世纪里暴发的一场场瘟疫中，小亨利理解了传染的各种概念。这段经历或许就是亨利八世自己在位时非常关注传染病与医学的原因。

随着视力开始衰退，亨利七世日益担心起来，害怕他无法再做自己最擅长的一件事情即处理文件了。"为明吾目"，他试图用玫瑰水、茴香水和白屈菜（一种毛茛科植物）洗澡，来帮助恢复视力。与此同时，这位国王的体重开始下降，身体也日渐消瘦下去了。消瘦是肺结核的一种典型症状。直到 20 世纪，这种疾病还被称为"消耗病"，因为它会慢慢地消耗患者的身体，让他们逐渐消瘦下去。接下来，他的身上又出现了另一种明显的症状，即慢性咳嗽。咳嗽逐渐严重起来，这位国王便患上了一种干咳症（tissick）——慢性纤维性结核或者慢性肺结核感染。

结核病是结核分枝杆菌（*Mycobacterium tuberculosis*）引起的；这种细菌对人类的影响极其巨大，因此有人估计，它已经导致了 1/7 的人死亡。这种细菌已有 1.5 亿多年的历史；尽管在过去的数十年里人们一直在用抗生素和疫苗加以遏制，可这种细菌似乎并未打算消失。对于亨利七世来说，他患有此种疾病的典型症状就是咳嗽、痰中带血，偶尔还会发烧、打寒战和出汗。他的全身可能都出现了结节。后来，苏格兰病理学家马修·贝利（Matthew Baille）曾将这些结节描述成奶酪状结核性脓肿。它们会从肺部空洞逐渐发展为脓肿（即肺气肿），而在其他组织中也可以看到相同的病程。

到了 19 世纪初，法国内科医生雷内·希欧斐列·海辛特·雷奈克（René Théophile Hyacinthe Laennec）发明了听诊器，因此能够确定肺部的实变、胸膜炎和肺空洞等病症了。他还注意到了结核结节的存在，并且确定这是肺结核病的第一个阶段。"白色瘟疫"（white plague）一词就是在 18 世纪创造出来的，因为肺结核患者都有贫血和身体消瘦的症状。人们为当时的患者试过各种各样的治疗方法，从新鲜空气到牛奶、从狼肝到象尿，甚至是让他们恶心的海上航行，不一而足。当然，这并不是说患者需要海上航行的催吐作用，才能让身体康复。用动物脂肪和牛油加蜂蜜熬制而成的温热药物，则被用于缓解身体日益消瘦的患者的病情。

患上这种疾病的，并非只有亨利七世一个人。据说，即便是在如今，全球也仍有200万人感染结核病（TB）。希波克拉底[1]曾经认识到，年轻人最容易得上这种疾病。《天路历程》一书的作者约翰·班扬则在其《恶人传》(The Life and Death of Mr Badman)中，将结核病称为"这一切死亡之人的首领"。它还被世人称为"青春强盗"(Robber of Youth)和"墓地之咳"(Graveyard Cough)。在荷马的史诗《奥德赛》(The Odyssey)中，有一段描述提到了"极其严重的消耗病"，说它会把灵魂从躯体中夺走，导致一个人"卧病在床……长久地消瘦下去"。肺结核(Phthisis)一词源自希腊语，意思就是"逐渐消瘦"。1720年，英国内科医生本杰明·马丁(Benjamin Martin)始创了露天疗养法。1882年，罗伯特·科赫(Robert Koch)分离出了结核杆菌。如今，确诊患有肺结核之后，患者得服用多种抗生素和其他药物。由于有着复杂的免疫反应和慢性病程，所以患者仍然需要接受长期的治疗。尽管使用抗生素和疫苗接种已经让许多的结核病得到了遏制，但多药耐药性变体正在变成一个棘手的问题。

1509年，亨利七世由于太过疲惫，无法参加复活节的礼拜活动了，因此只能在里士满宫卧床休息。这位国王极有可能死于肺结核，就像他

---

[1] 希波克拉底（Hippocrates，前460—前370），古希腊的医生，被西方尊称为"医学之父"。他提出了"体液学说"，对西方医学的发展产生了巨大影响，而《希波克拉底誓言》也是医疗行业的职业道德圣典。

的婚生长子亚瑟一样,后者也有可能是死于这种疾病。偶尔也有人认为,亨利七世的这位继承人是死于汗热病。虽说亚瑟年轻且富有,可能符合这种疾病的要求,但他还患有长期的咳嗽和呼吸系统疾病。亚瑟可能是同时患有两种疾病。长期的结核感染削弱了他的免疫力和肺部功能之后,他又患上了汗热病,并且就此丢掉了性命。

不同于1551年之后再也没有出现过的汗热病,肺结核后来继续困扰着整个人类。淋巴结核是这种疾病的另一种临床表征,后来被称为"王触病"(King's Evil)。自500年前的"忏悔者"爱德华以来,人们都认为这种疾病只需国王轻轻触碰一下,甚至是用国王发行的硬币进行触碰,就能治愈。当时有很多的人接受过这种触碰。

亨利七世被安葬在威斯敏斯特大教堂的一座精美陵墓里。他已经让王权恢复了相对的和平与稳定,用王国前所未有的力度充盈了国库,并且通过将王位交到他的儿子亨利八世这个**差不多**已经成年的继承人手中,实现了王朝统治的连续性。

第23章

亨利八世：殁于1547年

Henry VIII

亨利七世是在他的儿子刚刚要满18岁之前驾崩的；只不过，当时大家都把亨利八世当成一个成年人来对待了。他成功地继承了王位，让人们都觉得欢欣鼓舞。亨利八世是一个英俊倜傥、魅力非凡、身体健硕且讨人喜欢的年轻人。他娶了哥哥的遗孀阿拉贡的凯瑟琳（Catherine of Aragon），以便巩固英国与西班牙之间的联盟，因而看上去他的前景确实是一片光明。

亨利八世统治了英国37年之久，给我们留下了许多需要解读的东西。在那些年里，这个讨人喜欢的年轻人逐渐变成了一个自我陶醉的暴君。他的自高自大与缺乏同情心让他身边的许多人都掉了脑袋。亨利八世的数段婚姻、专横暴虐，以及外貌和性格两个方面的显著变化，让他成了英国最令人难忘、人们撰文论述最多和最受世人诟病的一位君主。

1511年,凯瑟琳王后诞下了一个男婴,一个男性继承人。此事又一次让全国上下感到欢欣鼓舞。可惜的是,2个月后这个男婴就夭折了,而凯瑟琳后来再也没有诞下另一个男婴。他们唯一存活下来的孩子就是1516年出生的女儿玛丽。亨利开始渴望有一位男性子嗣,并且爱上了侍女安妮·博琳(Anne Boleyn)。尽管与天主教会彻底决裂带来了些许不便,但亨利还是与凯瑟琳离了婚,娶了安妮。安妮生了一个女儿伊丽莎白,却仍然没有诞下男性继承人;因此,当安妮遭到通奸和叛国罪的指控之后,亨利便下令处决了她。亨利的第三任妻子珍·西摩(Jane Seymour)的确生了一个儿子,即1537年出生的爱德华,可儿子出生不久后,珍便撒手人寰,让亨利再次变成了鳏夫。他与克里维斯的安妮(Anne of Cleves)、凯瑟琳·霍华德(Katherine Howard)及凯瑟琳·帕尔(Katherine Parr)这3名女性的婚姻,也都没有诞下另一个孩子。亨利只剩下一个年幼的婚生继承人来继承王位,处境变得岌岌可危了。

在这段具有戏剧性的经历中,亨利开始变得愤怒、沮丧而脆弱起来。他不像此前的其他一些国王那样骁勇善战,还将父王在国家财政方面取得的所有成就都毁于一旦了。他的情绪波动对身边的人都产生了影响,而他的健康状况也一日不如一日了。

他买了好几根配有哨子的手杖,好在摔倒时可以呼救。由于视力下降,他还买了眼镜,并且开始靠着轮椅和人力抬轿来去。他的体重增长到了28英石,将近400磅[1]。亨利的主要问题不仅仅是体重大增和腿部

---

[1] 英石(stone)和磅(pound)都是英制重量单位,1英石合14磅或6.35千克,1磅约合0.454千克。

伤口溃烂,还在于一个经常被人们提及的事实,那就是他染有梅毒。

人们很容易说梅毒是阿拉贡的凯瑟琳流产的原因,但这种说法掩盖了一个事实,那就是亨利的子嗣(无论是婚生子女还是非婚生子女)身上都没有出现先天性梅毒的症状。当然,亨利八世也确实有了一位梦寐以求的男性继承人,即儿子爱德华。虽然爱德华年纪轻轻就夭折了,可他并不是死于梅毒。亨利的私生子亨利·菲茨罗伊(Henry Fitzroy)也是英年早逝,但同样没有证据表明他的细胞里存在一种先天获得的螺旋体(即导致梅毒的细菌)。先天性梅毒会导致一系列症状。患者可能出现骨骼损伤、严重的贫血、肝脾肿大(即肝脏和脾脏变大)、黄疸、失明、耳聋、脑膜炎和皮疹。患有梅毒且未经治疗的女性所生的婴儿,有可能胎死腹中,甚至在新生儿阶段就因为感染而死亡。我们很难想象,亨利的一些孩子会因为感染梅毒而以这种可怕的方式死去,可其他子女却非常幸运,以至于全然没有受到感染。

梅毒是解释亨利所有厄运的一种相当简单的办法。要知道,虽然它是一种可以经由正常的人类性行为传播的疾病,但如今有的时候,人们仍然把梅毒视为一种惩罚,甚至是一种天谴。尽管如此,我们还是喜欢把这个专横暴虐、杀害妻子的疯子看成一个肮脏而不健康的人。

导致此病的细菌梅毒螺旋体(*Treponema pallidum*)是人们在1905年用显微镜首次发现的,但梅毒这种疾病最初的下疳和后来的各种表征,却早已为世人所知。人们曾经用水银来治疗梅毒。亨利八世对医学问题和治疗都极感兴趣,甚至会自己制作药膏,尤其是用于治疗其腿疾的药膏;不过,史料中却没有提及他曾用水银来治疗过梅毒。

另一个反驳亨利八世患有梅毒的理由是,假如是他把梅毒传染给了阿拉贡的凯瑟琳,那么他一定是在17岁之前就染上了此病。虽说有可能如此，但这也意味着很可能在年纪相对较小的时候，他的身上就已出现了这种疾病的症状。由于亨利八世的身体不属于私事，朝臣们对其了如指掌，因此他们肯定会提及这些症状。毕竟，与亨利同时代的法国国王弗朗西斯一世（Francis Ⅰ）就患有梅毒。当时人们都对此事议论纷纷，并且用了大量的水银来为他进行治疗；可是，亨利八世及其历任王后似乎都没有接受过这样的治疗。

亨利八世性格上的一种显著变化，常常被人们当成三期梅毒的一种明显指征，认为这是梅毒感染对他的大脑造成了影响。然而，我们有很多的理由来说明亨利八世为什么有可能罹患精神疾病。其中的一种观点，围绕着亨利在一场比武事故中被击倒一事。他是不是遭受了一种创伤性的脑损伤，尤其是前额叶受伤，从而导致他容易生气和不受控制呢？费尼亚斯·盖奇（Phineas Gage）是19世纪的一位美国铁路工人。此人的创伤性前额叶受损，让我们对大脑的运作及大脑受损之后可能出现的情况有了极其深入的了解。盖奇曾被一根铁夯击中，铁夯击穿了他的颅骨，向上穿过脑袋，并从头顶穿出。难以置信的是，此人竟然活了下来，只不过性情大变。他变得粗鲁无礼、放荡不羁，不再是一个很好相处的人了。这种情况听上去很熟悉吧。

亨利被击倒之后，不但昏迷了数个小时之久，而且双腿上也留下了伤口。他的伤口溃烂了10多年。据说，亨利腿上溃烂的伤口散发出来的臭味极其难闻，隔着3个房间远的人都闻得到。亨利和御医们试过各种各样的洗剂与药水。虽然如今许多人都把矛头完全指向糖尿病，可他的伤口不愈其实有可能是骨髓炎造成的。

骨髓炎是一种会让人体质日益衰弱的骨内感染，它有可能导致瘘管，即变成通往皮肤和外界的通道的囊肿。这些通道就是他的身体将脓液从伤处排出体外的途径。亨利八世的鼻窦经常流脓。如果鼻窦闭合，脓液就会聚积起来，有可能导致发烧，亨利的情况正是如此。这种发烧曾让亨利的御医们担心不已，因为他们看得出病情的危险性。即便是到了如今，这种疾病也需要接受长时间的住院治疗和静脉注射数周的强效抗生素，而且由于感染极深，因此截肢可能就是唯一的解决办法了。当然，糖尿病有可能妨碍伤口愈合，从而让病情变得更加严重。

相比而言，梅毒特有的小肿块，即梅毒瘤一般不会让人感到疼痛。它们既不会像亨利八世的溃疡那样时不时地闭合或者愈合，也不会像亨利的溃疡那样引起发烧。如果能看到亨利的骸骨，我们就可以通过确认梅毒或者腿部骨髓炎呈现的症状来解决这个问题了。

多年以来，人们都在讨论各种肖像画中亨利八世鼻子的描绘方式。在数百年的时间里，鼻子受损曾是一个人感染了梅毒的确切迹象。当然，亨利八世的肖像画并不是像后来克伦威尔（Cromwell）命人替他绘制肖像时那种毫不遮掩的（warts and all）画作。相反，它们都是为了讨坐着的那位模特的喜欢。亨利八世晚期的肖像画极有可能是再现了他早年身体健康、青春洋溢且活力十足时的模样。亨利肖像画中的形象，与他晚年需要用升降台才能跨到马背上的记载有着极其巨大的差异。因此，对于他的肖像画，我们很难不持极大的怀疑态度。

亨利八世曾被人们称为"老铜鼻子"（Old Copper Nose），但这个绰号与他的真鼻子或者梅毒无关，而是与他在位期间的货币贬值有关。当时，他把廉价金属添加到硬币中，降低了铸造成本。人们摩擦硬币之后，发现亨利肖像的中央出现了一个铜鼻子，于是这个绰号就流行开来了。

很有可能，亨利八世在晚年患有一些不具有传染性的慢性疾病；这些疾病在21世纪对我们中的许多人都产生了影响：肥胖症、Ⅱ型糖尿病、行动不便，或许还有痛风和高血压等相关的疾病。他小腿上的骨髓炎，可能是因为慢性静脉瘀滞功能不全和糖尿病而变得更加严重，因而阻碍了伤口的愈合。那些研究亨利八世晚年肖像的人，认为他患有库兴氏综合征（Cushing's syndrome），那是一种内分泌异常疾病。此病的症状是压力荷尔蒙皮质醇水平上升造成的，会导致体重增加、脸部变圆和皮肤变薄且愈合不良。

亨利八世虽然挺过了天花和疟疾，可后来健康状况不佳仍然变成了他在位期间的鲜明特点。他的病情旷日持久，以至于到了他能否生下一个能够活到成年的男婴的程度。有一种观点认为，亨利在诞下男性继承人方面的问题是遗传的。这种理论认为他是凯尔（Kell）阳性血型，患上了麦克劳德综合征（McLeod syndrome）。麦克劳德综合征是一种遗传性疾病，会在中年时期因为血细胞上一种叫作"凯尔"的抗原而开始出现问题。患者有可能得上周围神经损伤、心脏病、贫血等疾病，甚至是痴呆症带来的人格变化。麦克劳德综合征可以解释亨利的行为，但还不止于此。凯尔阳性血液中含有一些特殊的抗原；假如他的数位妻子身上都没有这些抗原的话，它们就会使她们染上严重的产科疾病。她们的第一胎极有可能存活下来，因为尚未造成损伤，但此后就会开始出现问题了。凯尔阴性血型的母亲体内会产生抗体，它们会攻击未来所怀的、任何一个带有凯尔阳性基因的胎儿，把胎儿当成外来的入侵者。就像ABO和Rh血型可能引发免疫反应一样，凯尔血型也是如此。当母体中的抗凯尔血型抗体攻击胎儿的红细胞前体（即会变成红细胞的前体细胞）时，它们就会抑制那些红细胞的生成。因此，新生儿就有可能患上严重的、危及生命的胎儿贫血症。

这种血型是以一位凯莱赫夫人（Mrs Kelleher）的名字命名的；人们已经在带有不同抗体水平的不同人群中发现了 25 种凯尔抗原。在其他器官中也发现了凯尔抗原，包括淋巴、骨骼肌和心肌，以及神经系统中的细胞。在现代，这些问题可能是输血时共用血液的做法引起的，但对都铎王朝时期的一位母亲来说，凯尔抗原过敏应该会发生在以前的怀孕期间，从而让她们对新生命的成长产生拮抗作用。

亨利八世娶了 6 位妻子，可他还有 3 位情妇。在那些婚内婚外关系中，他生有 4 个公认的、活过了婴儿期的孩子，包括 2 个儿子和 2 个女儿，即玛丽、伊丽莎白、爱德华（即后来的爱德华六世），以及私生子菲茨罗伊。其中，他的 2 个儿子都早早夭折了，可 2 个女儿却长大成人，成了英国历史上的标志性人物。然而，他的妻子与情妇们其实怀上过更多的身孕。那些胎儿都以令人心碎的流产或者胎死腹中的方式而告终。不过，亨利八世的生育模式可能确实反映了那个时代的情况。许多女性都在生产之前或生产后很快就失去了孩子，而生产过程对母亲来说也很危险。

亨利八世存活下来的孩子中，有 3 个都是各自母亲所生的头胎，分别是伊丽莎白、亨利·菲茨罗伊和爱德华。从表面来看，他的 3 个头胎生子女都活了下来的事实是对凯尔抗原牵涉其中的一种合理解释，但实际上只是部分相符，因为这种观点无法解释玛丽也活了下来的原因（她是第六胎）。这种说法似乎还涉及很大的运气和巧合。

无论基因方面出现了什么问题，亨利都在 1547 年患上了致命的疾病。13 年前，议会制定了一项法案，规定谈论国王的死亡不仅是非法之举，而且属于叛国通敌。妄加揣测换来的是死刑。因此，我们没有很多记载亨利八世临终之时的医案记录。直到差不多最后一刻，御前侍从

（Groom of the Stool）安东尼·邓尼爵士（Sir Anthony Denny）才鼓起勇气，跟国王谈起他将不久于人世的事情。国王要求召见克兰默大主教（Archbishop Cranmer）。当年1月寒冷刺骨，冰天雪地，克兰默花了一段时间才抵达；等他来到宫廷里，亨利八世快不行了。国王紧紧抓住大主教的手，做了一个表示他虔诚信仰上帝的手势；于是，英国最臭名昭著的这位君主的统治就此结束了。极有可能，他是在患有肥胖症和其他一些关乎生活方式的慢性疾病的情况下，死于肾功能衰竭。

亨利的遗体停放了数天以供人们瞻仰，然后被运到了温莎。途中，人们发现血水不断地从他的棺材里滴落下来。死尸确实会经常令人讨厌地滴淌尸水。派去修理棺材的人到达后，看到几条野狗正在舔舐国王身上滴落下来的尸水。就像500年前大腹便便的"征服者"威廉一样，亨利八世那具臃肿的遗体也曾在那些腐烂不堪的故事中为人们所津津乐道，以此来评价他作为一位国王的价值。

至于亨利遗嘱的内容，可谓众说纷纭。有人说遗嘱的内容遭到了篡改。亨利八世生前规定了8种可能的继位方案，以及一个由16人组成的委员会来在他的儿子未成年时协助统治。不过，结果却并未如他所愿。亨利曾打算把自己安葬在一座巨大且奢华的陵墓里，墓上还应立有一座他骑在马背上的雕像。他已经夺得了一座原本是为红衣主教沃尔西（Cardinal Wolsey）所建的宏伟陵墓，可它后来并未成为亨利的陵墓。他的子女们全都认为这事不是很重要，不值得为此花钱。亨利最终葬在了温莎的圣乔治礼拜堂的临时墓穴里，并且如今依然陪伴着他的第三任妻子珍·西摩、17世纪的查理一世以及安妮王后所生的一位婴儿长眠在那里。

他留下了一个年仅9岁的儿子，从而再次让一位幼王的身边围满了争权夺利的人。

第 24 章

亨利八世的 6 位妻子

The Six Wives of Henry VIII

阿拉贡的凯瑟琳：殁于 1536 年

1535 年 12 月，英国国王亨利八世的第一任妻子阿拉贡的凯瑟琳被赶出了宫廷；她与国王离了婚，心灰意冷，在病中立下了自己的遗嘱。同时，她还给神圣罗马帝国皇帝（Holy Roman Emperor）查理五世（Charles V）写了一封信，请求后者保护她的女儿玛丽。她很清楚自己来日无多了。第二年 1 月，她便与世长辞，享年 50 岁。

对于她的死因，当时没有什么明确的解释；她既没有得上明显的传染病，身上也没有外伤。有人指控说她是被人毒杀的，矛头则指向了国王和他的新任王后安妮·博琳，这是一件不足为奇的事情。神圣罗马帝国派往亨利八世宫廷的帝国大使尤斯塔斯·沙皮（Eustace Chapuys）对凯瑟琳的遭遇和死亡感到不安也是可以理解的，因为凯瑟琳是神圣罗马帝国皇帝查理五世的姨妈。沙皮曾经声称，格雷戈里·迪·卡萨尔（Gregory di Casale）就是那个所谓的刺客；但是，这些指控都没有什么真凭实据。在宫廷里，亨利和安妮两人庆贺着凯瑟琳的去世；两人都身穿黄色衣服而非惯常的黑色丧服，以示对这位前任王后的冷落。

防腐师切开凯瑟琳冰冷的尸体后，发现了一件非常奇怪的事情。她的心脏变了颜色，已经变成了黑色。为了进一步加以清理，他把心脏切成了两半，露出了里面一团罕见的黑色赘生物。如今我们认为，那是因为凯瑟琳患上了一种罕见的心脏癌症；可在当时，它却是一种很好的隐喻，象征着亨利八世给他的第一任妻子带来的悲伤心碎。出现在心脏内部的癌症是极其罕见的。心脏主要由肌肉和结缔组织构成，心脏细胞的更新速度要比其他类型的组织缓慢得多。事实上，最常出现的罕见心脏癌就是血管癌（即血管壁上的肿瘤），因为血管中有大量的表皮细胞，它们的更新速度较快。如果凯瑟琳得的是癌症，那就有可能是她体内其他部位的肿瘤转移而来的。然而，大多数心脏肿瘤都是良性的，恶性肿瘤往往具有遗传因素。如今普遍认为，这位王后的死因就是心脏癌。

凯瑟琳被安葬在彼得伯勒大教堂（Peterborough Cathedral），但身份并不是王后，而是威尔士王太妃（Dowager Princess of Wales），是她在第一任丈夫亚瑟去世时的身份。他们完全无视她当了几十年王后的事实，声称她与亨利八世的婚姻是无效的。甚至在她的葬礼上，主教也在布道时指摘凯瑟琳。那位主教是国王钦定的，自然不敢说其他的话。

凯瑟琳离世之时，也许没有获得一位王后应有的送别，但如今在她的安葬之地彼得伯勒，人们每年却会举行活动来纪念她的生平事迹。她的墓前摆着鲜花，以及象征着她的石榴。20世纪的在位王后特克的玛丽（Mary of Teck）曾经命人修改了凯瑟琳墓上的碑文，改称凯瑟琳为英国王后。特克的玛丽本人先是与国王的长子兼王位继承人阿尔伯特·维克托王子（Prince Albert Victor）订了婚，但这位王子在一场大流感中意外去世，她转而嫁给了王子的弟弟，即后来登基为王的乔治。阿拉贡的凯瑟琳王后的传奇经历，如今在历史小说和流行文化中仍然广受欢迎。她是亨利八世众多妻子中的第一位，并没有见到他给后来那5次婚姻带来的灾难就与世长辞了。

安妮·博琳：殁于1536年

就在阿拉贡的凯瑟琳入土安息之时，取而代之的安妮·博琳王后诞下了一个死胎男婴；于是，安妮自己的世界也开始崩溃了。1536年5月，即凯瑟琳去世仅寥寥数月之后，一桩最令人惊恐的事件让伦敦和整个世界都为之震惊了。英国的一位王后竟然即将被她的丈夫处死。通奸、乱伦、阴谋和对国王施巫术等指控，都是一位迫切想要男性继承人的君主捏造出来的。这是一种全新的情况，此前还从来没有哪位王后遭到处决。

被判犯有叛国罪的女性本应以火刑处死，可亨利却"仁慈地"赐予她斩首之刑。在火刑柱上烧死王后的场景可能会令许多人反对国王，但斩首之刑出问题的情况却并不罕见。后来处决玛格丽特·波莱（Margaret Pole）和苏格兰女王（Queen of Scots）玛丽的情况就是证据；但安妮后来面对的却不是一柄利斧。她将在一场由国王精心策划、带有一丝曲解骑士精神的表演中，由一位挥舞着利剑的法国人在绿塔[1]上处死。剑刃应该是先后划破了皮肤，刺入肌肉，割断了神经和颈部的动脉。剑刃砍过脊柱时没有遇到任何阻力，轻而易举地直达另一侧的软组织。王后被砍下来的头颅，滚落到了地上。她的心脏会再跳动一两下，使得血液上涌，从她颈部破裂的动脉中喷出，然后开始发生急促的纤颤，继而出现心脏停搏（即她死了）。对于首位遭到处决的王后来说，这是一种快速的结局。

她身首异处的遗体由侍女们归拢起来，安葬到了伦敦塔的圣彼得文丘拉王室礼拜堂（Chapel Royal of St Peter ad Vincula）。据说下葬前，她的遗体曾被放在一个箭柜里。1877年，医学教授弗雷德里克·J. 莫阿特博士（Dr Frederick J. Mouat）仔细检查了人们在修缮礼拜堂时发现的遗骸。修缮工作得到了维多利亚女王的许可，当时那座教堂已经年久失修，脏乱不堪。由于需要合适的地基，所以人们把铺路石撬了起来。他们在铺路石下面发现了遗骸，并将其转移到了教堂的地下室。到了据说葬有安妮·博琳遗体的那座圣坛时，他们决定将找到的遗体放归原处，并且贴上了标签。他们拿开骸骨，对其进行了检查。弗雷德里克博士称，那是一具女性的骸骨，此人年纪在25岁至30岁，身材可能很苗条。他还写道，此人的颅骨表明她有"一个才智超群的额头"。他没有提到此人有第六根手指或者手部畸形的问题，这一点曾被人们强加于安妮身上，作为指控她施行巫术，从而证明处决她是正当之举的部分理由。

---

1 绿塔（Tower Green），伦敦塔前面的一片绿地，曾有7位王室贵族在那里被斩首，其中包括3位王后。

那些骸骨后来都被归拢起来，殓入一个个厚厚的铅制骨灰盒，然后放进了橡木棺材里。棺材上还贴上了金属牌子，牌子上刻有疑似死者的姓名、死亡日期和1877年的重葬日期。它们都被重新放回了圣坛之内。对于这些遗骸以及哪些骸骨属于哪位遭到了斩首的贵人，如今人们一如既往地存有争议。500年过去了，亨利八世的第二任妻子安妮·博琳王后却仍在引起争议。

珍·西摩：殁于1537年

1536年，安妮的首级从伦敦塔的断头台上滚落下来的时候，亨利早已把目光投向了别的地方。在短短的3年里，安妮·博琳就从加冕为后的喜悦中走向了遭到处决的绝境。千日王后安妮被亨利的第三任妻子珍·西摩取代了。珍是又一位从宫廷侍女摇身一变，成了亨利妻子和王后的女性。1537年10月，珍更进一步，达成了亨利八世的夙愿。她生了一个儿子，为都铎王朝诞下了一个王位继承人。

珍的性格温柔且平和，但也以严格和庄重著称。亨利八世砍了前妻脑袋一事的阴影，始终都笼罩在珍的心头。她肯定不敢干涉他的事情，以免他想要故技重施。他的新王后没有举行加冕典礼，因为当时整个王室都在躲避席卷伦敦的那场瘟疫。

珍在分娩时难产，持续了好几个小时。诞下男婴之后，她便病倒了。爱德华出生12天之后，珍便撒手而去，可能是体内留有部分受到了感染的胎盘所致。她有可能是在漫长的分娩过程中，从助产妇那里感染了产褥热。她也有可能是因为上述两种情况中的任何一种而卧病在床，结果因此而得了肺栓塞。我们唯一能够确定的，就是珍·西摩死于分娩并发症。

早在都铎王朝时期以前,人们就已公认产褥热是一种分娩并发症了。希波克拉底和早期的印度教文献中都提到过这种疾病。产后3天左右出现的典型症状就是腹痛和腹胀,加上恶心和呕吐,并且伴有心动过速和气促(即心跳过快和呼吸急促)。如今我们都知道,所谓的产褥热是孕妇在分娩过程中感染了链球菌导致的。这种情况很可能是珍在生产之后仅仅过了数天就死了的原因。

当时甚至有谣言称,珍是王室为了挽救男婴的性命,通过外科手术取出了婴儿而被故意牺牲掉的。这样的谣言在孩子出生一个月之后就出现了,并且一直流传至今。在爱德华出生以来的500年里,声称当时实施了剖腹产手术(Caesarean section)或者声称她是(经亨利首肯)在取出孩子的过程中被人以某种方式杀害了的说法一直都在流行着。多年来,人们都对当时的情况争论不休,而许多历史学家也已驳斥了这些观点,说它们不过是对英国国王亨利的残忍无道进行添油加醋的故事罢了——可他的残忍无道其实并不需要我们去夸大。

艾莉森·威尔(Alison Weir)曾在内科医生的协助下,对珍·西摩的死因进行过调查研究。他们共同得出的结论就是:首先,当时没有实施过任何手术来取出婴儿。其次,他们惊讶地发现,史料记载中根本没有提到过发烧,而发烧在产褥热病例中本应是一种明显且应当加以强调的症状。当时的记载表明,珍是吃了变质的东西,得了腹泻之症。威尔大胆断定,一定是在下床解手的时候,珍的静脉深处的血栓脱落,从而出现了肺栓塞。珍有过缺铁性贫血的病史,她那种显而易见的苍白肤色和喜欢吃富含铁元素的鹌鹑这两个方面就是证据,生产时的出血对此也并无好处;因此威尔认为,珍并不是死于剖腹产或者产褥热,而很有可能是死于食物中毒加上血栓。

直到珍去世数百年之后，才有人针对产褥热提出了一种新的理论。伊格纳兹·塞梅尔维斯（Ignaz Semmelweiss）是19世纪一位在维也纳行医的匈牙利内科医生；此人开始认识到，医生不洗手就从尸体旁赶去给产妇接生，会增加产褥热的发病率。他意识到，医生只要洗洗手，就可以大幅降低这种风险。塞梅尔维斯还遭到过一位专业人士的嘲讽，因为后者不愿意听到有人声称责任可能在于医生的说法。波士顿的奥利弗·温德尔·霍尔姆斯医生（Dr Oliver Wendell Holmes）得出的结论与塞梅尔维斯的观点相同，而他也遭到了其他医生的反对；那些医生认为他们都是绅士，因此不管洗与不洗，他们的手都是干净的。至于塞梅尔维斯，就在细菌理论即将出现之前，他却在一个机构里饱受打击，然后发了疯。

履行了自己的职责之后，王后珍便长眠于温莎的圣乔治礼拜堂了。她的继女玛丽担任丧主，后面跟着一支由其他29名哀悼者组成的送葬队伍；29位哀悼者就代表着珍生前的29年。亨利八世也头一回穿上了黑色的丧服，为这位王后的离世而深感哀痛。

克里维斯的安妮：殁于1557年

克里维斯的安妮是亨利八世那6位妻子中的第4位，可她活得比她们都要长久。她年纪很小的时候就嫁给了亨利，在1557年去世之时，她才41岁。

当亨利八世认为自己无法在跟一个他极不感兴趣的女人为伴的情况下履行国王的职责时，安妮与亨利八世这场非常短暂的政治婚姻就被宣告无效了。对安妮来说，被丈夫称为"佛兰德斯母马"（the Flanders Mare）应该是同样令她提不起兴趣的。与亨利此前几次离婚不一样的是，这次他们友好地分了手，安妮也获赐了一笔收入和几幢宅子。重要的是，安妮离开亨利时脑袋还留在自己的肩膀上。

后来，安妮活着看到了另外两个女人嫁给了亨利，看到了亨利本人驾崩和儿子爱德华的死亡，而她却始终是一位生活安逸的贵妇。在有些人看来，克里维斯的安妮是亨利八世那些妻子当中最成功的一位；然而，他们还认为她是其中最不重要的一位。这一点或许就是很少有人撰述过其死亡情况的原因。她的最后一次公开露面是参加曾经的继女玛丽的加冕典礼，可当时她的身体已经开始不行了。她获准在切尔西老庄园（Chelsea Old Manor）里度过了自己的最后时光，在1557年夏季去世。关于安妮之死，除了她是死于病情恶化之外，人们几乎没有提出过什么死因；她得的很可能是癌症，就像亨利的第一任妻子阿拉贡的凯瑟琳一样。其间，有位历史学家曾经写道，安妮"极有可能死于癌症"；世人对这位曾经的英国王后之死的记述，就仅此而已了。

安妮受到了人们的深情怀念。她是一位慷慨大方的女主人，曾在遗嘱中要求女王玛丽及其妹妹伊丽莎白把她的仆人都雇用到两人的家里去。她与玛丽的关系很友好，因此女王玛丽确保她去世后获得了一场得体的送别仪式。克里维斯的安妮的陵墓位于祭坛南侧，她也是亨利八世唯一安葬在威斯敏斯特大教堂的妻子。就这一次，亨利的一位妻子没有蒙受羞辱。

人们在切尔西老庄园里对安妮的遗体进行了防腐处理，把她放进了一具棺材，身上盖着绣有其族徽的金纱和金布。做弥撒的时候，那里不分昼夜地点着蜡烛，并且一直有人替她守夜，始终没有把她的遗体孤零零地留在那里。一辆敞篷战车把安妮从切尔西送到了查令十字街,接着送到威斯敏斯特大教堂,并在那里停放了一夜,以待第二天吊唁者来参加她的葬礼。

凯瑟琳·霍华德:殁于 1542 年

凯瑟琳·霍华德很年轻。她出生的时候,阿拉贡的凯瑟琳还是亨利八世的妻子,而她的名字甚至也是根据这位前王后取的。十几岁的凯瑟琳引起了亨利的注意,因此在宣布自己与克里维斯的安妮的婚姻无效之后,亨利八世接着就娶了凯瑟琳。到了此时,亨利八世的身材已经变得肥胖臃肿,腿伤也已严重化脓发臭,痛苦不堪;然而,他仍然想要再生一个儿子,来保持都铎王朝血统的完整性。

凯瑟琳是在一个缺乏管束和教育的家庭中长大的。她似乎曾经遭到身边那些人的利用和虐待。在成长的过程中,她不但被身边的女伴和男孩子诱入了歧途,还遭到了音乐教师的欺负。诺福克公爵(Duke of Norfolk)托马斯·霍华德(Thomas Howard)是凯瑟琳的叔叔,他把这位年轻的侄女带到了宫廷,当了克里维斯的安妮的侍女。他已经谋划好了自己的未来。49 岁的亨利八世把大量的礼物与土地赏赐给了 17 岁的凯瑟琳,然后他们很快就结婚了。亨利的心情越来越糟糕,伤口疼得越来越厉害,而他的行为也同样越来越恶化起来。

1541 年,凯瑟琳与一位名叫托马斯·卡尔佩珀(Thomas Culpepper)的年轻男子进行了秘密约会,而在两人这种秘密的婚外情中,王后的侍女们都帮了忙。流言传到了克兰默大主教的耳朵里,克兰默便把证据呈交给了国王。卡尔佩珀和朝臣弗朗西斯·迪勒姆(Francis

Dereham）两人都因与王后有染而被控犯有叛国罪，并且被判处了死刑。迪勒姆遭受了绞死、车裂和肢解之刑，卡尔佩珀则被砍掉了脑袋。

凯瑟琳被控犯有通奸罪。亨利拒绝去见她，并且判了她死刑。这一次没有了带着花哨利剑的法国人，凯瑟琳是被一柄利斧砍掉了脑袋。当时，她还不到 20 岁。行刑之前的那天晚上，她练习过把脑袋搁在垫头木上。第二天，这位王后的脑袋还被举起来向人群示众，她成了亨利八世治下的又一位受害者。

凯瑟琳·帕尔：殁于 1548 年

亨利八世的第六任妻子所嫁的，原本是妻子从不走运的一个男人；可这一次，先去世的却成了亨利八世。凯瑟琳嫁给亨利之前，本身曾两度守寡；亨利八世死后，她又嫁给了托马斯·西摩爵士（Sir Thomas Seymour），也就是亨利第三任妻子的哥哥和新任国王的舅舅。嫁给亨利 6 个月后，她意外怀孕了。在亨利的两位妻子死于癌症、两位妻子遭到处决之后，如今他又有了第二个很可能是死于产褥热的妻子。生下女儿玛丽的几天之后，凯瑟琳·帕尔就因严重感染去世了。

她的遗体经过防腐处理之后，放进了一具铅棺之中，安葬在休德利城堡（Sudeley Castle）中的圣玛丽礼拜堂（St Mary's Chapel）。她的葬礼之所以被人们铭记着，主要是因为那是英格兰、苏格兰或爱尔兰等地第一场用英语而非拉丁语举行的新教徒葬礼。丧主则由简·格雷夫人（Lady Jane Grey）担任。

在都铎王朝的宫廷里度过了引人注目的一生之后，人们并没有让凯瑟琳·帕尔就此安息。休德利城堡在 100 年之后的"内战"（Civil War）

期间曾被查理一世当成大本营,并且遭到过多次围攻,因而沦为了一片废墟。那座礼拜堂里的坟墓都被洗劫一空,墓碑也被毁掉了。1782年,当地的一位绅士约瑟夫·卢卡斯(Joseph Lucas)前去寻找她那座彻底损毁了的坟墓;他在教堂的废墟里挖掘了一番之后,竟然找到了凯瑟琳那具完好无损的铅棺。打开之后,他对自己的发现感到惊愕不已。凯瑟琳的遗体令人难以置信地保存完好,雪白的皮肤在数层裹尸布之下仍然很湿润。而在接下来的那些年里,她的棺材又被人们反复打开,头发和布料等则被拿走去当作纪念品了。

1792年,一帮喝醉了的破坏公物者把她的遗体拽出来,扔到了一堆垃圾上。卢卡斯不得不把她的遗体找回来,偷偷埋到了别的地方。到1817年当地牧师决定重新安葬她的遗骸时,他才发现遗骸已经化成一堆白骨,上面缠绕着生长茂密的常春藤。

第 25 章

爱德华六世：殁于 1553 年

Edward VI

1537年，第三任妻子珍·西摩诞下爱德华之后，亨利八世终于如愿以偿，有了梦寐以求的儿子和王位继承人。由于分娩时难产，珍在爱德华出生之后没几天就去世了。这个小男孩却活了下来。全国上下一片欢腾，宴席不断，其乐融融。当时，在教堂里不断响起的欢快钟声中，他们还听得见彼此说话的声音吗？爱德华就是未来，只是不会长久罢了。

尽管爱德华起初身体强壮，并且接受了有益于王位继承人的教育，可到了少年时期，这位年轻王子的身体似乎却虚弱起来，不再是人人希望看到的那般光景了。尽管父王小心翼翼，不让儿子遇到任何危险的传染病，爱德华还是一次又一次地病倒了。说到传染病，亨利八世很清楚隔离的重要性。他坚持要求每周对各个房间擦洗两次，而任何人前来接触他的儿子时，首先都得进行隔离。凡是感到身体不适的人，都须马上离去。他可不想拿自己的这位宝贝继承人去冒险。

父王躺在巨大的棺材里，野狗舔舐着他滴落的尸水，让国王蒙受着其他任何一个凡人死后的那种屈辱之时，爱德华才9岁。爱德华成了新任国王，可他年纪太小，事实上没有一点儿作用。英格兰再度因为处在毫不稳定的幼王统治之下而变得脆弱不堪了。是其他一些人在代替爱德华做出决策，为首的就是萨默塞特公爵（Duke of Somerset）爱德华·西摩（Edward Seymour）。然而，萨默塞特公爵不太擅长于此道，英格兰各地的形势都变得不是很好了。在这个被迫皈依了新教，而亨利七世积聚起来的财富也一直花在战争之上的国度里，人们日益感到不满起来。萨默塞特公爵没有坚持多久。他很快就被解除了护国公一职，后来还被处死了。诺森伯兰公爵（Duke of Northumberland）达德利（Dudley）站了出来。在这种权力争斗中，幼王的意愿大多没人理会。爱德华虽然觉得自己被人利用了，可他对此却无能为力。

尽管肖像画中的爱德华被描绘得同样强势，双手叉腰，要求获得相同的敬畏，但他长大之后，模样一点儿也不像他的父王。相反，他是一个体弱多病的人；只不过，至少他的态度还是配得上其都铎血统的，因为据史料记载，他的脾气有时特别暴躁。

在此期间，诺森伯兰公爵成功地解决了萨默塞特公爵没能处理好的一些问题。叛乱分子被赶回了老家，一个繁荣的未来似乎即将出现，直到这位国王再度病倒。尽管父王曾经采取各种预防措施，爱德华还是得了麻疹，并在自己的日记中写道，他还得了天花。虽说这两种疾病同时或者相继出现的情况并不罕见,但我们很难想象,这位身体已经因染疬病与麻疹而变得虚弱不堪的小伙子还能挺过天花病毒的大肆袭击。

数个世纪以来,许多医生都已注意到染上麻疹与潜伏的肺结核或者消耗病复发之间的联系。爱德华的病情似乎就是如此。感染病毒之后,他患上了一种令人日渐衰弱的顽固性咳嗽。他变得动不动就很疲惫,体重也下降了。他不断咳出的大量痰液中还带有血丝。由于麻疹的典型症状就是皮疹,因此爱德华的免疫反应也受到了损害。他患上自身免疫性脑脊髓炎的风险和继发性感染的可能性都增加了。众所周知,麻疹病毒会遏制信号分子体外白细胞介素-12的生成,与艾滋病的感染途径相类似。因此,麻疹很可能削弱了爱德华的免疫细胞,使得他体内潜伏着的肺结核再次肆虐起来。

爱德华的头发日渐稀疏和脱落。他的指甲、手指和脚趾也因坏疽而变黑了。这个年轻人不断腐烂的身体散发出恶臭,使得服侍他的人都不敢靠近。他得了溃疡,很可能是久卧在床造成的褥疮。给他服用的药剂可能只是增添了水肿的问题,导致他最终全身肿胀、痛苦不堪地死去。年轻的爱德华与他的祖父一样,遭受了旷日持久的消耗病折磨并最终死去,而他的伯父亚瑟和同父异母的兄弟亨利·菲茨罗伊可能也是如此。1553年7月,他在一位忠诚的仆人,即亨利·西德尼爵士(Sir Henry Sidney)的怀中与世长辞了。

在他死后,医生对他的肺部进行了检查,发现其中有两处巨大的腐烂性溃疡。他腹部的肿胀很可能是结核性腹膜炎导致的腹水或者腹腔积液。史料中对他的心脏情况未加记载;这一点很可能就是人们认为是水肿和结核性心包炎的发病机制导致了他的双腿水肿和"脉搏衰竭"。

第 25 章 爱德华六世：殁于 1553 年

爱德华是在他的父亲为了获得一位男性王位继承人而造成了动荡与混乱之后去世的，享年仅 15 岁。不久之后，动荡不安的局势卷土重来了。诺森伯兰公爵确保了爱德华的王位继承人不是别人，而是他本人的儿媳简·格雷夫人。

第 26 章

简·格雷夫人：殁于 1554 年

Lady Jane Grey

九日女王（实际上在位 13 天）。

对许多人（其中也包括临死的爱德华六世）而言，拥立一位女性来当君主完全是一种令人反感的想法。当时，英国还没有出现过一位真正意义上的女王，而亨利八世也曾竭力要得到婚生的儿子，以此来确保该国不会出现一位女王。他确实留下了一位男性继承人，只是亨利八世没有料想到，他唯一的儿子会这么年轻就去世了。

爱德华六世曾经亲自制订了"继承方案"（Device for Succession），即他对未来的规划；在那份方案中，他曾寻求一位男性继承人（而且应该是新教徒），却始终都求而不得。接下来的 8 名王位继承人全都是

第 26 章　简·格雷夫人：殁于 1554 年

女性。国王的得力助手和实际决策者诺森伯兰公爵明白，自己的机会来了。他本人是不可能登上王位的，因为他没有继承权；不过，假如他让自己那位十几岁的儿子娶了少女简·格雷，也就是亨利八世的妹妹玛丽的外孙女，那么，他的家族就能上台掌权了。关键在于，简·格雷还是一位新教徒。她将是一个完美的傀儡，而他那位原本也没有王位继承权的儿子，很快就有可能戴上王冠了。

1553 年 7 月 6 日，国王觉得身体有恙。这是一种经典的轻描淡写。爱德华的身体已经不行了，这就是他的结局。诺森伯兰公爵过了一段时间才对外公布了这个至关重要的消息，因为他必须先确保自己的儿媳加冕、成为女王，好让玛丽没那么充足的时间来做出反应。他开始了行动，可局势的发展却并没有尽如诺森伯兰公爵的意。亨利八世的女儿玛丽从信奉天主教的藏身之地现身了，宣称王位该由她来继承。毕竟，她既是一位前任国王的女儿，也是刚刚驾崩的爱德华国王同父异母的大姐。

被告知她即将成为女王时，简哭了。她并不想当女王；据称，她还说过一句话："王位理当是玛丽的。"这样的话很可能是玛丽希望她说的。简后来还对玛丽说，她之所以哭，是因为她对自己的表兄，即爱德华国王的去世感到难过。

简被人沿着泰晤士河一路送到了伦敦塔，在隆重盛大的典礼中登上了王位。对此，并不是每个人都感到高兴。简的母亲竟然为女儿提着拖裙，这一点让人们都大感震惊。嗯，确实有点儿古怪。要知道，简的母亲弗朗西丝（Frances）更有权力去继承王位，她还在世；只不过，她没有嫁给诺森伯兰公爵的儿子，因此对于那些追求权力的人来说，她就不如简那么有用了。简的继承权并未得到世人的公认。她被描绘成了一位年轻的傀儡，遭到了身边那些权力狂的背叛；不过，简的身边始终都围着一些坚定的女性，而她本人也做出了一些很有教养的举动。她拒绝丈夫登上王位，说他可以做公爵，但不能当国王。为此，丈夫曾威胁她说他们不会有孩子，所以她也不会有继承人。

简·格雷签下大名成了女王，在位13天（比她获得的那个绰号的"九日"稍久一点儿）。玛丽争取到了支持；许多人看到她即将站稳脚跟之后，便纷纷改旗易帜，投入了她的阵营。玛丽不得不凭借武力来夺取王位——凭借斧头的力量，砍断简的脖子。简被玛丽砍下了脑袋。当然，实际上并不是玛丽**亲手**砍掉的，那样的话场面一定很壮观，而是由玛丽下令，她似乎遗传了父亲那种心狠手辣的性格。

为什么简·格雷没有被绑在火刑柱上烧死呢？我们都知道玛丽一世（Mary I）能力非凡，可简却是因为她的高贵地位才被斩首的。当时，没有召来花哨地挥舞着利剑的法国人去处决简·格雷夫人，她面对的是利斧。哦，她实际上也没有真的**面对**斧头，因为她的眼睛被蒙上了，需要有人帮助才能勉强往前走。"战—逃反应"肯定开始发挥作用了。她的交感神经系统会释放出大量的肾上腺素、去甲肾上腺素和皮质醇等儿茶酚胺。它们会让她心跳加速、呼吸频率加快、瞳孔放大。她的嘴巴会因为唾液流失而发干。随着血液从不必要的活动部位流向核心部位和大脑，消化系统的功能会放缓。葡萄糖会充斥整个身体，准备提供即将到来的时刻可能需要的能量。她的身体正在准备奋起反抗，或者逃之夭夭。然而，简既无法反抗，也无法逃跑；随着斧头落下，随着简的脑袋被砍下，片刻之前还在全力以赴的神经系统之间也切断了彼此的联系。玛丽成了女王。

第 27 章

玛丽一世：殁于 1558 年

Mary I

血腥玛丽（Bloody Mary）。

玛丽·都铎是英国历史上第一位加冕的女王。世人对她及其统治的描述，读上去大多宛如一个恐怖故事，就像她那幅最有名的肖像画一样；老实说，那幅肖像画的确吓人。我们一直都被告知，其中描绘的那个女人是一个无情的杀人犯，凡是用一种略带新教徒的态度来看待她的人，统统都被她烧死了。玛丽清瘦而羸弱，一头红发，皮肤像父亲一样白皙。她的嘴唇呈浅色，鼻梁很低。她的声音洪亮而低沉，目光犀利，因为她从亨利八世那里遗传了严重的近视。玛丽脾气暴躁、固执倔强。她很难取悦，容易发火。可以理解的是，评论人士回顾了她动荡不安的青年时期,并且以此来证明她的急躁脾气有可能对其统治产生了不利影响。当时,她的母亲被赶出了宫廷,而玛丽则被宣布为私生子。在父王去世之前的那些年里,玛丽时而得宠,时而失宠。由于一直被死亡或者终身监禁的危险笼罩着,除非她宣布放弃自己的头衔和权利,所以玛丽可能受到了消极的影响,这一点并不奇怪。

跟父王和同父异母的妹妹伊丽莎白一样,玛丽在1528年感染了天花之后也活了下来,可她的健康问题似乎在青春期前后就开始出现了。她患上了头疼和腹痛之症。她开始经常恶心、呕吐,情绪也很低落。她的月事变得很不规律,这对一个有可能当上女王的女性来说是很严重的问题。她还有一些症状,包括心悸、昏厥和做令人不安的噩梦。18岁时,玛丽病倒了一段时间,头疼、消化不良和厌食症不断加重。当时在一种相当紧张的环境下照料着玛丽的谢尔顿夫人(Lady Shelton),很担心自己会遭到指控,说她给玛丽下毒。唔,这是不足为怪的,因为大家似乎都曾遭到过下毒的指控。没有医生愿意去治疗玛丽,因为他们都害怕成为玛丽死前最后一个为她进行治疗的人。要是去了,他们就极有可能掉脑袋。亨利八世只得把自己的御医巴茨医生(Dr Butts)派了过去。玛丽的身体虽然有所好转,但后来又旧病复发。她应该接受过放血疗法,但这种疗法于事无补,还有可能导致了贫血。另一位16世纪的内科医生则诊断说,玛丽患有他所谓的"子宫窒息症",是禁欲导致的。

珍·西摩下葬不久之后,玛丽需要拔牙。她开始发烧,导致身体虚弱和心悸;有一次她病得很重,人们甚至误以为她已经死了。后来,她的发烧和抑郁一直都没有断根。1551年,玛丽曾经写道:"我的健康状况比任何人都更不稳定。"

第 27 章　玛丽一世：殁于 1558 年

　　玛丽的身体不好是远近皆知的事情。这对她在整个欧洲贵族中的婚姻前景产生了影响；不过，等到她似乎有可能当上女王之后，玛丽突然变成了很有前景的联姻对象。西班牙的腓力（Philip of Spain）出现了；尽管此人不太讨人喜欢，可他们还是在 1554 年结了婚。在温彻斯特大教堂（Winchester Cathedral）举行的婚礼上，威尼斯大使曾经留意到："她的体格并不强壮。"尽管给人留下了这种印象，可不久之后，玛丽就宣布她怀有身孕了。各种征兆看上去都很好，他们甚至公布了她的分娩日期；可到了那天，她却没有诞下孩子。医生们认为，他们一定是算错了日子；他们说继承人很快就会出生，可她还是没有生下婴儿。最后，玛丽隆起的腹部瘪了下去，她的身体也开始好转起来。她出现的是一次假妊娠，即假孕。

　　腓力离她而去，返回了欧洲大陆，玛丽则陷入了抑郁之中，据说是一种时好时坏的抑郁症。那是一段很不幸福的时光。腓力回来之后，她再度宣布怀上了身孕，可结果表明她还是没有怀上孩子之后，腓力又走了。1558 年 10 月，她的病情很严重了。可悲的是，由于没有亲生子女，她不得不同意让伊丽莎白做她的王位继承人。朝廷派人向腓力送信，说这次生病很有可能让他的妻子撒手人寰；1558 年 11 月 17 日，她便去世了。玛丽似乎患上了产科疾病，很可能是卵巢方面的疾病。假孕有可能是卵巢囊肿导致的。囊肿可能已经发展成了恶性的卵巢肿瘤，在英国首位加冕的女王不到 43 岁的时候就夺走了她的性命。

　　V.C. 梅德维博士（Dr V. C. Medvei）和米洛·凯恩斯博士（Dr Milo Keynes）两人在 1987 年和 2000 年都提出了一种推断，认为玛丽患上的是一种垂体内分泌腺肿瘤。脑垂体是一个位于大脑深处的关键腺体，控制着人体的许多功能。这个腺体中的肿瘤有可能导致一些局部和全身性的疾病。它可以局部压迫大脑中的组织结构，导致视觉异常和头疼。它涉及的是全身性的荷尔蒙分泌；在玛丽这个案例中，肿瘤有可能就是分泌催乳素的催乳素瘤。催乳素是一种荷尔蒙，能够导致月经失调（闭经）、不孕不育和乳溢症（即乳房肿胀且分泌乳汁）。这样的肿瘤也有可能导致抑郁症。除了玛丽出现的这些症状，催乳素瘤还可以导致假孕。凯恩斯还根据玛丽那幅独特的肖像画，指出了其中有可能表明她患有相关的甲状腺功能减退内分泌紊乱症的地方——眉毛和头发脱落、脸颊潮红，还有头痛、抑郁和声音低沉等，这些症状都可能是这种类型的肿瘤所致。

有意思的是，研究亨利八世肖像画的人却得出结论说，他可能患有库兴氏综合征；这种疾病是由促肾上腺皮质激素（ACTH）水平异常引起的，而促肾上腺皮质激素水平异常也源自一种脑垂体肿瘤。是不是亨利和玛丽两人都患有一种遗传性疾病呢？多发性内分泌瘤（1型）就是这样一种遗传疾病，会导致内分泌腺瘤。这种疾病很罕见，症状虽因人而异，但可能出现腹痛、焦虑、头疼、视力变化和库兴氏综合征的症状，以及与催乳素瘤相关的产科症状。更简单地说，它有可能是家族性孤立性垂体腺瘤（Familial Isolated Pituitary Ademonas，即FIPA）导致的。异质家族性孤立性垂体腺瘤是一种遗传性的垂体腺肿瘤，会在患者体内产生不同的荷尔蒙。玛丽和她的父王可能患有同一种疾病。

玛丽后来之所以被世人称为"血腥玛丽"，是因为她曾经让身边的人遭受了深重的苦难；但毋庸置疑的是，从小时候起，英国首位加冕的女王自己就饱受折磨了。

玛丽去世的时候，一场流感正在大肆蔓延。它已经夺走了数千人的性命；因此，除了那些慢性疾病，"血腥玛丽"当然也有可能只是死于流感。她驾崩于圣詹姆斯宫（St James's Palace），享年 42 岁。她的遗体停放了 3 个多星期以供人们瞻仰，然后安葬在威斯敏斯特大教堂；如今，她安息于妹妹伊丽莎白的下方，后者则是下一位戴上王冠的人。

第 28 章

伊丽莎白一世：殁于 1603 年

Elizabeth I

青春的面具

与天花的遗毒。

伊丽莎白一世长着一张润白如瓷的脸庞，配上一头颜色最为鲜艳的红发，身穿缀满珠宝的奢华礼服，是英国历史上仅次于其父王的、最具代表性的一位君主。就算是把她放到英国最古怪的统治者当中，伊丽莎白的故事读来也像是一出肥皂剧，完全符合她身上带有的都铎和博琳两族血统。

伊丽莎白是亨利八世与第二任妻子安妮·博琳所生的女儿。1536年，安妮因为被控犯有叛国罪和通奸罪而遭到了处决，脑袋被一把利剑砍了下来；当时，伊丽莎白年仅3岁。关于伊丽莎白真实身世的谣言很早就流传开来了；时至今日，还有许多关于她的更加离谱的流言和诽谤性观点。然而，在她的大众形象中，我们看到的却是一个意志坚强、自信、独立的女王，而她嫁给的则是一个正在日益崛起的英国。

伊丽莎白在长大成人的过程中，并没有指望过自己会成为女王。亨利八世的王位继承人是她同父异母的哥哥爱德华，其次就是同父异母的姐姐玛丽了。爱德华与玛丽都去世之后，伊丽莎白在25岁时成了女王。

在位4年之后，一个关键的时刻到来了：1562年，伊丽莎白女王开始感到身体不适。起初她觉得难以置信：**她**怎么可能生病呢？数天过后，病毒性症状日益加重，她允许一位医生给她做了检查，医生确诊她染上了可怕的天花。随着她的身体变得越来越虚弱，身边的人都开始感到不安。女王能不能挺过这种可怕的疾病呢？天花已经夺走了那么多人的性命。重要的是，究竟谁会继承她的王位，继承者会是一位新教徒还是一位天主教徒呢？

病毒可没有费心去考虑宗教的问题。这种细小的微生物一旦缠上女王，倒计时就开始了。感染表现出来之前，会有一到两个星期的潜伏期。起初，天花病毒会让伊丽莎白感到疲倦、全身乏力，随之而来的就是头部、背上和关节感到疼痛。她的体内会慢慢地开始发烧。到了此时，女王就会具有很强的传染性了。通过咳嗽和打喷嚏，病毒微粒可以猛地喷入空气当中，然后被附近的人吸入体内。那些负责满足她的需求、为她擦拭额头的女仆和侍女都在传染范围之内。玛丽·西德尼夫人（Lady Mary Sidney）也开始感到全身乏力了。或许这仅仅是照料女王时操劳过度导致的疲倦，可疼痛与发烧却表明情况更加险恶。她也染上了那种疾病。

自然，一旦身上出现皮疹，病情就是显而易见的了。首先，患者的口腔和喉咙中的黏膜上会出现小小的粉红色疙瘩。接下来，疙瘩会扩散到胳膊、双腿和全身，手掌和脚底的疙瘩会让人感到剧烈的疼痛。一两天之后，患者身上会出现丘疹；随着丘疹内部产生脓液，它们就会变成脓疱。女王和侍女玛丽·西德尼身上都出现过这些症状。假如脓疱破裂，它们就会渗出散发着恶臭的黄色脓液，其中还会带有粉红色的血丝。任何接触到这种可怕分泌物的人都有感染天花的危险，即便是在处理沾有患者体液的衣物和床单时接触到，也不例外。

并发症有可能让这种可怕的折磨变得更加严重。细菌可以感染伤口，导致继发性感染。肺炎、关节炎和脑炎可能都是感染天花导致的结果，这种感染可以扩散到多个器官。一种不受控制、势不可挡的免疫反应还有可能导致患者死亡。感染天花的患者当中，有3/10都死了。

假如患者的免疫系统开始赢得战斗，带有血丝的脓疱就会变硬结痂。假如身体能够挺过这种攻击，能够抵抗病毒的影响，痂皮就会脱落，留下明显的天花疤痕。伊丽莎白的脸上虽然留下了疤痕，却远远没有侍女玛丽·西德尼那么严重；后者病愈后，已经严重得毁了容。

对于这种可怕传染病带来的影响，身处21世纪的我们并不熟悉。天花是唯一已经彻底根除的人类传染病。这种疾病已知的最后一个自然发生的病例，出现在1977年的索马里（Somalia）。一位名叫阿里·莫·马林（Ali Maow Maalin）的23岁医院厨师，在感染该病之后活了下来。此人根据世界卫生组织（World Health Organisation）工作人员的指示进行了隔离，防止了这种疾病的进一步扩散；当时，该组织正在实施一个根除天花的项目。一年之后，英国伯明翰大学（Birmingham University）的医学摄影师珍妮特·帕克（Janet Parker）染上了这种疾病,而她的妈妈在照料过生病的女儿之后,身上也出现了症状。调查表明,伯明翰大学微生物系的研究人员一直在研究天花样本,珍妮特很可能是吸入了一些泄漏的病毒微粒。母女俩都保住了性命,这种疾病再也没有出现过。

人们宣布天花病毒在人口中已被彻底根除之后,剩下的样本就被送到美国和俄罗斯的实验室里保存了下来。人们不再需要接种疫苗,而我们当中 45 岁以下的人也很可能没有接触过天花疫苗。如今,人们仍然担心天花病毒有可能被用作生化武器,而这也不是天花第一次被如此使用。18 世纪,英国士兵就通过分发感染了天花病毒的毛毯,让美洲原住民(Native Americans)染了病,导致成千上万人死亡。在没有开发出完全成熟的抗病毒药物的情况下,我们全都有可能再次染上这种疾病。

伊丽莎白一世运气很好,挺了过来。朝廷希望她迅速康复的祈祷应验了。不过,与许多的天花幸存者一样,她的身上也留下了罹患这种疾病的疤痕。伊丽莎白一世之所以被世人铭记着,是因为她让英国团结起来,抵御了西班牙国王腓力二世(King Philip Ⅱ)的天主教扩张、击溃了西班牙的无敌舰队(Spanish Armada)、她手下的探险家从新大陆带回了财富,并且她是一位意志坚强、脾气暴烈的女王。然而,形象对她来说就是一切,因此她不准自己的房间里有镜子。她只允许画师在画作中为她绘制控制得极其严格的肖像,并且毁掉了自己不喜欢的所有肖像画。

我们当中的许多人都能看出,她用了独特的化妆品来掩盖脸上的疤痕。虽然威尼斯的铅白化妆术已经被使用了数个世纪,但正是伊丽莎白女王给我们带来了这幅夸张的肖像画,其中人物那白皙的脸庞上盖着一层厚厚的、有如面具般的化妆品。艺术史家罗伊・斯特朗爵士(Sir Roy

Strong）曾用"青春的面具"这一词组，描述这位女王在其统治后期是如何控制自己的形象的。即便是头发已经稀疏、牙齿开始腐化，她也需要在朋友和敌人的眼中显得永远年轻。永葆青春就意味着永葆重要性，意味着获得人们的认真对待。有趣的是，在流行文化中，自斯特朗首次使用这个词组以来，化着越来越厚的小丑妆的伊丽莎白形象日益流行起来了。

用来遮盖她的脸庞、脖颈和胸部的铅白，主要由铅和醋混制而成。就连用来清除这种有害化妆品的卸妆品，也是用有毒的水银制成的。她的嘴唇上使用了含有重金属的红色唇膏，与脸上的纯白化妆品形成了鲜明的对比。她的双眼涂着黑色的眼影（一种用铅和锑制成的粉末），瞳孔则因使用有毒的颠茄滴剂而变大了。她的眉毛修得又细又弯，把旁观者的目光吸引到了她的额头顶部。时尚在变化，但人们不惜一切代价去追求时尚的渴望无疑永不会变。

铅曾经是很多产品中的通用成分。它曾经被磨制成脸部粉底和胭脂、唇膏及颜料，甚至用作葡萄酒的甜味剂。这种具有延展性的产品可以制成盛放食物和饮料的锡镴容器，还曾用于铸造硬币。它无所不在，假如您抹到脸上，它就会随着您去往任何地方。

法国人会打趣地把铅称为"继任粉"，因为铅是一种无形的慢性毒药，可用来干掉我们的敌人。磨制成粉状的化妆品在每天都涂抹到皮肤上之后，铅的作用就是显而易见的了。

铅中毒有可能导致血压升高、肌肉和关节疼痛、记忆力和注意力减退、情绪障碍、头疼、腹痛、贫血、癫痫、流产或者死胎和精子数量减少等症状。好吧，最后一点与我们这位女王无关，尽管人们曾谣传她是一名男子；但对许多人而言，这是一个颇具争议的问题。

在大脑中，铅颗粒会阻碍神经递质的释放，破坏神经突触的形成。神经递质是在神经之间移动，从而在细胞之间传递信息的微小化学物质。突触则是神经之间的连接点，可以利用神经递质传递的化学信号进行交流。假如神经递质的释放为铅颗粒所阻，那么信息就无法畅通传递了。铅不但可以阻止神经递质的释放，还会影响到连接点本身，改变细胞之间的间隙，从而进一步抑制信号的传递。铅对大脑来说就是一种祸患，会扰乱大脑的连接。

数千年来，铅中毒及其对大脑的影响都是一种世人公认的疾病。早在都铎王朝时期的女性纷纷利用粉剂去美化她们的胸部之前，人们就认为铅是古罗马精英阶层患上无数疾病的原因，而铅的毒性也导致了众多古罗马领袖的怪异行为。当时人们甚至还用一个词，即"铅中毒的"（saturnine）来形容一个由于铅中毒而变得性情阴郁、沉默寡言和愤世嫉俗的人。

对伊丽莎白女王来说，有毒的化学物质和皮肤中的水分结合之后，就会形成逐渐侵蚀其脸部细胞的酸性物质。铅、水银和其他毒素经由皮肤吸收进体内以后，会破坏人体内部的细胞。年纪变得越大，她就越是害怕自己变得无足轻重。她需要一层又一层具有破坏性的化妆品来保持自己青春的面具。

其他问题也开始悄然出现了。她的头发开始脱落，她的牙齿开始变黑。腮腺反复出现的感染一定曾让她难以忍受。腮腺位于下颌角的上方、耳道的前面。它们经由腮腺导管将唾液分泌到口腔中。腮腺导管通往脸颊内侧，唾液则会润滑口腔，并且提供咀嚼淀粉之后开始将其分解开来的酶。口腔卫生不佳和脱水可能导致唾液停滞在腮腺导管中，并且将口腔中的细菌带到腺体中。金黄色葡萄球菌（*Staphylococcus aureus*）

和厌氧菌是主要的致病菌。受到感染的腮腺不但会疼痛、发热、变红和肿胀,而且会化脓,导致脓液经由腮腺导管往下渗入口中。当时还没有抗生素来解决气味难闻的问题,因此伊丽莎白一定是满嘴脓液,同时满口都是腐烂的牙齿和牙龈。

这位女王意识到自己的身体快不行了:"我知道自己有着柔弱的女性躯体,可我拥有国王的勇气与毅力。"

1603年,伊丽莎白退居里士满宫静养。她食欲大减,因此变得憔悴不堪。随着朋友和宠臣的死讯一次次传来,她开始变得郁郁寡欢、难以支撑了。侍女们曾把枕头铺在她四周的地板上,因为她奇怪地连续站了几个小时,直到筋疲力尽,双腿再也支撑不住,她便倒在了地上。由于站了数个小时,她变得神志不清,还看到了鬼魂的幻象。对伊丽莎白女王憔悴、萎顿的描述,为人们认为她是患上了癌症的观点提供了依据。癌症很可能是多年的铅中毒和其他化学物质中毒导致的。伊丽莎白不准御医给她做检查,所以具体情况我们就无从得知了。她去世之后也没有接受尸检,因为侍女们不允许。当然,这种情况也助长了人们的怀疑之风,为流言蜚语提供了空间,比如有人说她可能是男人、说她生过一个孩子,或者正好相反,说她由于患有一种不为人知的腹部疾病而不可能生有孩子。她于1603年3月24日去世,享年69岁。

她的前任玛丽一世曾经迫切地希望自己诞下子嗣,好让阿拉贡的凯瑟琳一脉延续下去,可伊丽莎白与她不一样。无论是不是出于自愿,她都没有遵循传统的君主与母性观念。

关于她的统治,世间有过很多的谣言和阴谋论,并且主要是围绕着她不愿意结婚或者不愿为英国诞下一位继承人这点。有过这样一个故事,说一位年轻人出现了,声称他是女王和达德利勋爵(Lord Dudley)

所生的儿子。还有一个"比斯利男孩"（Bisley Boy）的故事，说的是小公主去世时，有人把一个男婴放在小床上调了包。那个男婴承担了女王的角色，一直活到了60多岁。这些观点是受到了描绘都铎王朝的肥皂剧中众多人物滥交、乱伦和离谱生活等戏剧性故事的刺激。伊丽莎白一世有没有可能仅仅是决定她只想嫁给英国呢？或者说，我们需不需要按照自己觉得合适的方式去填补空白，来解释她的不守常规呢？真可谓是语不惊人死不休啊！

至于"贤明女王"（Good Queen Bess）的形象，具有讽刺意味的是，这位女王曾经疑心重重，害怕自己会被敌人毒死，其实却很有可能是因为她的虚荣心及表现得永远年轻的需求而一直在给自己下毒。伊丽莎白既没有子女，也没有弟弟妹妹，是都铎王朝的最后一任君主；斯图亚特王朝（Stewarts）的统治就此开始了，只不过他们的名字很容易让人混淆，分别是英格兰的詹姆斯一世（James Ⅰ of England）和苏格兰的詹姆斯六世（James Ⅵ of Scotland）。

第 29 章

苏格兰女王玛丽：殁于 1587 年

Mary, Queen of Scots

苏格兰女王玛丽生于 1542 年，是苏格兰的詹姆斯五世（James V of Scotland）和玛丽·德·吉斯（Mary de Guise）两人的女儿。玛丽出生仅仅数天，詹姆斯就去世了。多年来，人们都认为他是死于心碎。此前的数位詹姆斯·斯图亚特全都是受伤而死，可这位詹姆斯却是死于一场他根本就没有参加过的战役。一听到手下的军队在索尔威莫斯之战（Battle of Solway Moss）中败给了英格兰军队的消息，詹姆斯就昏倒在地，数天之后归了天。历史学家会告诉您说，他不可能死于心碎，这只是人们对那种让他丧了命的寒冷进行的戏剧化描述而已。然而作为一名医生，我却可以告诉您，一个人是有可能死于心碎的。心碎综合征是一种急性疾病，亦称"章鱼壶"（Takotsubo）心肌症，有时也称为心尖球形综合征；它们反映了这种疾病对心肌的影响，是儿茶酚胺严重攻击心脏导致的。

詹姆斯听到手下军队战败的消息后，体内的肾上腺素、去甲肾上腺素和皮质醇荷尔蒙会突然分泌，涌入他的血液中。他可能感觉到了胸痛和呼吸急促。他可能感觉到了心搏失常。创伤性事件有可能损及心肌，削弱心肌的搏动功能。但情况还不止于此，詹姆斯此前可能早已身体不适。或许，他之所以没有参加作战，就是因为某种疾病而无法参战。他有可能是染上了一种不合时宜的传染病，而他的心碎，再加上一种让人日益衰弱的疾病，可能就是这位苏格兰国王突然驾崩的原因。

詹姆斯于1542年12月14日去世，下葬在荷里路德修道院（Holyrood Abbey），与他的第一任妻子和分别出生于1540年和1541年的两名幼子葬在一起，他们也是突然死亡的。一种神秘的疾病在同一天里夺走了那两个男婴的生命。詹姆斯去世之后，只留下了一个合法的王位继承人，也就是当时才6天大的玛丽。这个女婴便成了苏格兰女王。对玛丽继承英格兰王位至关重要的是，她的祖母即詹姆斯四世（James Ⅳ）的妻子是亨利八世的妹妹玛格丽特·都铎（Margaret Tudor）；而对玛丽的故事同样至关重要的是，她还信奉天主教。

玛丽年仅5岁时就被送到了法国，以便和法国的王太子（Dauphin）长大后，嫁给后者。那位王太子的父亲亨利二世在一场比武事故中受伤，因为脑部感染逐渐加重而死，他便继位，是为法国的弗朗西斯二世（Francis Ⅱ of France）。后来，弗朗西斯本人年仅16岁就因为耳部感染扩散去世了，当时很可能是耳部感染恶化成了脑膜炎。玛丽成了寡妇，而这对夫妇也没有诞下继承人。弗朗西斯的弟弟成了下一任法国国王，玛丽则回到了自己的家乡苏格兰。她在苏格兰再度结了婚，这次嫁给了斯图亚特家的一位堂亲达恩利勋爵（Lord Darnley）。他们生了一个儿子詹姆斯，但就在儿子出生之后不久，达恩利便在一桩离奇的事件中被人杀害了。玛丽离家去参加一场婚礼的时候，达恩利所住的宅子发生了爆炸；虽然躲过了爆炸，可达恩利在逃离爆炸现场的时候却被凶手抓住了，最终显然是被凶手扼死在了花园里。博斯韦尔伯爵（Earl of Bothwell）詹姆斯·赫伯恩（James Hepburn）被控实施了这场暗杀。可接下来颇具争议的是，博斯韦尔伯爵竟然绑架并娶了玛丽，成了她的第三任丈夫。新教徒纷纷揭竿而起，反对他们夫妇，指控他们谋害了达恩利勋爵，并将玛丽监禁了起来。她不得不退位，将王位让给了她的幼子，即从小就是一位新教徒的詹姆斯。

玛丽向她的表亲伊丽莎白一世求助，可她被那位英格兰君主视为一种威胁，因此被后者囚禁了18年之久。英格兰的天主教徒认为玛丽是该国的合法女王，随后有人发现了他们的阴谋，表明玛丽当时正在计划推翻伊丽莎白的统治。后者签署了玛丽的死刑执行令；于是，1586年玛丽便被推到了刽子手的利斧之下。对玛丽来说，当时并没有利剑一挥就人头落地；她的行刑过程也因为过分糟糕而变得非常有名了。在其生命的最后时刻，被人押到福瑟林格（Fotheringhay）大礼堂（Great Hall）的一座绞刑台上之后，她竟然脱下了长袍，露出红色的天主教内衣，以示反抗。刽子手将利斧往下一挥，朝她的脖子砍去，却失了准头。相反，利斧砍中了她的后脑勺。刽子手费了好大的劲，才拔出了血淋淋的斧头。他又砍了一下，但玛丽的脑袋连在一根肌腱上，还是没有砍掉。斧头砍到第3次，玛丽的脑袋才被彻底砍了下来。她的脑袋滚落开去时，刽子手伸手去抓，却只揪到了她戴的假发，露出了下面灰白色的短发。据记载称，脑袋被砍下来之后，玛丽的嘴唇一直在颤动，仿佛想要告诉目击者些什么。

关于斩首之后一个人仍有意识的说法，以及斩首之后意识还能保持多久的问题，此后并没有消失。有人在法国大革命期间进行过实验，当时他们可以随意获得被砍下的头颅。据传，在1793年夏洛蒂·科黛（Charlotte Corday）因刺杀让·保尔·马拉（Jean-Paul Marat）而被斩首时，她的脑袋被刽子手砍中之后，脸曾涨得通红，显得很愤怒；这种传闻进一步助长了此种实验之风。1905年还有人提过这个问题；当时，一位博里埃医生（Dr Beaurieux）觉得，在他朝着遭到处决的罪犯亨利·朗格尔（Henri Languille）被砍下来的头颅大喊了一声之后，那颗头颅对他做出了回应。博里埃坚信，当时朗格尔的目光紧紧地盯着他。假如砍头之后意识还能维持半分钟之久，那么致人死亡的或许就不是将脑袋从躯体上砍下，而是将躯体从脑袋上砍下了。血压下降和流向脑组织的血液量减少才是真正的致死原因。

当时，人们并非仅仅出于兴趣才进行这些实验的。他们想知道的是，用断头台来取代利斧，以便不再发生可能出现的斩首失误，是不是真的属于结束某人性命时最人道的方式。假如利刃落下之后，脑袋仍然保持着长达30秒的意识，那么答案也许就是否定的了。

就在围观者盯着玛丽被砍下来的脑袋和脑袋上颤动的嘴唇时，一阵窸窸窣窣的声音让大家全都停了下来。玛丽的尸体怎么还有动静呢？她的裙子在沙沙作响。她养的那只小狗从长袍下面爬了出来；它一直陪伴着她，直到她的生命终结。

玛丽的遗体经过了防腐处理，她的内脏埋在了福瑟林格，其余部分则被安葬在彼得伯勒大教堂。后来，詹姆斯一世（即苏格兰的詹姆斯六世，James Ⅰ/Ⅵ）将母亲的遗骸迁葬到了威斯敏斯特大教堂；1867年，该教堂的座堂主任牧师在寻找玛丽的儿子詹姆斯那具不知所终的遗体时，发现了她的遗骸。

第30章

詹姆斯一世（六世）：殁于1625年

James I (and VI)

> 基督教世界里最聪明的傻瓜。
>
> ——法国的亨利四世（也许？！）

假如苏格兰的詹姆斯六世（他也是英格兰的詹姆斯一世）如今到医院里去看病，那么医护人员将不得不用担架车推着他的病案来去，因为他身上的病痛实在是多。这一点并没有阻止阴谋论者散布詹姆斯死于中毒的观点，认为他是被原来的宠臣白金汉公爵结果于病榻之上，而他的儿子查理竟然还帮了一点儿忙。很有可能，这是因为当时大家都对白金汉公爵感到不满。

詹姆斯生于1566年6月，他的母亲即苏格兰女王玛丽不久之后就被赶下了王位。由于达恩利勋爵已经被人杀害,詹姆斯没有了父亲,所以他在年仅1岁的时候,就登基成了苏格兰的詹姆斯六世。1603年伊丽莎白女王驾崩之后,苏格兰的詹姆斯六世也成了英格兰的詹姆斯一世。詹姆斯带着王后即丹麦的安妮(Anne of Denmark)南下,登上了王位;他是在两人都14岁的时候娶了安妮。新王室的到来原本应该可以给伊丽莎白统治后期气氛压抑沉闷的英格兰带来一股新鲜空气。但毫不夸张地说,刚刚加冕的詹姆斯一世却是个怪人。

史书中并未把他称为一位伟大的国王,因为他有一个遭人谋杀的父亲、被人斩首的母亲,此前有威名赫赫的伊丽莎白一世,此后他的儿子的统治又很具有戏剧性。相反,人们却牢记着他曾相当严酷地对待过天主教徒和新教徒——事实上,还有介乎二者之间的所有人。在詹姆斯认为有一群女巫想要谋害他之后,他便开始对她们念念不忘了。不论男女,巫师们都遭到了难以形容的折磨,被迫承认他们在詹姆斯带着新婚妻子从丹麦返航的途中曾经下咒,要让他乘坐的船只遭遇暴风雨。

詹姆斯六世兼一世并不是极受人们爱戴的一位君主。事实上,对于这位国王的死,人们甚至很难给出一种一致的解释,很难给出与这个据说语无伦次、口水直流的书呆子,同时也是一个懒惰醉鬼的君主相符的解释。尽管如此,他至少不是天主教徒,而这一点似乎很重要。即便是我们一年一度的"火药阴谋"(Gunpowder Plot)纪念活动,纪念的其实也并不是詹姆斯国王在1605年的爆炸中幸免于难。更确切地说,庆祝活动旨在抒发他抓住和烧死天主教徒的喜悦之情。我们不禁会想,假如当时是另一位君主的性命获救,我们就有可能看到世人的更多解释了。

虽然古怪,但詹姆斯确实有一颗勤于思考的脑袋。他受过良好的教育,笔耕不辍,发表过作品,并且像哲学家那样善于思辨。詹姆斯撰文论述过恶魔、狼人和吸血鬼,以及根据基督教律法应当全都灭除它们的方法。他命人编写了詹姆斯国王版的《圣经》(这是一项不可小觑的遗产),并且因为讨厌烟草而亲自撰写了一份反对吸烟的小册子。有一次,他决定看一看独角兽的角磨成粉末之后是一种解毒药的说法是否属实。他在一名仆人身上验证自己的想法,先后让他服下毒药和独角兽角粉(是用独角鲸的角磨制而成的,有人把它当成独角兽的角卖给了他)。不出所料,那位仆人死了。

多年以来,历史学家大多已经根据他们自己或者整个社会对同性恋所持的观点,改变了对詹姆斯的看法。虽然关于他跟"宠臣们"厮混的谣言不绝于耳,但史料中经常提到的,却是他与萨默塞特伯爵罗伯特·卡雷(Robert Care),尤其是与白金汉公爵乔治·维利尔斯(George Villiers)公开示爱的情况。政治和宗教信仰加上朴素的古老偏见,会让世人对有关詹姆斯的许多评价都难以理解;要知道,鸡奸的指控通常都是用于诋毁敌人的。他的性取向曾被用作对付他的武器。

詹姆斯不愿出席葬礼,因为他极其讨厌葬礼。连亲生儿子兼王位继承人亨利·腓特烈(Henry Frederick)死后,他也没有参加其葬礼,而是派了12岁的次子兼新晋的威尔士亲王查理前去当丧主。他没有看到这样的场景:一位赤身裸体的男子在吊唁者之间跳来跳去,声称是死去的那个男孩的鬼魂。詹姆斯唯一没法不去参加的葬礼就是他自己的葬礼了。

1625年,詹姆斯国王死于一种老年人常见的疾病,即肺炎。情况很有可能是,他曾患有肺结核,导致他的身体在死前的数年里早已衰弱不堪了。然而,他患有多种疾病,其中的任何一种都有可能要了他的命。

第 30 章 詹姆斯一世（六世）：殁于 1625 年

小的时候，詹姆斯的奶妈喜欢酗酒，还被指控用劣质牛奶喂养他，导致他在 6 岁之前都走不了路。他染上过天花和麻疹，还有经常发作的腹绞痛和腹泻。他患有肾绞痛，还经常排出结石（即坚硬的石头）。他曾深受双腿肿胀、瘦弱的双脚疼痛且肿胀以及大腿疼痛的困扰。他患有痔疮，经常拉血，皮肤又薄又脆弱，经常瘙痒。

说到诊断英国斯图亚特王朝历任君主（查理一世除外）的死因，当时的人为他们提供的所有药物和治疗方法都让情况变得扑朔迷离了。从他们服用的各种合剂，到放血、拔罐、发疱、剃头和使用烧红的烙铁来看，谁又知道他们究竟死于什么原因，或许是不是死于御医们的过度治疗呢？

詹姆斯一世可能患有肺痨。对他蓬头垢面、日渐消瘦、指甲变黑和头发脱落的描述，都会让人想到爱德华六世临终之时的模样。詹姆斯身上还出现过中风和严重的脱水性腹泻症状。他常流口水，嘴里的舌头太大，所以语无伦次。他曾反复发烧和抽搐。他患有肾炎和关节炎。西奥多·德·梅耶纳爵士（Sir Theodore de Mayerne）曾记载说，詹姆斯一世的右胁腺（位于腋窝）肿大，患有鹰嘴滑囊炎（位于肘部），锁骨以前骨折过。还有人提出，詹姆斯一世患有早衰之症。他染上过间日疟；那是一种疟疾，似乎就是这种疾病让他走到了生命的尽头。御医们给他开了各种各样的洗剂与饮剂，却都无济于事。白金汉公爵试图帮忙，亲自调制出了一种合剂，可国王的健康状况还是每况愈下。假如你们当中有人对他后来遭到指控、说他下毒谋害了詹姆斯一世感到惊讶的话，不妨举手示意。

由于詹姆斯患有如此之多的旧疾，身体多年来也明显一日不如一日，因此指控白金汉公爵想要杀死国王的说法，确实似乎有点儿牵强。

但要注意的是，谁也不知道那些合剂里究竟有些什么东西。无疑，詹姆斯一世也有可能是死于医疗干预，丧命于无心之失。

一位检查过遗体的人声称，詹姆斯一世的一个肾脏很小且已萎缩，另一个肾脏里却长满了结石。他的脑袋里"脑髓充盈，血液则染有忧郁之质"。2012年《精神医学史》(History of Psychiatry)杂志上发表的一篇研究论文给出了另一种观点。研究人员把描述的症状输入到一个诊断程序中，得出了一些很有意思的结果。首先，程序中没有提到卟啉症；这种病症是常被用于解释詹姆斯的后代乔治三世患有疯病的适当原因。程序还提出了一种叫作"衰减性莱施—奈恩病"(Attenuated Lesh-Nyham disease)的疾病；这是一种罕见的遗传病，只会感染男性，导致尿酸积聚。患者身上不但有神经和行为异常的症状，体内还会形成大量的肾结石和膀胱结石。诊断程序还表明患者身上具有阿斯伯格综合征(Asperger's)的一些特点。或许，詹姆斯并不是天生令人厌恶的顽固、懦弱或者无情，而是因为他患有某种疾病。由于从小就患有各种疾病，因此他变成这个样子并不难。

伊尼戈·琼斯(Inigo Jones)为这位国王设计建造了一座宴会厅，詹姆斯一世曾在其中款待宾客，并且举行过触摸患者来治疗"王触病"的仪式；此人奉命完成的最后一项任务，就是设计詹姆斯的灵车及其装饰。尽管国王不喜欢人多，但当局还是向街道上成千上万的哀悼者分发了黑色的丧服。众所周知，任何人若是盯着詹姆斯看得稍微久了一点而惹他不快的话，他就会对着那人大声喊叫和咒骂。所以，他应该是不会喜欢自己的送葬队伍的。

按照习俗，他是天黑之后才下葬于威斯敏斯特教堂。他被安葬在一座坟墓里，几乎被世人遗忘了。有一段时间，根本就没人知道他究竟安葬在哪里。19世纪，那座教堂的主任牧师打开亨利七世的陵墓看了看，发现其中除了亨利七世和约克的伊丽莎白两人的棺椁，还多了一具棺材。棺材上刻有17世纪的涂鸦之语，写着"约翰·瓦尔（John Ware）与E. C. 到此一探"的字样，时间则是1645年。他发现，詹姆斯的遗体竟然与亨利、伊丽莎白两人塞在一起。或许，他们之所以合葬于一处，是为了比较一下各自患有致命肺痨的故事吧。

第 31 章

查理一世：殁于 1649 年

Charles I

查理一世是英格兰唯一加冕后遭到了处决的君主。假如这话预先透露了他的结局，那就真是抱歉了。1649 年 1 月，在经历了一场漫长而代价巨大的内战之后，他被砍下了脑袋。这场关于国王权力、国家财富和宗教的纷争意义深远，史称"英国内战"（English Civil War）。由于涉及了爱尔兰和苏格兰，所以也有人称之为"三国之战"（Wars of the Three Kingdoms），听起来就像网飞公司（Netflix）拍摄的一部传奇大剧。那位国王被砍下了脑袋，导致英格兰在长达 10 年的时间里都没有了君主。

查理是英格兰的詹姆斯一世（兼苏格兰的詹姆斯六世）的次子。他的大块头哥哥亨利·腓特烈是长子和法定的王位继承人，只不过英格兰确实经常失去身为长子的王位继承人。亨利本是一位广受欢迎的年轻人,而他当上君主的前景也曾一片大好。他在苏格兰长大,在斯特林城堡里度过了大部分时光。1612 年,他来到伦敦,准备参加妹妹伊丽莎白即将举行的婚礼,其间却病倒了。1612 年 11 月,他因感染伤寒而死,当时年仅 18 岁。

伤寒是由伤寒沙门氏菌(Salmonella typhi)导致的食物中毒型肠道传染病。由于王子发烧病倒,伦敦城里的庆祝活动也只得突然停止。他的高烧一定是一天比一天严重。他应该埋怨过头疼、关节痛和全身极度疲惫。腹部的疼痛可能还伴有严重的腹泻症状。医生们试过了斯图亚特王朝时期的各种疗法,包括放血、拔罐、破皮和剃头,却都无济于事。斯图亚特王朝时期的尸体模样看上去一定相当少见。

人们把亨利的遗体葬入墓穴时,一个赤身裸体的男子开始在哀悼者之间跑来跑去,大声说他是小亨利王子的鬼魂。与此同时,亨利的弟弟查理也开始感到身体不适;由于父王拒绝参加葬礼,查理便担任了亨利葬礼的丧主。不同于哥哥的是,查理在病中挺了过来,后来还当上了国王;这位国王将给世人留下相当深刻的印象,只不过与他那位古怪的父王大不相同。查理面临的一些问题是从他的父王在位期间就逐渐出现的。他要求议会承认他是天命之主,可后者拒绝在没有发言权的情况下由一个人去实施统治。于是,查理一世的支持者和那些想要在统治事务上有更多发言权的人之间爆发了激烈的较量。斗争让国家变得四分五裂了。最终议员们占据了上风,俘虏了查理,对他进行了审判。

查理一世坐在威斯敏斯特大厅里饰有深红色衬布的椅子上,面对着那些对他提出指控的人。国王想要人们聆听他讲话,便用手杖轻轻地捅了捅首席检察官约翰·库克(John Cook)的肩膀;可手杖的银制杖头掉了下来，滚到了地板上。假如有人想要一种预示着即将发生的事情的兆头，那么杖头掉落无疑就是。这位国王被判犯有叛国罪。

> 鉴于英格兰国王查理·斯图亚特已被判处犯有叛国之大罪与其他罪行，本庭宣布判处其死刑，以斩首之刑处决……

1649年1月30日破晓时分，查理已经做好了清晨赴死的准备，可他不得不等着。即将处决他的人都认识到，一旦国王的脑袋滚落在地，支持这位君主的人就会拥立他的儿子查理为新国王。必须斩杀的是君主制，而不仅仅是这一位国王。议会需要从速制定一项法律，来废除君主制。最终，到了下午，查理一世才被押到了垫头木旁。他要求穿上两件衬衣，因为那是1月份一个寒冷的日子，他不想让喧嚣的民众把他的颤抖理解为害怕。然而，衬衣并不能让他克服多少肾上腺素刺激出来的颤抖。

为他的父王詹姆斯精心修建的那座宴会厅外，一座断头台在等待着他。当查理走向这个熟悉之处的那个让他感到如此陌生的垫头木时，他注意到垫头木很矮，便要求把它垫高。行刑者说不行。他在这些人面前，已经不再有任何权威了。理查·布兰登（Richard Brandon）是一位经验丰富的刽子手，他手持一把磨得极其锋利的斧子，等着砍断国王的脖子。布兰登很清楚，矮矮的垫头木会让他砍头时更加利索。将垫头木抬高，会有利斧失去准头、砍中脸部的风险。布兰登不想搞砸这位国王的行刑。值得注意的是，行刑者遮住了脸，还戴着假发和假胡子，因此不能确定当时挥起利斧的刽子手就是布兰登。鉴于杀死一位国王事关重大，因此我们不知道面具后面的行刑者究竟是谁，也就不足为怪了。行刑过程极其干净利落、手法极其娴熟,确实说明行刑者应该是布兰登;此人砍掉过其他一些著名保王党人的脑袋,据说还对自己使用利斧这件武器的技艺深感自豪。

下午两点钟,查理躺到了垫头木上,伸出双臂向刽子手示意他已经准备好了,于是利斧一挥,他的脑袋就与身体分了家。在干净利落的一击之下,他的脑袋滚落下来,英格兰宣布成了一个联邦制国家。他的遗体被送走,脑袋则缝了回去。虽说这多半不会让他的感觉好很多,但它属于这场展示的一部分。当然,他的墓穴在数个世纪之后被打开时,遗体上并没有明显的缝合痕迹了。然而,其中留有利斧的证据。有明显的迹象表明,他的脑袋从身体上砍下来过,颈椎上也有斧斫的痕迹。

查理一世遗体的身份确定之所以引起了轩然大波,是因为他的遗骸并没有存放在原定的地方。他的尸体重新缝合起来之后,起初送到了温莎;可抵达后,人们却认为给他挖的墓穴太浅了。于是,他被下葬到了亨利八世与珍·西摩两人安息的那座临时王室陵墓里。如今他们仍然长眠于那里,安息在同一个地方。

1813年,人们在温莎施工的时候,发现了蜡制裹尸布里查理一世那具裹得严严实实的遗骸。虽然骸骨上留下的东西不多了,但仍有一些东西足以让遗骸看上去像是一些旧画作上的查理,他甚至还留着尖尖的小胡子。确认了他的身份让大家都觉得很高兴,然后他们把遗骸放了回去,但并没有把全部遗骸重新下葬。王室御医亨利·哈尔福德爵士(Sir Henry Halford)拿走了这位国王的第四节颈椎,即带有利斧痕迹的那根颈骨,把它作为纪念品放进口袋里,带回了家中。他没有把它藏起来,因为他显然认为自己没有做什么不妥的事情。相反,他曾在晚宴上把这件用王室成员颈骨做成的小饰品传给大家看,还把它当成盐瓶用。后来，维多利亚女王听说了哈尔福德爵士在晚宴上的这种可怕之举，坚持要把那根颈骨归还给查理一世，放回圣乔治礼拜堂的陵墓穴中去。

有人可能会说，利斧简单地一挥，查理一世便轻而易举地获得了解脱。可对那些密谋砍下了他的脑袋的人，却有糟糕得多的命运在等待着他们。在奥利弗·克伦威尔（Oliver Cromwell）领导的10年议会统治过后，查理的儿子（也叫查理）登上王位，成了查理二世。1660年君主制度复辟，意味着王室开始复仇了。查理二世迅速开始清算那些谋害了他的父亲的人。弑君者一个接一个地被缉捕归案，然后被处以绞刑、车裂和肢解之刑。这是数百年来对叛国者实施的惩罚。叛国者会被勒住脖子吊起来，但不会把他们彻底绞死。然后，他们会被砍死，并被开膛破肚。他们的睾丸会被切掉，扔进火里。他们的内脏会被当着他们的面烧掉；考虑到内脏往往湿乎乎的，并且扭结在一起，因此可能并不那么容易烧掉。他们的心脏会被从体内掏出来。接下来，人们会用利斧砍下他们的脑袋，余下的躯干则被分成四份。他们的四肢会被丢进万人坑里，永远都不知所终，头颅则会被插在尖木上，让所有人都看得到。绞死、车裂和肢解都是某个居心叵测的人想出的主意。

奥利弗·克伦威尔虽然早已不在人世，却也没有逃脱查理二世的报复。

第 32 章

奥利弗·克伦威尔：殁于1658年（复殁于1661年）

Oliver Cromwell

1661年1月30日，就在国王查理一世被处死的第12个周年纪念日这天，泰伯恩刑场（Tyburn）的绞刑架上吊起了3具戴着枷锁的尸体。那3个人原本早已去世，并且已经下葬。此时，在这个寒冷刺骨的冬日里，他们的尸体却被人从安息之地挖出来，然后吊着示众了。蜡制裹尸布里裹着的就是约翰·布拉德肖（John Bradshaw）、亨利·伊雷顿（Henry Ireton）和前护国公奥利弗·克伦威尔3人的遗体。这几个人都是弑君者，也就是杀害国王的人。到了日落时分，这3个已故之人全都在死后的公开处决中遭到了斩首。尽管克伦威尔去世已久，刽子手还是用利斧砍了8次，才将他的脑袋砍下来。他的遗骸被丢弃，胡乱扔进了公地上的坑里。布拉德肖之妻的遗体也被人们从威斯敏斯特大教堂的坟墓中掘了出来,与其丈夫残留的骸骨一起丢进了一个坑里。还有一些议员曾厚着脸皮安葬在这座由历代国王所建的大教堂里,他们的遗体也全都被挖了出来,一起弃于威斯敏斯特的圣玛格丽特教堂(St Margaret's)。

叛徒们被砍下来的头颅,都挂在威斯敏斯特大厅上方有 20 英尺高的长矛上,俯瞰着他们当时审判查理一世的地方。这些令人毛骨悚然的干尸在原地示众了多年,被乌鸦啄食,是对任何一个想与新任国王查理二世作对的人的一种严厉警告。日记作家塞缪尔·佩皮斯(Samuel Pepys)曾在当年的 2 月 5 日提到,他看到了挂在那里示众的头颅;它们既成了一个吸引游客前去的景点,也是一种针对反王室情绪的警告。弑君者的头颅挂在长矛上,寒来暑往、日晒雨淋,直到一场暴风雨将长矛吹折;此时,克伦威尔的脑袋早已成了长矛上一件腐坏的装饰品。他的头颅掉到地上,据说一位守卫迅速把它捡了起来,藏到了自己的外套下面。他偷偷地把头颅带回家中,竟然把它藏在了烟囱里。我们很难想象,有人在隆冬时节竟然会把东西藏在自家的烟囱里。假如有人在烟囱下面生火,那我们的故事就真的灰飞烟灭了。

处死国王查理一世之后,奥利弗·克伦威尔便成了英联邦(English Commonwealth)的护国公和统治者。1658 年 9 月,他死于疟疾导致的肾病并发症,很可能还有败血症。他拒绝服用奎宁来进行治疗,理由竟然是这种被称为"金鸡纳树皮"(Jesuit's bark)的药物是天主教徒发现的。克伦威尔去世的那天晚上,一场巨大的暴风雨席卷了英格兰,造成了严重的破坏。空气中再度弥漫着变革的气息。

既然我们讨论的是英格兰和苏格兰的历代国王与女王之死,为什么还要把奥利弗·克伦威尔挖出来呢?虽然没有加冕,可他当时实际上就是国王。有人甚至提出授予他"国王"的称号；可身穿紫色晨衣、住在诸多宫殿中的一座的他却认为，自己根本不想要这个称号。他拥有不受限制的权力，死后的待遇则与他曾经奋力推翻的王室无异。他甚至把"护国公"的位子传给了儿子。他的葬礼是在威斯敏斯特大教堂举行的，然后下葬于萨默塞特宫里。他的遗体经过了防腐处理，用裹尸布包裹起来，封入铅棺之中，然后再放进一具木棺材里。这一切都让人觉得不是特别符合清教徒的风格，可此时的克伦威尔已经不再有发言权。人们还为这个不是国王的人制作了一尊紫金相间、披着天鹅绒和貂皮的奢华雕像。

当时，人们还以詹姆斯一世的葬礼为蓝本，精心组织了一场穿过伦敦城的出殡游行。6 匹披着羽饰的骏马拉着一辆马车，穿行于街道之上。其实，克伦威尔的遗体早在两周之前就已下葬。他的遗体已经开始发臭，在举行那场盛大的出殡仪式之前就需要被处理掉。没人想再冒一次像"征服者"威廉的遗体爆裂那样的风险。

克伦威尔的儿子理查曾被许多人称为"摇摇欲坠的笨蛋"（Tumbledown Dick），他与父亲不大一样。他没有掌控父亲握有的那种权力，后来不得不辞去了"护国公"一职。人们开始要求已故国王的儿子归来，复辟君主制度。此人就是查理二世，他向杀害其父王的人展开了复仇。

1661 年 1 月，人们费了一些时间才将克伦威尔的尸体挖了出来。当时，他被安葬在威斯敏斯特大教堂的亨利七世圣母堂（Henry Ⅶ Lady Chapel）中间过道的墙壁里。从墙壁里挖出来之后，他的遗体便由侍卫长（Serjeant-at-Arms）詹姆斯·诺福克（James Norfolk）送到了霍尔本（Holborn）的红狮酒馆（Red Lion Inn）。那家酒馆应该不可能是为克伦威尔修建的，因为克伦威尔太过禁欲，根本不会去那里喝酒。至于诺福克，他却很有可能在挖出克伦威尔的遗体之后，到那里喝了一杯烈酒。他还搬走了一块镀铜的棺材板；2014年拍卖时，那块棺材板拍得了7.45万英镑。它是被克伦威尔的一位仰慕者拍走了，还是被一位敌视他的人买走了呢？如今，这两个阵营里的人都很多。

很多敌人应该都会乐于把奥利弗·克伦威尔的脑袋当成足球来踢。在他的头颅被盗之后的300年里，他们就有了这样的机会。1710年，它出现在一位拥有法国和瑞士背景、名叫克劳迪乌斯·杜·普伊（Claudius Du Puy）的古玩收藏家手中，此人在伦敦开有一家博物馆。杜·普伊声称他可以出售那颗头颅，价格是60个几尼[1]。接下来，它便落入了一位名叫塞缪尔·罗素（Samuel Russell）的喜剧演员手中。此人喜欢在各种聚会上让人们传看这颗头颅。随后，金匠詹姆士·考克斯（James Cox）从罗素手中得到了这颗头颅，后者用它偿还了一笔债务。考克斯又把头颅卖给了三兄弟，后者以为他们把这颗头颅进行展出就可以赚上一大笔。可他们错了。人们都不为所动。有意思的是，这三兄弟不久之后就分别遭遇事故，全都突如其来地死了。于是，人们便开始把这颗头颅视为一种诅咒。

接下来，外科医生乔赛亚·亨利·威尔金森（Josiah Henry Wilkinson）又以最完美——或最血腥（或者兼而有之）——的方式展出了这颗头颅。皮尔森（Pearson）和莫兰特（Morante）两位研究人员仔细研究了头颅，然后"靠得住"地声称（也就是说"有可能"），那就是

---

[1] 几尼（Guinea），英国旧时的金币或者货币单位，价值21个先令（shilling），约合现在的1.05英镑。如今英国的有些价格（如马匹买卖时）仍用"几尼"计算。

奥利弗·克伦威尔的脑袋。但是，并非所有人都这样认为。托马斯·卡莱尔（Thomas Carlyle）曾称这种观点是"带有欺骗性的胡说"。有些人甚至怀疑，1661年在泰伯恩刑场示众的究竟是不是克伦威尔的遗体。对克伦威尔的埋葬地点之所以有不同的说法，很可能是为了不让支持保王派的人去亵渎他的坟墓。那颗头颅在威尔金森家族中保存了300年之久，直到1960年才最终再度葬入了一座坟墓。这一次是被安葬在剑桥的西德尼苏克塞斯学院（Sidney Sussex College）里，奥利弗·克伦威尔曾是该校的学生。至于确切的埋葬地点，如今仍属秘密。奥利弗·克伦威尔也许是因为砍下了一位国王的脑袋而被世人所铭记，但他自己那颗头颅的故事也同样久远地流传了下来。

威斯敏斯特大教堂里被清理一空的克伦威尔陵墓，后来被用作了查理二世那些私生子女的墓地。克伦威尔的遗体大概会在他后来安息的公共墓坑里辗转难安吧。

第 33 章

查理二世：殁于 1685 年

Charles II

> 快乐的君主，可耻而贫穷。
>
> ——第二任罗彻斯特伯爵（2nd Earl of Rochester）约翰·威尔莫特（John Willmot）对查理二世的讽刺

查理二世生于 1630 年，是遭到斩首的查理一世及其王后亨丽埃塔·玛丽亚（Henrietta Maria）两人的儿子。由于奥利弗·克伦威尔（暂时）进了坟墓，而这位护国公的儿子几乎一无是处，因此随着喜欢玩乐的查理·斯图亚特带来了他那种生性快活的愉悦，君主制度在英国复辟了。他与查理一世、奥利弗·克伦威尔等严肃且虔诚的人物大不一样。感觉就像是查理二世重新把色彩带回了英国。要知道，查理二世的确说过："上帝绝对不会因为一个人允许自己享受一点快乐而去诅咒他。"人们都很喜欢查理王子（Prince Charles）也就不足为奇了。年轻时的查理，迷人、优雅、自律且讨人喜欢。他后来一直如此，连临终之时也不例外：他竟然在病榻之上坐起身来，为自己那么久还不死而道歉。

1649 年 1 月，也就是在父王遭到处决、英格兰不再承认君主制度的时候，查理已有 18 岁。他向当局乞求饶他父亲一命，可他们全都置若罔闻。爱尔兰和苏格兰两地都正式宣布小查理为国王，可英格兰没有。他虽然在苏格兰的司康（Scone）被拥立为王，但他必须答应某些条件，主要就是承认"长老派"（Presbyterianism）。他接着召集了一批质疑新政权的追随者，可他手下的军队在伍斯特惨败，查理只得落荒而逃。他装扮成一名工人，甚至乔装干过苦力。在这片绿意盎然、景色宜人的土地上，没有哪一棵橡树会声称它们没有藏匿过这位王子。如今"皇家橡树"（Royal Oak）成了英国最常见的酒吧名称之一，就是在向"圆颅党"[1]军队前来搜捕时查理紧紧抓住树枝藏身的那棵橡树致敬。当局曾悬赏 1 000 英镑，奖励供出这位王子的人。凡是帮助他的人，则会被处以斩首之刑。

6 个星期之后，他终于逃到了法国。查理当时非常沮丧。他身无分文，漂泊于法国各地，几乎没有什么希望可言。他躺在妓院里，想着英国，以此来安慰自己。他在政治上一直保持着敏锐的洞察力；幸好如此，因为 1660 年，英国找上门来了。日记作家塞缪尔·佩皮斯曾描述

---

[1] 圆颅党（Roundhead），17 世纪中叶英国议会中的一个知名党派，其成员都是清教徒，他们会把头发理短，外貌上与当时的权贵大不相同，因头顶很圆而得此名。

过查理加冕典礼的情况,说他和其他的许多人都畅饮了**很多**酒。佩皮斯尽情狂欢,以至于第二天醒来时,发现满身都是自己的呕吐物。

我们如今之所以铭记着这位令人愉快的君主,是因为在多年的清教理想化生活之后,他重新给英国带来了欢乐;不过,他带回来的并非全都是聚会、放纵和快乐的呕吐。1665 年暴发了瘟疫,导致数万人丧生。查理避到了牛津,在那里举行了更多的欢宴活动。接下来是英荷战争,然后又是 1666 年的 "伦敦大火"(Great Fire of London)。查理和弟弟詹姆斯两人确保让世人看到了他们在发挥应有的作用,并且很好地摆脱了那种可怕的局面。圣公会教徒[1] 和天主教徒之间的宗教形势仍然很紧张,同时还有一些自其父王在位以来始终都没有得到解决的外交政策问题。在文化繁荣的背后,查理二世采取的许多良好举措,都是凭借他与法国及路易十四世的关系交换得来的。

当时,天主教让许多人都感到担忧。约克公爵詹姆斯正在公开以天主教徒的身份到处走动。让许多人感到气恼的是,他还是王位继承人。查理与妻子布拉甘扎的凯瑟琳(Catherine of Braganza)没有诞下婚生子女,但他生有许多的私生子,有众多霸道剽悍、数都数不过来的情妇;只不过,这一点无助于解决王位继承的问题。议员们曾经试图阻挠任何一种涉及詹姆斯的王位继承方案。查理制止了他们。17 世纪 70 年代那宗虚假的 "天主教阴谋案"(Popish Plot),是由一个名叫泰特斯·奥茨(Titus Oates)的人编造出来的。此人声称,天主教徒密谋要刺杀国王。许多人都因此案丢掉了性命,可詹姆斯依然是王位继承人。

查理的纵情享乐和众多情妇让他付出了代价,他在 1685 年病倒了。

---

1 圣公会教徒(Anglicans),即英国国教教徒。

他的一条腿上长了一个疼痛不堪的溃疡，但溃疡很可能是由痛风这种极为痛苦的疾病继发而来的。这种情况完全是一生纵欲无度导致的结果。脚跟长疮使得他无法再带着猎犬去进行他很喜欢的散步了。他在1月的一天驾着马车外出，然后上床休息，但睡得并不安稳。第二天清早他去进行晨浴，可当步履蹒跚地走出卧室时，他的模样却十分可怕，脸色惨白。理发师准备给他刮胡子时，国王突然陷入了剧烈而骇人的痉挛，发出了一声"可怕的尖叫"。埃德蒙·金爵士（Sir Edmund King）犹豫了一会儿，才采取措施。当时，未经主要大臣们的同意，御医是不得为国王实施放血疗法的，否则将被处以死刑。但是，由于国王此时抽搐得极其厉害，大家都认为这是紧急情况，所以御医们才拿起了手术刀。他从国王的血管中抽取了1品脱[1]的血液，这是这位国王接受的多次放血疗法中的首次。他们强行分开了查理的上下颌，以防他在抽搐时咬到自己的舌头。我们不希望在错误的部位给他放血，对吧？

当时，人们认为体内有4种体液：血液、痰液、黑胆汁和黄胆汁。体液与季节、性格类型和星象有关，它们的平衡被打破之后，身体就会生病。这种理论起源于古希腊，由古罗马医生盖伦（Galen）加以发展，他认为体液的失衡可以通过一种相反的疗法来加以纠正。查理二世接受的治疗全都旨在平衡其体液，因为必定是他的体液失去了平衡，才导致了如此严重的病情。

御医们开了一些旨在让查理二世打喷嚏的药物。他们在他的脚底敷上了一些用有毒物质制成的膏药。他们给他拔罐、破皮，用烧红的烙铁灼他的皮肤，还给他服用了多种实验性的合剂。御医们用过斑蝥酊，那

---

[1] 品脱（pint），英制容量单位，1品脱约合0.568升（在美国约合0.473升）。

是一种从碾碎的甲虫中提取的化学物质，能够诱发水疱。斑蝥会分泌出一种无味无色的脂肪性分泌物，是一种具有刺激性的发疱剂（即导致水疱），御医们把这种分泌物抹在中风昏厥、奄奄一息的国王的皮肤上。斑蝥酊在传统上被用作牲畜的性兴奋剂，是喂给牛吃的，它们以尿液的方式排出体外时，就会刺激尿道。较大剂量的斑蝥酊可能对人体有毒。公平地说，中毒通常只见于自我实验出错的情况下。但您可不要在家里尝试这种东西，因为阴茎异常持续勃起并不好玩。

国王的身体看上去一定很吓人，但那帮顶级御医试过了他们能够想到的一切办法。在查理二世临终时，其床边有8位目击者，他们都记载了当时的情况，其中包括查尔斯·斯卡柏格爵士（Sir Charles Scarburgh）和后来曾照料过玛丽二世（Mary II）的内科医生詹姆斯·韦尔伍德（James Welwood）。玛丽二世曾经要求詹姆斯·韦尔伍德撰写的回忆录只给她看。她去世之时，人们在她的卧榻旁发现了那部手稿；1699年，她的丈夫国王威廉三世（King William III）将这部回忆录公开出版了。韦尔伍德关于查理二世死于中毒的说法，被雷蒙德·克劳福德（Raymond Crawford）在其1910年出版的《查理二世最后的日子》（The Last Days of Charles II）一书中斥为"废话和荒唐之言"。后者指出，连查理二世本人都不相信他被人下了毒。他有可能是意外接触到了一种毒物，没准就是查理设在地下室的那个科学实验室里的水银，可没人能说那是有意为之。

查理命人扶着他坐起来，好让他可以再看一眼黎明。他领受了天主教的临终圣事，这标志着他在临死之前皈依了天主教，然后他就在1685年2月6日去世了。

自1820年起就担任皇家医学院院长一职的亨利·哈尔福德，把查理二世的死因归咎于一种突发性的中风；这种观点已经广为人们所接受，但当时并不是这位国王的第一次发病。朝臣们与查理的弟弟詹姆斯之间的往来信件就证明了这一点。哈尔福德认为，威斯敏斯特教堂的那座查理二世雕像上，就呈现出了明显的单侧面瘫迹象，而面瘫显然是中风导致的。面瘫与肢体瘫痪分开出现是一种罕见现象，这位国王的语言能力也没有受到影响。我们再一次没有找到简单的答案。

到了查理二世驾崩的那个时代，内科医生和外科医生之所以进行尸体解剖，是出于对人体的兴趣，而并不仅仅是为了去除内脏来进行防腐处理。查理二世的御医查尔斯·斯卡柏格爵士记载了尸体解剖的结果。他写道，查理二世的大脑表面上，静脉与动脉血管太过密集。脑室即大脑内部的腔室中，充满了一种就像大脑组织本身那样的浆状物质。在肺部右侧，肋膜（即肺膜）紧紧地黏附在胸壁上。他的肺里也充满了血液。心脏又大又结实，但没有出现任何异常之处。他的肝脏"呈青灰色"，内部充血，而肾脏也是如此。

尽管查理二世的许多臣民都对他的驾崩深感不安，但斯图亚特王朝并不在意举行奢华盛大的追思活动。他在临终之时皈依天主教的举动可能促成了这一决定。但他们想要盖过奥利弗·克伦威尔那场出殡游行的气势，便给查理二世的葬礼拨款 7 万英镑，而那位护国公的葬礼只有 6 万英镑的拨款。查理二世安葬在威斯敏斯特大教堂的亨利七世礼拜堂下面的一个地下陵墓里，挨着他祖父的墓穴。他死后，王位传给了他的弟弟詹姆斯。更多的王位继承问题即将出现。

第 34 章

詹姆斯二世：殁于 1701 年

James II

虽然我们对亨利八世患有梅毒的说法持怀疑态度，但很有可能的是，至少有一位英国君主确实死于这种疾病的摧残。詹姆斯二世是查理二世的弟弟，1660 年随着君主制度复辟而恢复了约克公爵的身份。在此以前，他仅仅是一位流亡国王的弟弟，曾经通过作战来发挥自己的作用，先是在法国军队效力，而后又为西班牙军队效力。后来他随着哥哥回到了英格兰，并在 1685 年王兄去世之后加冕，成了国王。轮到詹姆斯戴上王冠的时候，他已经 50 多岁了。

人们在威斯敏斯特教堂为詹姆斯的加冕典礼搭起了脚手架。拆除的时候，部分脚手架坍塌下来，砸到了"忏悔者"爱德华的陵墓，在原来的墓盖上留下了一个窟窿。教堂唱诗班成员兼古物收藏家亨利·基佩

(Henry Keepe)把胳膊伸进洞里,从"忏悔者"已成枯骨的肩胛骨下抓起了一样东西。他掏出的是一个装饰华丽的金十字架。他把这件宝物呈献给了新任国王,后者无疑收下了,还命人为那具已有 600 年之久的遗骸打造了一具新的棺椁。

詹姆斯并不像"忏悔者"爱德华那样被人们崇敬地铭记着。他的统治因宗教局势十分紧张而留下了污点。詹姆斯信奉天主教并且实行宗教宽容政策,可在当时的英国,两者都是不需要的。他与第一任妻子安妮·海德(Anne Hyde)所生的几个儿子和女儿都是圣公会教徒,但其中只有两个女儿玛丽与安妮活了下来。1688 年,他的第二任妻子摩德纳的玛丽(Mary of Moderna)生下儿子詹姆斯之后,一场天主教徒继任王位的危机就即将出现了。新教徒都希望由詹姆斯的长女玛丽及其丈夫奥兰治的威廉(William of Orange)来继承王位,并且保护英格兰的新教。在 1688 年的光荣革命(Glorious Revolution)中,詹姆斯二世被赶下了台。这场革命也被称为"不流血革命"(Bloodless Revolution),因为其间并未发生战斗。詹姆斯遭到废黜,被流放到了法国。他以一场鼻血不止的精彩表现,弥补了这场革命中没有洒下的鲜血。流鼻血可能是一种征兆,说明他的体内出现了某种险恶的疾病。

由于詹姆斯去了那么多次妓院,并且有那么多的情妇,因此他可能已经感染梅毒,就是不足为奇的事情了。梅毒曾经广泛传播,而大英图书馆里收藏的从 1660—1715 年的报纸上和小册子中的医疗广告,也大多提到了性病。这是斯图亚特王朝时期的人相当熟悉的一种疾病,尽管他们当时并不清楚其病原体是梅毒螺旋体(*Treponema pallidum*)这种螺旋体细菌。

感染此病的最初症状包括并不疼痛的痈疽或者下疳,接下来就是斑点状的红色皮疹和一些类似于流感的症状。感染初期过后,就是一个潜伏期。患者有可能在数年的时间里都没有出现任何症状,可细菌却一直留在体内,等待着对身体造成损害。梅毒可以对皮肤、骨骼、器官和神经造成不可逆转的损害。当时人们用来治疗梅毒的水银也有可能如此。一位弗雷泽医生(Dr Frazier)因替詹姆斯的王兄查理二世治疗过梅毒而闻名,他很可能也治疗过詹姆斯。当时人们施用水银的方式多种多样,别出心裁。它可以涂抹皮肤、置于膏药之中去贴敷皮肤、以片剂或滋补药的形式口服,或者通过肌肉注射给药。熏蒸法则是用水银蒸汽熏蒸全身,或者直接熏蒸生殖器,此外还有尿道注射的形式。在尿道中插上一根大针,就会直接上达所谓的病灶——为什么不这样干呢?

水银疗法的目的之一是促进流涎。据说,涎液流出体外可以平衡那些业已受到此种疾病影响的体液。水银的作用会抑制肾上腺素等儿茶酚胺的降解,故会导致流涎、出汗、心率和血压等方面全都失去控制。正如当时的公共卫生信息会警告的那样:与美女共度两分钟,要用水银治疗两年。"然后身体崩溃而死"一句,多半占据了海报上的绝大部分篇幅。

晚年的詹姆斯已经完全没有了重登王位的想法,生活中只有祈祷、斋戒和忏悔了。他系着一条镶有利刺的链条以作为腰带,利刺深深地扎进他的肉里,以示忏悔。他经常做祷告。1701年夏末,詹姆斯正在做弥撒的时候中风了。这次中风虽然没有让他丧命,却导致了长期的右侧偏瘫(即身体一侧的肢体瘫痪)。第一次中风之后,他又中风了数次,且每次中风都导致他的身体更加衰弱。他吐了很多的血,人们认为那是梅毒动脉瘤出血导致的。中风有可能是梅毒病菌在他的大脑内损坏了血管导致的。脑血管型梅毒是神经梅毒或者三期梅毒的一种。细菌会破坏为大脑组织供血的血管。在老朋友路易十四世最后一次探访之后，詹姆斯在 1701 年 9 月 16 日去世了。

接下来，詹姆斯的遗体并没有简单地下葬。至少一开始的时候没有。他的心脏被摘除下来，放进了一个镀银盒子里，准备送到夏约（Chaillot）的女修道院去。他的大脑装进了一个镀铜的骨灰瓮里，安放到了巴黎大学苏格兰学院（Scots College）的一座纪念碑上。苏格兰学院曾经是流亡海外的苏格兰天主教徒的活动中心，后来又成了支持詹姆斯的孙子邦尼王子查理（Bonnie Prince Charlie）[1]的人士的聚集之地，直到后者在 1745 年的詹姆斯二世党人（Jacobite）起义中返回英国夺取了王位。可惜的是，那个骨灰瓮毁于法国大革命期间，里面的东西则散落了。詹姆斯的肠胃和内脏被装进两个镀金骨灰瓮里，分别送给了圣日耳曼昂莱（Saint-Germain-en-Laye）的教区教堂和圣奥梅尔（Saint-Omer）的英国耶稣会（English Jesuit）公学。奇怪的是，他右臂上的皮肤却送给了巴黎的英国奥古斯丁修会（English Augustinian）的修女们。

詹姆斯余下的那一部分遗体，则被装进了一具三重石棺里，其中包括两副木棺和一具铅棺。石棺被送到了巴黎圣雅克大街（Rue St Jacques）上的英国本笃会教堂（Church of the English Benedictines）的圣埃德蒙礼拜堂（St Edmund's Chapel）。他的棺椁放在侧面的一座礼拜堂里，四周一直点着蜡烛，寄望詹姆斯有朝一日可以回到英格兰，安葬到威斯敏斯特大教堂。蜡烛一直点着，直到法国大革命期间一些士兵前来寻找可以熔化成子弹的铅。

1840 年，爱尔兰一位年老的绅士菲茨西蒙斯先生（Mr

---

1 亦译"小王子查理""英俊王子查理""波尼王子查理"等。

Fitzsimmons）记述了他在法国大革命期间被囚于巴黎时的所见所闻。无裤党人（sans-culottes）即共和派革命党人前来寻找铅，便打开了詹姆斯的棺材。那具遗体露了出来，菲茨西蒙斯先生说遗体漂亮且完好，就像詹姆斯还活着似的。礼拜堂里挂着的几副蜂蜡面具一定就是詹姆斯的死亡面具，因为它们的模样与菲茨西蒙斯先生当时看到的那具遗体十分相似。他还闻得到防腐处理时所用的醋和樟脑的味道。他看到，遗体的双手和指甲都很完好，还能够顺畅地移动。"我这辈子还从未见过如此出色的一口牙齿呢。"他想拔下一颗牙齿，却拔不下来。无裤党人带走了遗体，说他们会把遗体埋在教堂墓地；可菲茨西蒙斯并不清楚，他们后来究竟是如何处理这位国王的遗体的。英国国王乔治三世（King George III）后来询问过詹姆斯遗体的下落，却没有找到任何信息。

到詹姆斯二世去世之时，他早已遭到废黜，不再是英格兰和苏格兰的国王了。他的女儿玛丽已经继承了王位，与丈夫威廉三世一起君临天下，只不过没有统治多久罢了。

第 35 章

玛丽二世：殁于 1694 年

Mary II

玛丽是詹姆斯二世与平民安妮·海德那桩有点儿不太体面的结合所生的长女。她目睹了母亲安妮在变得病态的肥胖之后很可能因乳腺癌而死，以及父王詹姆斯再次娶妻的过程。一个同父异母的弟弟詹姆斯出生了，但这个男孩和他的父王都遭到了信奉新教的英国的抛弃。玛丽和她的丈夫便受英国最有权势的"七贤臣"[1]之邀来到英格兰，登上了王位。

玛丽的丈夫就是她的表兄兼尼德兰执政（Stadtholder of the Netherlands）威廉；只不过，第一次得知他们即将结成夫妇的时候，玛丽曾经泪流满面，伤心欲绝。她并不想嫁给这个又矮又丑，既患有哮喘

---

1 七贤臣（Immortal Seven），英国光荣革命期间分属托利党和辉格党的 7 位著名贵族。

病又患有慢性咳嗽的尼德兰人。他的年纪也比她大了 12 岁。最终，她还是开始在荷兰找到了家的感觉，她忽略了丈夫的不忠之举，而两人也逐渐喜欢上了对方。玛丽女王虽然回到英格兰统治着整个国家了，可她坚持要丈夫陪伴在她的身边。威廉是詹姆斯二世的外甥，他其实也有作为远亲的王位继承权。解决办法就是设立一种联合君主制，由威廉和玛丽夫妇共同执政。他们一起加冕，形成了一个非常严肃且气氛沉闷的宫廷，很少有访客获准进入。工作是他们的优先事项。他们的宫廷与她那个酷爱聚会狂欢的叔王查理治下的大不一样。威廉很多时候都不在宫中，而是在打击詹姆斯二世党人，即遭到废黜的国王詹姆斯的支持者。玛丽在他不在的情况下继续统治着王国，但不久之后，就只剩下威廉独自实施统治了。

像一个世纪之前的伊丽莎白女王一样，玛丽也是在毫无感觉或者征兆的情况下感染了那种微小的病毒，只是她很快就开始觉得全身疲倦和发起烧来。玛丽做了最坏的打算，所以把自己的事情都安排妥当了。她向来担心出现最坏的情况，而这一次她是对的。她毁掉了自己不希望别人看到的所有文件，烧掉了日记和信件。起初人们以为她是得了麻疹，可脓疱的出现却说明她得的并不是这种疾病。威廉的父母都是死于天花，如今天花又要夺走他的妻子了。威廉国王十分难过，便搬到了妻子的房间里，睡在她旁边的一张小床上，哭了一整夜。由于他本人染上过天花却幸存了下来，因此大家都知道他不太可能再次染病身亡。由于病毒在细胞内大肆繁殖，玛丽的免疫系统变得脆弱不堪。她虽然没有觉得太过痛苦，脸庞却肿胀得十分厉害。她的皮肤病变逐渐合并成了大片大片的暗红色斑块，口腔和鼻腔壁上的黏膜开始出血，这表明她染上的是出血性天花。她曾吐血和尿中带血的症状也可以证明这种判断。血毒症会导致多个脏器衰竭，肝、肺、心和肾脏在这种细小病毒的攻击之下全都无法发挥正常的功能。1694年12月28日凌晨，玛丽去世了。对玛丽和那些目睹了她的痛苦的人来说，这都是一种十分可怕的结局。当时她年仅32岁，经历了两次流产，没有子女，也没有自己的王位继承人。

玛丽女王留下了一份谕旨，称她不希望死后的遗体遭到解剖。但没人理会她的要求，他们还是剖开了她的遗体来做防腐处理。但愿那些无视女王要求的人没有太过接近那种杀死了这位君主的病毒吧。她被安葬在威斯敏斯特大教堂，而威廉在余生当中一直随身带着她的一缕头发，紧贴在自己的胸前。

第 36 章

威廉三世：殁于1702年

William III

> 为那位身穿黑色天鹅绒马甲的小个子绅士干杯。
>
> ——詹姆斯一世时期流行的祝酒词

比利国王（King Billy）[1]之所以从尼德兰前来统治英国，是因为他不仅是詹姆斯二世的外甥，还是后者的女婿；只不过，人们对他的评价却褒贬不一。

当时，詹姆斯二世在英国面临着越来越多的反对势力，而他提拔自己的朋友，即一些天主教徒的职位，使之凌驾于圣公会教徒之上的

---

1 "Billy"是"William"的昵称。

做法，也无益于解决问题。他的虚荣自负和日益奇怪的政策疏远了身边的每一个人。他似乎已经忘记父王不久之前才被砍掉了脑袋的那一幕。梅毒有可能对人的大脑产生奇怪的影响。对许多人（但并非所有人）而言，威廉率军前来准备开战时他没有做出任何抵抗，很可能是一件好事。

威廉是受邀前来当国王，他的妻子玛丽则是女王。詹姆斯得知消息后，认为还是暂时偷偷地溜走为上策，于是威廉和玛丽夫妇的光荣革命获得了成功，两人共同继承了王位。威廉原本获得摄政权就很满足了，可如今两人却加冕，成了英格兰的国王和女王，而玛丽的妹妹也被暂时定为了王位继承人。新教徒再次掌握了大权。

詹姆斯的鼻血止住之后，他并没有就此彻底消失。他回来向威廉发起了挑战，先是在爱尔兰。新任国王击败了詹姆斯二世的挑战，后来又将大部分时间用在了镇压天主教徒和詹姆斯二世党人发动的叛乱上。尽管连连获胜，但威廉并没有广受人们的欢迎。此人相当无趣，他的宫廷气氛也是沉闷而不友好的。他的英语口语并不出众，因此严重依赖身边的人来执政理事。

1694年，玛丽感受到了天花这种病毒性疾病最初的明显症状。她不像有些人那么幸运，最终死在了这种可怕的疾病手中。威廉甚至考虑过退位，因为他非常难过，身体状况也开始恶化。他向来都非常严肃，可如今没有了玛丽，他就只剩下痛苦不堪了。比利国王将独自统治英国8年的时间。

威廉双腿肿胀，痔疾给他带来了极大的痛楚。痔疮是肛门处血管出现的疼痛性肿胀，可以导致出血。威廉的个子又瘦又矮，还经常咳嗽。多年来，他一直深受肺疾之苦。他患有哮喘，这是一种气道收缩、导致空气进出肺部的运动受阻的疾病。哮喘发作可能很恐怖,会令人身体虚弱,甚至有可能致命。因此,威廉在1702年死于一次意外受伤导致的肺炎,就不令人觉得意外了。

有一天,威廉三世正在骑马,据说所骑的那匹马是从他的敌人即詹姆斯二世党人那里夺来的。马踩到了一座小小的鼹鼠丘,绊了一跤。威廉被甩下马去,伸出双臂摔到了地上;这是一种典型的情况,会导致锁骨受伤。落地之时,力量会沿着他的胳膊迅速往上传导。位于胳膊顶端的锁骨会承受全部力量,猛地断成两截。锁骨愈合得很慢,而医生对这位早已病得严重的患者进行的放血疗法多半也毫无益处。于是,他只能躺在床上无法动弹,一面自怨自艾,一面接受最新的静脉切开放血术,最后因胸部感染而去世。老年人常患的肺炎过早地缠上了奥兰治的威廉,他死在了自己的尼德兰御医戈瓦德·比德卢(Govard Bidloo)的怀中,年仅52岁。

比利国王驾崩之后,曾在英格兰、苏格兰和爱尔兰海域被这位新教徒国王打得落花流水的詹姆斯二世党人便大肆庆祝了一番;为此,他们要感谢一只小小的鼹鼠才行。他们纷纷向那位身穿黑色天鹅绒马甲的小个子绅士举杯,颂扬那只鼹鼠。

就在威廉三世一动不动的遗体边,两位御医即比德卢和威廉·柯珀(William Cowper)竟然打了一架。两人曾因一项抄袭指控而一直争吵不休。1685年,比德卢在阿姆斯特丹(Amsterdam)出版了一部解剖学著作《人体解剖学》(*Anatomia Humani Corporis*),但销量不佳。出版商便卖掉了印版;随后,柯珀在其中增添了新的内容,并且加上了批注,只是那些批注并不是人人都接受的。比德卢称柯珀是强盗,要求皇家学会(The Royal Society)将柯珀扫地出门。此时,两人就国王泡沫状肋膜炎肺组织的问题针锋相对。可惜的是，史料中对此事的记载不多，只是尸检结果记录了下来。骨折的锁骨实际上一直都在复位。肺部充满了泡沫状的痰液，肺组织则粘连在肋膜上。他们评论了国王的身体明显瘦弱憔悴的状态，并且明确指出，威廉在摔下马背之前就已病入膏肓了。

威廉的葬礼上没有举行盛大的仪式，他被匆匆下了葬，也没有进行大规模的吊唁活动。斯图亚特王室其实并不喜欢盛大的葬礼，尽管数年之前妻子玛丽去世时，威廉曾经为她举行了一场隆重的葬礼。两位御医之间的争吵还在继续，主要是争吵谁该对国王去世前数个月的治疗负责。威廉在海牙（The Hague）视察荷兰军队期间，有人看到了国王之后，曾说他看上去"像个死人"。马在鼹鼠丘上绊跤之前，他的身体显然就已经不行了。两位御医都是试图把责任推到对方的身上。

据说威廉的左臂上缠着一条丝带，上面系有一枚戒指，里面装着已故妻子玛丽的一缕头发。历史学家在20世纪中叶曾对这一点有过争论，称它完全是编造出来的。可人们都坚信这样的说法；很可笑，不是吗？

威廉和玛丽去世后，并没有留下子女来当他们的继承人。尽管诞下继承人是君主的首要职责，可都铎王朝和斯图亚特王朝都极不擅长于此道。于是，根据这对夫妇登上王位时商定的办法，尽管姐妹俩之间惯常不和，还是由玛丽的妹妹安妮继承了王位。

第 37 章

安妮：殁于 1714 年

Anne

> 对一个疲惫的旅行者来说，睡眠绝对不会比死亡更受人欢迎。
> ——出自王室内科医生、讽刺作家兼博学家约翰·阿巴斯诺特医生（Dr John Arbuthnot）

安妮女王（Queen Anne）常常会被人们遗忘。尽管她在位期间，人们可以在咖啡馆里聚会、去看歌剧和聆听令人愉快的音乐会，可她的个人经历却相当可悲，并且全都是由一种神秘的潜在疾病导致的。安妮女王怀有身孕 17 次，但她去世之后却像此前的许多君主一样，没有留下子女来继承王位。

安妮是詹姆斯二世的次女，原本不太可能当上女王。迄今为止，我们已经这样说过多少回了呢？她从小就很不自信，乐于讨好别人，性格则是众所周知的倔强执拗（在谈论女性的时候，我们似乎只对她用了这个词）。她的近视程度令人难以置信，并且患有双眼"溢流"的毛病。还不到 5 岁，她就需要通过就医来治疗眼睛不断流泪的症状了。她总是脸色潮红，常常要用化妆品来掩盖皮肤上的斑痕。

詹姆斯二世再婚并且诞下儿子詹姆斯之后，安妮与她的姐姐兼假定继承人（heir presumptive）玛丽就被打入冷宫了。在安妮的煽动下谣言四起，声称有人把一个婴儿抱进宫里，冒充了刚刚诞下的王位继承人，这种谣言与当时的反天主教言论不谋而合。她不怎么喜欢同父异母的弟弟詹姆斯。

詹姆斯二世和儿子遭到废黜之后，玛丽取而代之，安妮被指定为王位继承人，前提则是玛丽没有诞下子女。安妮原本以为轮不到她，但 1702 年威廉三世驾崩后，她成了女王。安妮嫁给了丹麦的乔治王子（Prince George），据说此人甚至比安妮的姐夫威廉还要呆钝无趣。他也患有胸部疾病，有时粗重的呼吸声似乎是他还活着的唯一迹象。他们夫妇原本可以生出下一任君主的，可安妮的并发症却屡屡发作。在她的 17 次身孕中，多胎都以流产而告终，只有 3 个孩子出生之后存活了几天的时间。她有两个女儿死于天花，而她的儿子格洛斯特公爵（Duke of Gloucester）威廉也年仅 11 岁就夭折了。

威廉患有癫痫，但史料中没有详细记载；他的后脑勺上还有一处奇怪的肿块。医生们曾从肿块里抽出液体，可能属于脑脊液，应该是从颅骨内部的一个缺损之处渗漏出来的。脑脊液引流术很危险。把针头刺入脑组织中，有导致大脑内壁受到感染的风险。威廉刚满 11 岁的第二天，他曾说自己喉咙痛，还伴有恶心、发烧和腹泻的症状。他断断续续地睡了一会儿，就变得神志不清了。他的身上还出现了皮疹，起初人们以为他也染上了天花。他们派人召来了著名的内科医生约翰·拉德克利夫（John Radcliffe）。此人虽说曾经救过 3 岁时的小威廉一命，可后来因为嗜酒而在安妮女王面前失了宠。此时，他们需要获得一切能够获得的帮助，只不过徒劳无用了。这位名医回天乏术，几天之后那个男孩就死了。尸体解剖表明，他的颈部肿胀，内部组织发了炎。记载中没有提到天花、麻疹或者猩红热：对于这些疾病，为他进行治疗的御医们应该都很熟悉。相反，他的死因被归咎于"致命的热病"。关于威廉之死，当时产生了很多争议，这对王位继承计划和整个国家的未来都产生了意义深远的影响。安妮伤心欲绝，这是可以理解的。她没能诞下一位继承人，并不是因为她没有努力。

安妮的统治之所以为世人所铭记，主要是因为 1707 年英格兰与苏格兰之间签订了《联合法案》（Act of the Union）、1704 年英军在布伦海姆（Blenheim）战胜了法军，还因为安妮是斯图亚特王朝的最后一位君主。她与莎拉·丘吉尔（Sarah Churchill）之间的关系也备受争议，后者曾因与女王关系亲密而权势熏天。她们有可能是一对情人，两人的往来信函透露了很多的情况。她们彼此之间还有爱称：安妮是"莫利夫人"（Mrs Morley），莎拉则是"弗里曼夫人"（Mrs Freeman）。

至于她的病，安妮女王患有的可能是红斑狼疮：这是一种自体免疫性疾病，其间某种未知因素会触发免疫系统，使之产生针对自身某些部位的抗体。抗体会迅速抓住未经识别的实体，并且充当免疫系统识别和攻击的标志。红斑狼疮有一系列常见的症状，安妮身上出现了其中的多种。

她还患有所谓的痛风之症，这种疾病通常都被归因于饮酒和吃了丰盛的食物。安妮确实喜欢过度饮用烈酒,但绝经之前的年轻女性患上痛风的现象很罕见,而且痛风之症往往只会影响到一处关节。但是,这位女王不止有一处关节疼痛和肿胀,因此听上去安妮更像是患上了多发性关节炎。病情发作与她脸上的皮疹同时出现,也是说明她患有红斑狼疮的另一种症状。自身抗体可能就是她流产的原因,此外还有皮肤斑点性多发性关节炎、肾脏受损和水肿等症状。

在此期间,安妮却继续在大吃大喝。她怀了那么多次身孕,却都以悲剧而告终,还有两个女儿死于天花,因此她这样做,我们也不好去责怪她。由于嗜酒,所以反对她的人和詹姆斯二世党人还给她起了个绰号,叫作"白兰地奶妈"(Brandy Nan)。她的健康状况日益恶化下去。她越来越胖,导致了令她痛苦不堪的严重后果。安妮甚至需要坐在椅子上让人抬着去参加自己的加冕典礼,因为当时关节炎(通常被称为痛风)发作让她根本走不了路。

1714年,安妮接连中了几次风。她躺在临终卧榻上的时候,御医们曾经故意用烙铁将她的皮肤烫起水疱,然后将水疱中的液体抽出,旨在平衡她的体液。出于相同的目的,他们还给她服用了诱发呕吐的催吐剂。她的头发被剃掉,脚上则敷着大蒜。他们为她实施了放血疗法,还替她做了祷告。她死于1714年8月的第一天,享年49岁。约翰·阿巴斯诺特是当时签署了遗体解剖报告的内科医生之一,他曾写信给乔纳森·斯威夫特(Jonathan Swift)说:"我相信,对一个疲惫的旅行者来说,睡眠绝对不会比死亡更受人欢迎。"

在实施遗体防腐处理的过程中,托马斯·劳伦斯医生(Dr Thomas Lawrence)也进行了某种程度上的尸检工作。他注意到了一个小小的脐疝,但脐疝的表皮没有脱落,而网膜(即覆盖着腹部器官的脂肪和结缔组织）很大。他们发现安妮的胃壁很薄，内膜比正常情况下要光滑得多。他们说，她的腿上长有一处溃疡。无疑，人们还持有其他一些观点，先天性梅毒就是其中之一（她的父亲詹姆斯可能就是死于这种疾病）；不过，考虑到安妮的全身症状和分娩方面的不幸遭遇，红斑狼疮仍然是如今人们对她进行鉴别诊断时的首选死因。尽管她做出了努力，但斯图亚特家族已经后继无人，没法让这个王朝存续下去了。

斯图亚特王朝最后一任君主的遗体在肯辛顿宫（Kensington Palace）停放了3个星期，供人们进行悼念。接下来，她的遗体被放进了一具披着紫色盖布的棺材，安葬在威斯敏斯特大教堂圣母堂的斯图亚特王室地下陵墓中。她与丈夫、姐姐玛丽及玛丽的丈夫威廉三世一起长眠于那里，还有她们的叔王查理二世，以及她那些出生之后不久就夭折了的幼子幼女。远房表亲汉诺威的乔治·路德维希（Georg Ludwig of Hanover）受邀来到英格兰，登上了王位。

第 38 章

乔治一世：殁于 1727 年

George I

安妮女王的离世原本有可能给新教徒的统治留下一个巨大的漏洞。根据《1701 年王位继承法》（Act of Settlement of 1701）的规定，等她唯一在世的儿子死后，在至少 50 位信奉天主教的王位继承人之前，将没有任何一位信奉新教的继承人。这种情况就很成问题了。下一位信奉新教的继承人远在德国，那就是汉诺威女选帝侯（Electress of Hanover）索菲亚（Sophia）。然而，她比安妮女王还要早两个月就去世了，留下儿子不伦瑞克—卢伦贝格的乔治·路德维希公爵殿下（His Highness Duke Georg Ludwig of Brunswick-Lunenberg）为她的继承人。出于某种原因，乔治说起英语来有点儿困难。可他不是天主教徒，这一点对英国人很重要。于是，获知安妮的死讯之后，乔治便乘坐下一班船，前往他的新王国了。

詹姆斯·斯图亚特是詹姆斯二世的儿子,曾经被辉格党人谑称为"老僭王"(Old Pretender);他可不打算坐在那里,眼睁睁地看着自己的王位被来自遥远之地的某个汉诺威新教徒夺走。他向安妮女王提出请求,希望考虑将他立为王位继承人,可没人理会。于是,他便登陆苏格兰,并在北方诸家族中召集了一些支持者。1715年,支持詹姆斯二世党人的马尔伯爵(Earl of Mar)在布雷马(Braemar)举起大旗,支持苏格兰国王詹姆斯八世(King James Ⅷ of Scotland)兼英格兰的詹姆斯三世(James Ⅲ of England)。这场叛乱和马尔伯爵的手下都遭到了镇压。乔治一世在位期间,遭遇了詹姆斯二世党人的强烈反抗;这些反对势力都受到了汉诺威王朝的众多敌人和国内外天主教徒的大力支持。不过,叛乱(你们也可以说是起义,这一点取决于你们支持的是哪一方)并未就此结束。

乔治一世在位的12年间,英国经历了各种各样的问题。局势紧张、阴谋不断、家族不和、政治腐败和行贿受贿,简直是层出不穷。乔治一世很不受欢迎,因为没人知道他是谁,他的大部分时间也是在别处度过的,而由沃波尔(Walpole)和政客们掌管着整个国家。他和儿子大吵了一架,然后把儿子赶出了宫廷。由于自己的妻子涉嫌通奸入了狱,乔治便带着两名情妇来到了英格兰。据说那两名情妇都毫无魅力,在社交场合遭到了嘲笑,被人们戏称为"五朔节花柱"[1]和"大象"(The

---

1 "五朔节花柱"(The Maypole)指五朔节里用于装饰鲜花的柱子。五朔节(mayday)是欧洲一个传统的民间节日,在每年的5月1日举行,用以祭祀树神、谷物神、庆祝农业收获以及春天的来临。五朔节前夕,人们通常会在家门前插上一根青树枝或者栽种一棵幼树,并用花冠、花束装饰起来,称为"五朔节花柱"。在口语中,"五朔节花柱"可谑指身材高大、行动笨拙的女性。

Elephant）。汉诺威王朝还带来了严重的腐败和行贿受贿问题。控制报纸并且利用报纸来对公众舆论进行深思熟虑的管理，根本就不是什么新点子。连首相罗伯特·沃波尔（Robert Walpole）起初也是通过收买，后来更是买下了《伦敦日报》(London Journal)，来杜绝公众对他领导下的政府提出批评意见的。

1723 年，63 岁的乔治一世中风发作，导致他昏迷了 1 个小时。虽然这一次他的身体完全康复了，但这是一种征兆，预示了他日后的遭遇。他继续往返于英国和欧洲大陆之间。1727 年，他又一次前往汉诺威，但这将是他的最后一段旅程。横渡英吉利海峡和旅途的前半段平安无事，但不久之后，马车的颠簸、一顿丰盛的水果大餐和被囚之妻写来的一封令人沮丧的信件，让这位国王感到全身不适起来。他说肚子不舒服，便将马车停下来去上厕所。他回来之后，身边的人都注意到，国王的脸庞古怪地歪扭着，右手也抬不起来了。他们召来一名外科医生，后者迅速诊断出国王是中风发作了。

他们把乔治移到一处草地上躺下来，并且立即对他进行了放血治疗。闻了闻嗅盐之后，他恢复了意识，于是他们继续赶路，但乔治的症状却越来越严重。他们又停下来，这一次医生们给他的双手敷了药膏，喂他喝了一些烈酒，并且又给他放了一点儿血。在这位国王的颅骨内，在其脆弱而柔软的脑组织里，细胞正在死亡，因为血栓或者出血导致了大脑缺氧。细胞坏死之后，其中的东西就会泄漏出来，对周围的神经元造成损伤。国王的大脑内部会对这种损伤产生免疫反应，从而导致发炎、能量系统衰竭、酸中毒和血脑屏障受损。脑血管中的血流受阻是极其危险的。

在赶着马车继续前往奥斯纳布吕克（Osnabrück）的途中，国王昏睡不醒，情况相当"反常，鼾声低沉"。为了不引起百姓的注意，他们将国王悄悄抬上楼梯，放到床上。"我完蛋了，"他说完这句话，便咽下了最后一口气，享年 67 岁。

尽管在御医们看来，中风的征兆与症状都是显而易见的，可他们还是没法确定，这位国王究竟是死于血栓导致的缺血还是死于脑部出血，除非是在解剖之后直接去检查他的脑组织。国王曾经下令，不得解剖他的遗体，也不得进行防腐处理；与女王玛丽二世提出的相同要求不同的是，乔治的要求并没有被人们置之不理。

乔治一世的遗体并没有送回英格兰，而是葬在了奥斯纳布吕克。第二次世界大战期间，乔治一世的陵墓遭到了破坏，他与母亲两人的石棺都被迁葬到了汉诺威的赫伦豪森皇家花园（Herrenhausen Gardens）的一座后来修建的陵墓里，并且一直在那里长眠至今。他的儿子乔治继位，而奇怪的是，此人的统治竟然与其父王的统治如出一辙。

第 39 章

乔治二世：殁于 1760 年

George II

新继位的国王乔治是接连 4 位乔治国王中的第二位。其中的每一位乔治国王都要比上一任更像英国人而不那么像汉诺威人；可这位乔治国王却与他的父王一样，基本上是讲德语，而他为汉诺威操心的时间也要多于他为英格兰、苏格兰和爱尔兰操心的时间。

热衷于支持君主制度以保住自己饭碗的沃波尔，急不可耐地率先告知这位国王，说他的父王在巡察欧洲大陆期间突然驾崩了。乔治与父王发生过多次争执，因此他以为这是父王在耍什么花招。他不太相信父王真的死了，以为这一切都是引诱他在宫廷之外犯下叛国大罪的诡计。

1727 年，乔治二世登上了王位。那个时代的人都喜欢戴着一顶巨大的假发，并且用色彩艳丽的东西紧紧束住小腿肌肉，上面还系有吊袜带。那也是一个由脾气异常暴躁的汉诺威王朝君主实施统治的时代。乔治二世的画像可能会让您担心他的甲状腺功能，因为他的眼球明显外凸；尽管画师们不想让这位眼球外鼓的国王感到不安，并没有把眼球画得那么外凸。

同一时期的一些史料，曾经把乔治二世说成是一个无能的傻瓜。他对身边的所有人和所有事情都很挑剔。他既爱妄加评判，又喜欢咄咄逼人。不出所料的是，没有人很喜欢他。这位国王不喜欢英国人，因为在他看来，英国人都是弑君者，对他们的君主都心怀不满。他可不仅仅是憎恶英国，还很不喜欢自己的长子腓特烈王子（Prince Frederick）。王子不够有男子气概，而且过于喜欢音乐。"如今的孩子啊，"乔治二世会一边说着，一边用那双外鼓的巨眼翻个白眼。乔治自己对艺术和科学都不感兴趣。他觉得儿子太过软弱，竟然会热爱艺术和演奏大提琴。

腓特烈追求的是父王所没有的名望。1736年的《金酒法案》（Gin Act）[1]试图禁酒时，他曾在公共酒吧里公然饮用金酒。妻子临盆之时，这位王子也没有通知自己的父母，而是隐瞒了这一消息。他的离经叛道让父母都深感不安。此举导致乔治二世把儿子逐出了宫廷，并且禁止他返回，尽管腓特烈诞下了一位新的继承人，即小乔治王子。

这一切简直与乔治一世的经历如出一辙：乔治二世与儿子兼王位继承人不和；只不过，这一次是儿子在当上国王之前就死了。腓特烈被一个板球（或许是一个实心网球）击中胸部之后就去世了，年仅44岁。

在奥地利王位继承战争（War of the Austrian Succession）期间，乔

---

1 金酒（Gin）是一种以大麦芽、稞麦、杜松子等为主要原料酿制而成的烈酒，亦译"杜松子酒"或者"琴酒"。

治二世曾前往欧洲大陆，并在德廷根（Dettingen）兴奋地指挥过联军；此后，他的声望确实有所提升了。他是最后一位做过这种事情的英国君主；尽管从那以后，还有一些君主也参过战，可他们并没有在前线策马扬鞭，挥舞着长剑、激动地鼓舞军队的士气。

詹姆斯二世党人再次在北方揭竿而起，支持信奉天主教的斯图亚特王族来继承王位。乔治的另一个儿子坎伯兰公爵（Duke of Cumberland）被派往了苏格兰；1746年，他最终在因弗内斯（Inverness）附近的卡洛登之战（Battle of Culloden）中击溃了詹姆斯二世党人。乔治一世没有必要再冒着生命危险，到狂风肆虐的北部荒原上去征战了。

1737年11月，乔治二世的妻子卡罗琳王后（Queen Caroline）死于绞窄性脐疝。她的肚脐在上一次怀孕期间已经变得很脆弱了，后来一圈肠子从脐壁的薄弱之处爆了出去。来自腹部的血液供应被切断了。随之而来的就是坏疽、腹膜炎和肠梗阻。她对自己患有脐疝的事情守口如瓶，没有告诉任何人。乔治脾气暴躁，对她的呕吐感到很恼火。最终，御医们看了看，并在经过一番讨论之后，决定必须给她动手术。他们并没有将绞窄的肠子解开，仅仅是在突出的部位开了一刀，将其中的污秽之物排了出来。可想而知的是，卡罗琳出现了坏疽，然后就去世了。她在弥留之际曾对丈夫说，他应该再找一个妻子。不，他回答说，但可以的话，会找情妇的。到了70多岁的时候，尽管耳朵背了、一只眼睛也失了明，可这位国王的性欲却仍像他的假发那样巨大，而在他的葬礼上，众多情妇也都伤心欲绝呢。

1760年10月25日，乔治醒来之后，按照他的军事严谨性，像往常一样喝了一杯热巧克力（真是欧洲大陆味十足啊），然后去盥洗室进行晨浴。他的贴身男仆回忆说，他听到盥洗室里传来了一阵"比御屁更响"的声音。向这位负责辨别御屁和其他可疑声音的人致敬。贴身男仆发现国王瘫倒在盥洗室的地上，马裤缠在脚踝上。国王还活着，但身体严重不适。他们把他拖回了床上，可这位国王再也没有康复过来。阿米莉亚公主（Princess Emelia）还没来到他的床边，国王就死了。乔治二世殁于1760年，是在位期间上厕所的时候驾崩的，享年76岁。

遗体解剖结果表明，他有一处胸主动脉夹层，在他上厕所时的压力之下自然破裂了。一个人上厕所的时候突然死亡的现象并不罕见。毕竟，厕所是一种需要很大压力的环境。

弗兰克·尼科尔斯医生（Dr Frank Nicholls）是国王的御医，此人奉命解剖了国王的遗体，并对其进行了防腐处理。他一丝不苟地记下了自己的发现。这位国王腹内的器官都很正常，大脑和肺部也是如此。在国王膨胀的心包内，他发现了差不多1品脱的凝固血液。血液流入包围着心脏的这个囊包里，导致心脏受到了挤压。心室由于被挤压得太过厉害，因此将其中的血液全都压了出去。他的主动脉上，有一条大的横向（侧向）裂缝，长约1.5英寸，流经这里的血液导致了"高位瘀斑"。也就是说，在压力之下将新的含氧血液从心脏输送出去的那条大血管，即主动脉上出现了一处撕裂；血液从裂缝中涌出，聚集在心脏周围，造成了心包填塞。血液挤压着心脏，直至他死亡。

人们认为这是记载主动脉夹层的第一份文献，并且描述得极其全面。尼科尔斯在给皇家学会写的一封信里，详细地描述了解剖过程和发生的事情。最早对主动脉瘤这种疾病进行归类的人是一位心血管外科医生，名叫迈克尔·狄贝基（Michael DeBakey）。2005年，狄贝基患上了主动脉夹层瘤，而他的研究工作则救了自己一命。他的研究团队为他

第39章 乔治二世：殁于1760年

们的老师实施了由后者首创出来的手术，狄贝基也活到了只差两个月就100岁的年纪。狄贝基开发的那种手术方法原本可以挽救乔治二世的性命，只可惜晚了300年。

乔治二世下葬于威斯敏斯特大教堂，是最后一位安葬在那里的英国君主。他的棺椁与他的妻子即20年前去世的卡罗琳王后放在一起。乔治曾经下令将卡罗琳那具棺材的侧板拆掉，以便他们的骸骨能够合葬一处。王位继承人腓特烈虽已不在人世，但此前他已经生了一个儿子来继承大统。汉诺威王朝在确保王位继承方面做得更好。一位年轻的乔治登上了王位，是为乔治三世（George Ⅲ）。

第 40 章

乔治三世：殁于 1820 年

George III

1788 年，看到他们的国王竟然与一棵树进行交谈，朝臣们都大感惊恐。他甚至还跟那棵树握了握手，以为它是普鲁士（Prussia）国王。他曾在朝廷上口吐白沫、声嘶力竭，对女性做出了许多令人难以置信的不当和猥亵之举。这仅仅是乔治三世精神失常之后一个可怕的发病场景罢了。国王在当年那届议会的开幕式上无法发表演讲之后，首相威廉·皮特（William Pitt）和反对党辉格党的资深议员查尔斯·詹姆斯·福克斯（Charles James Fox）便就摄政权展开了争论。连君主制度的存在本身也再度有待辩论了。乔治三世已经在位 59 年，其间，整个国家经历了巨大的变革与动荡；可人们记得其统治的主要原因，却在于这位国王的精神状况：他疯了，最终与世隔绝，并且失明、失聪，慢慢地死于老年痴呆症。

乔治三世的父亲腓特烈死于 1751 年，因此乔治是从祖父乔治二世那里继承了王位。当然，他不但继承了王位，还像祖父那样有着一双外凸的蓝眼睛，以及喜欢对每个人都指手画脚的性格。然而，他对艺术与音乐的热爱却遗传自他的父亲腓特烈。乔治原本应该是宁愿远离国王这一地位的，可他最终却成了英格兰和苏格兰在位时间最久的君主。

乔治三世的开端曾经充满了希望。他是一位兢兢业业、能力非凡且尽职尽责的国王。对汉诺威王朝来说，他也有点儿不同寻常，因为他对妻子很是忠诚。家族中其他人的荒唐之举则完全是另一回事。他的弟弟爱德华年仅 28 岁就染上梅毒死了。他的弟弟亨利，因为性生活不检点而名誉扫地。他的妹妹卡罗琳，在丹麦因为通奸而入了狱。乔治却稳住了家族的船舵；他尽职尽责地迎娶了梅克伦堡—施特雷利茨的夏洛特（Charlotte of Mecklenburg-Strelitz），两人一起养育了 13 个子女。据说年轻之时的乔治三世自负且固执，很容易生闷气，举止就像个孩子。尽管不太可能像他的兄弟姐妹们那样惹是生非，但毫无疑问的是，他身上也有汉诺威王族的基因。他的前任诸王都是一群脾气很暴躁的人，而他也继承了这种家族特质。

在乔治漫长的统治期间，很多事情都有可能对他的健康构成威胁。首先就是丢掉了美洲的殖民地，这可不是一件小事。英国对那些殖民地所征的赋税太重，尤其是对纸张和茶叶等必需品所征的赋税，而殖民地在英国议会中却没有任何发言权。在"波士顿倾茶事件"（Boston Tea Party）期间，大量茶叶被倾倒入海，足以让任何一个英国人感到崩溃。英国的回应并不是坐到桌边开始谈判，而是实施了进一步的打压。英国并未打算赋予殖民者任何自治权，于是殖民者开始公开反抗。失去美洲殖民地是一种沉重的打击。事实上，乔治三世还为此写下了退位诏书，只不过他在公布之前犹豫了。我们都经历过这一步，乔治。

　　有人说，是乔治三世的疯病发作才导致了这次失败。还有些人则说，是这次失败导致了他的疯病。1765年，他的病情曾经短暂发作过一次，只是当时没有公开，而他也很快康复了。1788年，乔治第一次出现了令人担忧的身体不适。当然，这种不适更多是生理性的，而不是精神疾病，以腹部剧痛和不受控制的腹泻为特点。御医称，他的疼痛属于"胆源性的"。胆源性是指源自胆囊，以及可能由急性胆囊炎或者胆管炎（即胆囊或胆管发炎）引发的疼痛，但他四肢无力和情绪激动等其他症状却让身边的人感到困惑。这次发作极其严重，足以让人们为它起了一个专门的名称，叫作"切尔滕纳姆（Cheltenham）发作"。乔治曾被送往切尔滕纳姆去疗养和康复，可从那里返回来数月之后，他感到自己的心率再次加速了。威尔士亲王前去探望病中的父王时，眼前的那一幕让他忍不住哭了起来；可这种情景却诱使国王袭击了儿子，把儿子推到了墙边。"我没病，"他说，"但我很紧张。"他继续举行着想象中的游行，并且跟早已不在人世的老朋友交谈。

　　在接下来的那次发病期间，乔治出现了便秘、尿液颜色变深（这是在将来国王死后，人们诊断他患有疯病时所依据的一种重要的观察结果）、四肢无力、声音嘶哑和脉搏急促等症状。他变得越来越焦躁不安，并且伴有头痛和视觉障碍。他变得神志不清，还开始抽搐。有一次，他陷入了长时间的昏迷之中。狂乱的兴奋状态之间夹杂着神志清醒的安静时刻。御医们所开的药石全无效果。他们曾经把水蛭放到他的身上吸血。水蛭长着3个口器和100颗牙齿，能够咬破皮肤各层。接下来它们的唾液会分泌出一种抗凝血剂，盖住咬破的地方，使得血液可以自由流动。它们吸出血液供自己食用，据说在此过程中，它们就会给人的体液带来平衡。御医们尝试了拔罐、烫洗、脚上敷膏药、放血和催吐等疗法，全都旨在吸出液体，从而重新平衡体液。

大家认为这些疗法全都没有效果之后，便召来了大名鼎鼎的弗朗西斯·威利斯医生（Dr Francis Willis），此人是一位治疗精神疾病的专家。他对眼前的情况持有截然不同的看法。他给国王服用了蓖麻油和鸦片酊，这无疑让这位可怜国王的肠胃完全无所适从。人们用绳子和紧身衣将国王捆住，因为医生认为，让一个人承受这种痛苦，肯定会导致其行为有所改变。假如病人不照威利斯的吩咐去做，他们就会受到惩罚，而惩罚措施的野蛮程度，我们如今是很难接受的。

1789 年，就在法国的大街小巷被革命搅得天翻地覆的时候，英国的乔治国王却在养病。几年之后，法国国王路易十六世（Louis XVI）在断头台上掉了脑袋，但乔治的脑袋还在，并且暂时还在发挥着正常的功能。1800 年，乔治遇到了一名想当刺客的人，后者近距离向他开了一枪，却没有击中。国王在遭到攻击时镇定自若，这大大提升了他的威望。

尽管人们认为他的祖父乔治二世是最后一位率领军队作战的君主，但乔治三世也充分做好了这样做的准备。如果拿破仑决定跨过英吉利海峡入侵英国，那么国王就准备率军迎击。他的声望进一步提高了，至少在大西洋东岸提高了。

可惜的是，1804 年，他的精神错乱症又发作了。虽然当时病情有所好转，但 1810 年女儿阿米莉亚去世之后，他又发作了一次。1811 年初，议会不得不通过了一项摄政法案，让威尔士亲王担任摄政王一职。这一次，乔治三世再也没有康复。痴呆症发作就意味着国王在温莎无法再公开露面，而他在英国人的生活中也不会再扮演什么角色了。

1969年，由麦卡尔平（Macalpine）和亨特（Hunter）这对母子组成的研究团队发表了一种理论，激发了人们的共同想象力。一种罕见的遗传性代谢疾病卟啉症（porphyria）可以解释乔治的病情。卟啉症是一类干扰血红素生成的疾病的统称。血红素会在红细胞内生成血红蛋白。这一过程中通常会用到的卟啉转而逐渐聚积起来，导致一系列的症状。其中可能包括肌肉酸痛、腹痛和麻木，以及躁狂、抑郁和出现幻觉。"卟啉症"一词源自希腊语中的"紫色"一词，指的是由于有颜色的卟啉要排出体外，故患有这种疾病的人会排出令人恐惧的蓝紫色尿液的现象。

亲属们的健康状况可能也已表明，乔治那个家族会遗传这种罕见的疾病。1775年，挪威和丹麦的卡罗琳·玛蒂尔达王后（Queen Caroline Matilda），即腓特烈王子的女儿因为患上一种神秘的疾病而去世了。当时，她才23岁。她的病情以迅速发展的进行性麻痹为特点。出现这种情况时，不断扩散的麻痹最终会蔓延到胸壁的肌肉，患者会无法呼吸。接下来，患者就会迅速死去。其他史料中则声称，她是死于猩红热，并且临终之时神志清醒，还写了一封信给王兄，说自己清清白白，没有做出遭到指控的丑事。只不过，人们在她的死亡与卟啉症这种疾病之间找不到明显的关联。

声称乔治四世（George Ⅳ）的痛风和夏洛特公主（Princess Charlotte）在分娩时死亡也是由于两人患有卟啉症的说法，则有点儿牵强。这两个人的情况都可以用常见得多的病理过程来解释。然而奇怪的是，20世纪或21世纪的王室成员当中，竟然无人罹患过此种疾病。在过去的200年里，王室的遗传特征似乎并非一直不为公众所知。维多利亚女王所患的家族性血友病，就完全有据可查。

麦卡尔平和亨特虽然为卟啉症提供了强有力的理由，却还是没有提出其他王室成员和私生子女也曾患有这种疾病的证据。仅以苏格兰女王玛丽和詹姆斯六世／一世经常腹绞痛为例来加以佐证，还不够有说服力。反对卟啉症一说的人已经证明，众所周知的是，乔治国王服用的一些药物会让尿液呈蓝色。另一方面，后来人们检测了乔治国王的一绺头发，发现其中含有高浓度的有毒物质砷。对，支持卟啉症理论的人会说，砷可以触发急性卟啉症发作。不对，反对者则会回应说，砷可以让任何人生病，而不管是不是卟啉症。

还有一种观点一时占据了上风，认为是丢掉美洲诸殖民地一事才导致这位国王病倒了。20世纪60年代还有一些著名的历史学家认为，乔治之所以发了疯，完全是因为他娶了一位糟糕的妻子，无法从紧张的夫妻关系中获得慰藉。这种观点其实更多地说明了那些历史学家的问题，而不是说明了乔治身体的问题。

近来，研究人员在仔细研究乔治的信函时，发现了一些很有意思的关联。在所谓的癫狂时期里，乔治三世那种丰富多彩的语言和永无休止的句子结构都表明，他可能是一个患有双相情感障碍并且处于躁狂阶段的病人。他们说，这种情况不是由罕见的遗传疾病卟啉症导致的，而是纯属双相情感障碍所导致（实际情况并没有那么简单）。双相情感障碍不只是一种反复发作的心理疾病，它还有可能导致腹部症状、肌肉疼痛和全身无力等生理表征。虽然双相情感障碍与额颞型痴呆之间的关系尚不明确，但人们已经认识到二者之间有联系，并且正在对病程进行研究。它们似乎拥有共同的分子机理，乔治的双相情感障碍可能没有直接导致他的死亡，而是逐渐发展成了痴呆症，缓慢地夺走了他的性命。

一如既往的是，回溯诊断虽然有趣，却并不准确，而我们也会面临着各种可能性。对乔治来说，当时的人没有为他找到治疗方法，他的间歇性发作就逐渐演变成了痴呆症。1815年6月，一支联军[1]在滑铁卢（Waterloo）彻底击败了拿破仑，消除了此人带来的威胁，可乔治三世对此却浑然不知。当时他已经神志不清，无法参战，而装模作样的摄政王则把功劳揽到了自己身上。1818年王后夏洛特去世时，这位国王也毫不知情。

1820年1月29日，国王的痛苦结束了。他享年81岁，是当时在位时间最长的君主。经过了漫长的等待之后，摄政王终于登基，成了乔治四世。他反对父王那种沉闷无趣的道德观，在虚荣浮华方面达到了全新的高度。

---

[1] 19世纪初，英国、俄国、普鲁士、奥地利、尼德兰、比利时等国曾经结成欧洲"第七次反法联盟"，并且集结重兵对法作战。滑铁卢之战是其中的一场决定性会战，由英普联军对阵法军，最终联军获胜。

第 41 章

乔治四世：殁于 1830 年

George IV

在父王缓慢地死于痴呆症的那段时间里当了 10 年的摄政王之后，乔治四世本人的统治却只持续了另一个 10 年。在位期间，他染上过各种各样的疾病，其中大多没有传染性，是他那种奢华无度的生活导致的。在新闻媒体中，乔治曾被人们讽刺成一个块头大、道德沦丧、放纵无度的王子。将他的死因最终归纳为一个简单的结论是不可能做到的。赌博、酗酒和纵欲，便足以让乔治四世获得"最差君主"的名头了。

乔治四世是乔治三世的长子，但此人完全不像他那位简单朴素的父亲。相反，他既浮华夸张，又爱慕虚荣。他穿着时髦精美的服装，并且喜欢艺术。他喜欢喝酒，同样也喜欢姑娘们。乔治王子走到哪里，哪里就有丑闻和流言蜚语；这不仅让他的父王破费了大笔钱财，也让他的父王承受了很大的精神压力。

1785年，乔治秘密迎娶了他当时的爱人，即一位信奉天主教的寡妇，名叫玛丽亚·菲茨赫伯特（Maria Fitzherbert）。绝对不会应允这样一桩婚姻的父王只好再次打开钱包，说服王子去迎娶一位更加门当户对的女性，而他与玛丽亚·菲茨赫伯特的婚姻则被视为一桩非法和无效的婚姻了。替他还清了令人瞠目的巨额债务之后，乔治便不再反对，迎娶了不伦瑞克的卡罗琳（Caroline of Brunswick）。乔治与卡罗琳育有一位婚生子嗣，即夏洛特公主。乔治非常讨厌他的妻子。卡罗琳在乔治加冕的3个星期之后就去世了，可他一点儿也不难过。

1810年，时局十分艰难。乔治三世发了疯，拿破仑正在欧洲横冲直撞，空气中则弥漫着共和主义的气息。很不讨人喜欢的乔治王子被任命为摄政王。终于在1820年戴上王冠之后，乔治四世便开始巡察王国内那些长期遭到父王忽视的地区。他是1690年以来第一位巡视爱尔兰的君主。巡察苏格兰的时候，由于腰部太粗，需要用大量布料制成一身苏格兰格纹裙，他才能穿上这种曾经被曾祖父所禁的服装；当时，他还喜欢喝上一两杯产自格兰利威（Glenlivet）的上等威士忌酒。

到了晚年，乔治四世患上了很多疾病，或者像人们可能会在一场医学会议上说的那样，是"混合病理"。著名的外科医生阿斯特利·库珀爵士（Sir Astley Cooper）曾为这位大块头国王的遗体进行了解剖。对医生而言，那天的工作时间一定很漫长。

库珀的尸检结果表明，乔治四世度过了奢靡无度的一生。一些与生活方式相关的慢性疾病，是如今导致女王伊丽莎白二世（Queen

Elizabeth Ⅱ）治下臣民死亡的主要原因[1]，而我们当中的许多人，也因患有曾经困扰过乔治四世的那些疾病而正在接受现代的治疗。肥胖症、心肌性和瓣膜性心脏病、脂肪肝、门静脉高压症、胃憩室和膀胱结石，全都对这位国王的健康造成了影响。这些疾病全都是乔治四世终生所吃之物带来的结果，并且共同导致了他的死亡。他既不是被匕首刺中身亡，也不是被战斧砍中脑袋而死。当时的君主，早已不再冒着生命危险率领军队去冲锋陷阵了，也不用担心自己会被人下毒谋害了。乔治四世很幸运，没有像父王那样患有极其严重的精神疾病。他也没有像此前的一些国王那样，染上许多致命的传染病。乔治四世甚至在共和主义浪潮席卷英吉利海峡对岸的那个时期成功地躲过了一劫，没有掉脑袋。和乔治四世一起，我们进入了与生活方式相关的慢性疾病横行的现代时期。对于后世的君主来说，传染病带来的威胁必将越来越小，而生活方式与奢侈无度带来的威胁则会越来越大。除了饥荒与战争，君主之死也成了一种征兆，预示着每一个人即将面临的遭遇。

乔治四世曾经热衷于参加先祖陵墓的开棺仪式，并且检视他们的遗骸，但他自己的遗体至今还没有被世人打扰。他安葬在温莎圣乔治礼拜堂的地下陵墓里。在他的葬礼上，继位的国王即他的弟弟威廉由于即将当上国王而兴奋不已，因此表现得极其不庄重；尽管当时已有65岁，可他仍然像个孩子一样傻笑着，评头论足。

---

[1] 伊丽莎白二世已于2022年去世。

第 42 章

夏洛特公主：殁于 1817 年

Princess Charlotte

夏洛特公主是乔治四世与不伦瑞克的卡罗琳夫妇唯一的婚生子嗣，因此是乔治四世的王位继承人。1817 年 11 月，她已有 20 岁，身体也相当健康。她第一次怀孕时，足月产下了一名男婴；可不到 5 个小时之后，这位公主便撒手人寰了。那名男婴也没有活下来。负责接生的产科医生理查德·克罗夫特爵士（Sir Richard Croft）由于面临着极其强烈的反对之声，便自杀身亡了。

当时之人的推测和死后诊断都认为，夏洛特公主是死于产后大出血；但是，近来人们对史料进行的分析却得出了不同的结论。1988 年，耶鲁大学产科学系（Obstetrics Department）的安德鲁·弗里德曼（Andrew Friedman）等人注意到，当时并没有关于公主外出血过多的记载，这与诊断结果不符。一份遗体解剖报告声称，她的子宫里有一个血块，但血块并没有大到足以因为体内失血而死亡的程度。那么，他们当时为什么会得出大出血的诊断结果呢？这种结论必定是根据他们对公主临终情况的观察得出来的，只不过还有其他一些关于夏洛特之死的线索，我们可以从现代的视角来加以诠释。记载表明，夏洛特出现过急性呼吸窘迫症的症状。弗里德曼、科霍恩（Kohorn）和纽兰（Nuland）得出结论说，她更有可能是死于肺栓塞。肺栓塞是一种在1846年以前尚未有人记述过的疾病，因此理查德·克罗夫特医生肯定不知道这种疾病的危险性。

夏洛特的肺栓塞是一个在离肺部较远的血管里形成，然后经由脉管系统抵达肺部的血栓导致的。血栓阻塞了肺部血管，使得血液无法通过和到肺部边缘去进行氧合作用。生下孩子片刻之后，夏洛特就喘不上气了。她大口大口地喘息着，努力把更多的空气吸入肺里，去为组织提供所需的氧气，但毫无用处。氧气无法通过，因为血液被血栓阻住了。

即便到了如今，肺栓塞的诊断也是一件棘手的事情。深静脉血栓会在某条远端血管里形成，然后脱离、栓塞，并且随着血液流往肺循环系统。有时，我们可以在双腿下部看到深静脉血栓形成的迹象，即小腿肿胀、发红、发热和腿肚疼痛——它们就是发炎的4种典型症状。

大的血栓会楔在肺主动脉里，而较小的血栓则会随着血液不知不觉地到达较小的肺外周动脉中。阻塞肺动脉的大型血栓会形成无效腔通气量，也就是肺泡通气量超过了肺部的血流量。外界的氧气吸入肺里之后，肺部却没有血细胞来承载氧气。同样，体内的二氧化碳也没有任何机会被血细胞携带着排出体外了。

肺动脉里的压力开始上升，积滞的血液则会挤压右心室。随之而来的，就有可能是右心室衰竭了。这个问题有可能进一步发展成心肌缺血（即没有氧气输送到心肌中）。心脏若是无法正常发挥功能、无法正常泵血，就会陷入心电机械分离状态，让人突然死亡。虽然这种描述听起来并不突然，但在旁观者看来，夏洛特公主是当场身亡的。他们应该会看到她大口喘气，试图每分钟呼吸20次、30次，甚至频率更高，来努力提供更多的氧气。此时，就算没有新的氧气吸入，心率也会增加，以便努力为组织提供更多的含氧血液。体内生成的乳酸量增加了。夏洛特可能感到了剧烈的胸痛。她会脸色发青，尤其是嘴巴周围发青。去世之时，她的双手会变成能够说明问题的暗紫之色。

  当然，这些症状并非肺栓塞所特有，因此这位病危的公主可能就是被当时的医生简单地诊断成了内出血。肺栓塞也不能解释她诞下的那名男婴的死因。那名男婴的死因如今依然是一个未解之谜。

第 43 章

威廉四世：殁于 1837 年

William IV

如果您忘记了"水手国王"（Sailor King）威廉四世，那也是情有可原的。他是在 4 任乔治国王及其家庭闹剧之后登基的，并没有位居最令人难忘的君主之列。打一开始起，威廉就不是一个有望登上王位、继承大统的人。他出生于 1765 年，是乔治三世和夏洛特王后的第三子，甚至没有获封约克公爵，而是被封为克拉伦斯公爵（Duke of Clarence）。然而，后来他还是在王位上稳坐了 7 年，之后才轮到维多利亚女王即位。

威廉直到 65 岁才当上国王，他的大半生都没有在为这一刻做准备。身材魁梧的王兄乔治生下女儿夏洛特之后，他当上国王的机会就更加渺茫了。可惜的是，夏洛特死于分娩，她的儿子也死了。由于没有其他的子女，所以乔治的王位继承人就成了他的弟弟即约克公爵爱德华。不过，乔治在位期间爱德华就去世了；于是，克拉伦斯公爵威廉就成了王位继承人。

小时候，威廉非常崇拜任性不羁的哥哥乔治，因此他似乎也有可能逐渐形成乔治那样的生活态度。为了历练历练他，家里把他送去了海上。14岁的时候，他被"乔治王子"号（The Prince George）军舰录用为海军军官候补生，朝着日落的方向起航，开始了一种纪律严明的海军生活。18世纪末，威廉亲历海战，成了一位受人敬重的军官。尽管海军纪律严明，威廉还是非常喜欢海员生活的方方面面。许多人都发过牢骚，说威廉王子态度粗暴、喜欢骂人和赌博。他曾经在巴巴多斯（Barbados）大闹一家妓院，后来他的父王就收到了一张巨额的赔偿账单。他的海上生涯全然没有达到父王想要的效果。

每次回到英格兰之后，威廉都会疯狂地爱上一个被他的父王认为配不上他的女人，然后再被送回海上。最终，他与一位名叫多萝西娅·布兰德（Dorothea Bland）的女演员同居，并且共同育有10个私生子女。然而，后来他不得不抛弃他们，另娶了一位人们觉得更加门当户对的妻子。娶了萨克斯—迈宁根的阿德莱德公主（Princess Adelaide of Saxe-Meiningen）之后，他的生活就变得大不如以前那样有意思了。这位年少轻狂、举止吵闹、性子急躁的海军军官候补生，变成了一位性情更加温和、考虑周到、已届中年的王位继承人。他在65岁那年继位为王，在位时间仅有7年。但这并不是说，他就没有过春风得意的时候。众所周知的是，他喜欢走进一家酒吧，请所有的人喝香槟，并且坚持让每个人都举起酒杯，以各种各样的理由敬酒。他可能也有点儿令人生厌，据说这位王子曾经"有过一些怪异举止"。不管那是由乔治三世的疯病经由双相情感障碍遗传的倾向性导致的，还是由卟啉症或者在妓院里染上的梅毒导致的，据说威廉都有过更加奇怪的时候。

当时，人们还没有确定导致詹姆斯二世死于梅毒的究竟是哪种细菌，而到那时为止，世上也还没有抗生素来治疗这种疾病。相反，那些患有梅毒的人都会用水银来进行治疗。史料中没有提到威廉患有梅毒，但众所周知的是，他在年轻之时，也就是还是水手的时候，经常光顾西印度群岛（West Indies）和英格兰南部沿海的妓院。他在每座港口都有一位相好的姑娘，因此他很有可能是染上了某种疾病，才导致了晚年出现的各种问题。

1837 年，威廉的健康状况急转直下。他开始偶尔呼吸困难，并且需要坐轮椅了。他患上了心脏衰竭之症。此前，在他似乎有可能当上国王之后，威廉曾经下定决心要比王兄活得更久，而他也做到了这一点。如今病倒之后，他又决意要比自己不喜欢的嫂子活得更久了，后者当时掌控着他那位年轻的女继承人。假如他活得够久，那么他的侄女亚历山德丽娜[1]就可以在他去世之前长到 18 岁，继位为女王之后就不会受到她母亲的摄政干预了。但比那种情况更加糟糕的还是她母亲的私人秘书、控制欲很强的约翰·康罗伊（John Conroy）的势力。其他王室成员都对康罗伊的这种身份深感不满，称他是"约翰国王"。虽然威廉活得够久，没有让他们攫取到摄政的权力，可他的肺部已经感染了不断繁殖的细菌，而试图将细菌吞噬的免疫细胞形成的脓液则充满他的肺部，阻碍了气体进出肺部细胞壁的运动。随着组织开始变得黏稠起来且挤压到一

---

[1] 亚历山德丽娜（Alexandrina），即维多利亚女王，其全名为亚历山德丽娜·维多利亚（Alexandrina Victoria）。

起,他的身体每况愈下、持续恶化的趋势就很难停下来了。御医们的应对措施自然就是给他放血,这导致他流失了身体所急需的部分血液。这位国王的临终遗愿就是活着再过一个滑铁卢之战的周年纪念日。他成功地熬到了那一天,只是由于身体欠佳,没能参加任何庆祝活动。老年人常患的肺炎再次夺走了一位君主的性命。两天之后即1837年6月20日,他驾崩于温莎城堡,享年71岁。

在国王驾崩的数天之前,一些医生听到御医们传来的消息后曾深感不安,因为那些消息表明国王的各个方面都很好——可事实并非如此。国王的遗体由当时声名赫赫的外科医生阿斯特利·库珀实施了解剖;此前,库珀也为这位国王的哥哥乔治进行过遗体解剖。库珀发现,国王业已肿大的肝脏上有一处硬化,而国王的脾脏则肿到了正常情况下的2倍大。他还发现,国王的肺部组织里充满了黏液、血液和浆状物。心脏瓣膜已经钙化到了相当严重的程度,因此这种病变一定影响到了心脏的功能。所以,威廉四世是死于心脏与肝脏衰竭情况日益严重后的肺炎。他没提到在威廉四世的大脑里有什么发现,这让我们只能一如既往地去猜测威廉四世晚年认知能力下降的原因。虽说身边的人曾经担忧过他的精神健康状况,但这不一定就意味着他遗传了父王那种有据可查的精神疾病。

肯林根勋爵(Lord Conyngham)、宫务大臣(Lord Chamberlain)和坎特伯雷大主教前来请求觐见的消息惊醒了维多利亚女王。他们给她带来了消息,说她的叔王在刚过凌晨2点钟的时候已经驾崩。如今,她是女王了。

第 44 章

维多利亚：殁于 1901 年

Victoria

我希望活得更久一点儿，因为我还有几件事情要处理。

——维多利亚女王，据其私人医生詹姆斯·里德医生（Dr James Reid）称

伊丽莎白一世的画像给世人留下的经久形象可谓色彩缤纷、富丽堂皇和珠光宝气，但维多利亚女王截然不同。在人们的印象中，这位女王大多数时候都身着朴素的黑色丧服；可还有其他一些原因让她成了一位标志性的人物。

在 19 世纪晚期，维多利亚女王成了英国历史上在位时间最长的君主。她首次登上王位之时年仅 18 岁，在位时间却比她的祖父乔治三世

还要长久。进入 20 世纪之后，这位女王的情况看上去就不那么好了。1901 年 1 月 3 日是个星期天，维多利亚已是 81 岁高龄；那天她写下了自己的最后一篇日记，而在此前的 65 年里，她每天都会把自己的想法粗略地在日记中写下来。还没出 1 月份，这位欧洲祖母就与世长辞了。

当年的圣诞节，女王是一如既往地在怀特岛（Isle of Wight）的奥斯伯恩庄园（Osborne House）里度过的。由于饱受风湿困扰，走不了路，维多利亚只能坐在轮椅上。她的身体很虚弱，还患有白内障。近年来没有出现什么新的外科手术或者医学发现能够帮到此时的女王。在她的一生中，维多利亚女王已经充分利用了来自外科医生与内科医生的新思想；此时，医生们正在以更加科学的态度对待医术。还在她很小的时候，母亲就让小维多利亚（当时她叫亚历山德丽娜）接种了天花疫苗。后来，最小的两个孩子出生时，她又接受了氯仿麻醉手术。

外科医生都明白，术后伤口化脓有可能致人丧命；因此，当维多利亚将外科医生约瑟夫·李斯特（Joseph Lister）召至她位于苏格兰巴尔莫勒尔（Balmoral）的城堡，去为她治疗腋下的一个巨大脓疮时，后者便带来了用于伤口之上的石炭酸喷雾剂。这个新想法的出现，其实伴随着风险和潜在的副作用。对大家，尤其是对李斯特来说幸运的是，这一次，唯一的副作用就是成功治愈了女王的内、外科医生都被封为骑士，获得了勋章。

1861 年 12 月 14 日，阿尔伯特亲王[1]去世了；他很可能是因为感染了伤寒，但他也患有潜在的腹部疾病，导致这次感染最终让他丢掉了性命。此后，维多利亚女王便在没有丈夫陪伴的情况下统治了 40 年之久，

---

1 阿尔伯特亲王（Prince Albert）是维多利亚女王的表弟兼丈夫。

直到 1901 年与世长辞。

关于维多利亚女王的死，如今有各种各样的说法，但其中没有哪一种称得上过度夸张。她可能是在一系列轻度中风之后患上了脑出血；不过，其他一些人说她是患有心脏功能衰竭症，还有人则说她纯属寿终正寝。布鲁尔曾记载说，女王的死因就是年老体衰。如今的医生虽然有可能仍然在死亡证明书上将"年老"列为死亡原因，但他们首先必须对其他潜在的死因进行彻底的排查才行。由于女王已有 81 岁，因此完全有可能是上述任何一种情况导致了她的死亡；考虑到当时她已达到 80 多岁的高龄，所以更有可能是多种因素结合起来，共同导致了她的驾崩。

中风是一种神经官能缺陷症，迄今我们已在驾崩的君主身上见过多次了。任何一种短暂的功能丧失都叫作短暂性脑缺血发作。持续时间超过 1 天的功能障碍则被称为脑血管事件或者中风。例如，轻度的血管阻塞有可能影响记忆之类的官能，从而导致认知能力衰退，但轻度中风的影响还会逐渐累积起来。就像我们在亨利三世和爱德华三世身上看到的那样，维多利亚女王的情况也是如此。威廉·奥斯勒[1]的评价再次证明了这一点；此人指出，谈到这种年老体衰时，"人们死亡所需的时间，会与他们长大成人一样久"。

听到维多利亚女王在 81 岁高龄时死于中风或者死于有人提出的心脏功能衰竭，是不会让人觉得意外的。随着年龄增长，人们患上这两种疾病的倾向也会增大。他们感染肺炎的可能性也会增加——多年以前，肺炎就夺走了她的叔王威廉四世的性命。尽管维多利亚遭遇过多次并不

---

[1] 威廉·奥斯勒（William Osler，1849—1919），加拿大临床医学家兼医学教育家，是现代医学的奠基人之一，被誉为"现代临床医学之父"。

算竭尽全力的未遂刺杀且全都幸免于难,但她是不太可能死在战场之上,或者外出狩猎时死于林中射来的一支利箭的。对她来说,最大的威胁就在于此前没有几位君主面临过的那种风险,即分娩。维多利亚分娩过 9 次,全都平安无事。

对于维多利亚 80 多岁时罹患的那些疾病,如今我们已有许多的治疗措施。我们会用各种各样的抗生素,甚至是用机械通气的方法来治疗肺炎。我们会用抗凝血药物来打通脑血管阻塞的部位。我们会在心脏血管中搭上支架,让血液重新流动起来;透析可以代行病变肾脏的功能,而移植则可以彻底将病变肾脏取而代之。医疗技术正在不断创新,不过,尽管现代化的医院为我们提供了各种服务,但生命、生存和年龄目前的确仍有其自然的极限。然而,总有某种东西即将出现,就算不会增加我们的健康期限,也会有望提高我们的自然寿命。人们当时没有对维多利亚女王进行遗体解剖。如果进行过,医生就有可能发现她患有心脏病或者大脑病变,或者在其他器官中看到伴生的病程;伴生病程不会直接导致死亡,它们往往出现在八旬老人的身上。

维多利亚女王知道自己时日无多,便召来了秘书,讨论自己的葬礼与丧葬事宜。"我希望活得更久一点儿,"她说,"因为我还有几件事情要处理。"他们没有怎么讨论;女王只是口述,秘书则负责记录。记了 12 页纸之后,就是一些详细的计划了,其中还包括一份列有维多利亚女王希望陪葬的物品清单。她终究还是那位多愁善感的女王。她的棺椁中将塞满各种物品,其中包括她挚爱的阿尔伯特亲王的一具手部石膏模型,是在后者刚刚去世之后制作的。还有她的结婚戒指,但这并不是她陪葬的唯一戒指。这件事情对整个王室保密,不然的话,他们是不会允许这样做的;不过,维多利亚还带着她在苏格兰高地(Highland)时的仆人约翰·布朗（John Brown）所送的一枚戒指入了土，如今许多人都认为，约翰·布朗曾是她的情人。她还带走了约翰·布朗剪下的一绺头发，以及这位苏格兰高地人的一张照片。不难想见，她的儿子伯特（Bertie）要是知道此事的话，会有多么愤怒；但女王与御医詹姆斯·里德爵士达成了一致意见，没有将此事告诉他。

她的遗体四周摆满了插花，遮住了下面的东西；尤其是四周还摆放着一些石楠花，这是为了向苏格兰高地的美丽风景和她在巴尔莫勒尔的庄园致敬。她和阿尔伯特亲王一起建造了那座城堡，她在那里感到很放松，并且有幸遇到了约翰·布朗。

她要求下葬的时候身穿白色的寿服。我们很难想象这位女王数十年来一直身穿黑色丧服、此后却永远穿着白色衣服的模样。她的寿服上盖着她在结婚当天所戴的蕾丝面纱。她还要求，公众在悼念她的时候也应当身穿白色服装。她还带着阿尔伯特亲王的一件刺绣披风下葬，那是1878年死于白喉的女儿爱丽丝（Alice）送给父亲的礼物。

与古代文化中的情况不同，英国的国王和王后通常不会带着他们的所有珠宝陪葬。维多利亚女王却要求尽量将她身上能够佩戴的物品全都陪葬。于是，手镯、项链和戒指都戴到了她的遗体之上。它们可不只是普通的古老珠宝。那些都是对她具有重大意义的物品，是寄托着她的情感之物。

当时举行了一场正式的军事典礼，水兵和陆军士兵分列街道两旁，骑兵则带领着身穿制服的送葬者列队游行。有鼓手、管弦乐手，还有身着格呢褶裙的苏格兰高地人，两侧则是哀悼的士兵；他们都枪口向下，指着地面，让留着小胡子、戴着高礼帽的平民队伍依次通过。甚至有一条狗加入了送葬队伍，被永远地摄录到了胶片上。维多利亚女王是第一位将其最后旅程拍摄下来的君主。

多年前阿尔伯特亲王去世时,人们为他制作了一尊雕像,立在他的安息之地,即温莎南下那条路上的弗罗格莫尔庄园（Frogmore Estate）的一座新陵墓上。维多利亚女王也命人制作了一尊雕像,以便她去世之后,夫妻二人的雕像也能长眠在一起;不过,由于那么久都不需要用到,那尊雕像就被塞进了某个储藏室里,在她死后竟然找不到了。数十年后,那尊雕像终于重见天日,人们便掸掉上面的灰尘,立到了她的陵墓之上。

维多利亚的长子伯特正在耐心地等待着继位,可他不得不再等上一段时间,才能举行自己的加冕典礼,才能让爱德华时代的人走到历史舞台的中央。

第 45 章

爱德华七世：殁于 1910 年

Edward VII

维多利亚女王的长子兼继承人阿尔伯特（Albert）[1]正在一门心思计划自己的加冕典礼，准备成为爱德华七世的时候，却开始觉得腹部不适起来。接下来的几天里，他的病情越来越重，额头上汗水直冒。这可不是生病的好时机。他已有 59 岁，等待加冕的时间已经够久了。他的右下腹部出现了一个肿块。他没有太过在意，并没有停止准备工作，还参加了一场宴会。第二天，他终于挺不住了，只得卧床。最后，御医们不得不告诉他说，若是不推迟加冕典礼并且接受阑尾炎手术，那就根本不会再有加冕典礼——他就可能是在给自己的葬礼做准备了。国王同意

---

[1] 上文所说的"伯特"（Bertie）即"阿尔伯特"（Albert）的昵称。

了。幸运的是,或许是因为他即将即位为王,所以他得到了一流专家弗雷德里克·特雷维斯医生(Dr Frederick Treves)的治疗,后者已经治疗过许多的阑尾炎患者。特雷维斯为国王动了手术,割掉了脓肿,将感染部位冲洗得干干净净。据当时的新闻报道称,他把国王的腹部缝合之后,第二天国王就在病床上抽起了雪茄。爱德华终究保住了性命,并且成功地加冕了。

这并不是伯特的性命第一次受到威胁。30年前,他曾染上伤寒之症,也就是很可能夺走了他父王性命的那种疾病。维多利亚女王一定很不喜欢12月14日。正是在1861年的这一天,她深爱着的阿尔伯特感染伤寒去世了。10年之后的同一天,她的长子兼王位继承人,即年轻的伯特染上了同一种疾病,并且病情严重。1878年12月14日,又轮到了爱丽丝公主(Princess Alice)。在护理过罹患白喉的家人之后,爱丽丝公主自己也因感染白喉而去世了。

伯特是个任性的孩子,父母还认为他很懒惰。伯特总是被人拿来跟他那位聪明伶俐的姐姐维姬(Vicky)进行对比,可他毫不在意,因为他是威尔士亲王。这位年轻的王位继承人比他的父母更热衷于参加聚会,所以越来越受人们的欢迎。十八九岁的时候,他随着英国的近卫掷弹兵团(Grenadier Guards)被派往加拿大,以便历练成为一个男子汉。好吧,他确实成了一名男子汉,却不是按照阿尔伯特亲王想要的那种方式。伯特带回了自己结识的一位姑娘,于是流言蜚语迅速传开。然而,此女并不是跟伯特上床的最后一位情妇。

他继位的时候已有59岁,是所有王储当中等待时间最久的一位,直到查尔斯王子(Prince Charles)才刷新这个纪录。尽管年轻之时身边的人曾对他深感担忧和不安,但在人们的记忆中,他却是一位卓有成效的国王。他改革了军队的职责，并且与欧洲各国进行了很好的交涉。他会说法语和德语，还与大多数国家的元首保持着良好的关系。但在国内，他却引发了一些争议。

爱德华七世并不像他的远房亲戚詹姆斯一世那样讨厌烟草，而是一个大烟鬼。对他来说，每天抽 12 支雪茄和 20 支香烟，是一件相当正常的事情。因此，他成了另一个在位不到 10 年的国王。1910 年 4 月，爱德华开始身体不适。当年 5 月，他的心脏病接连发作，直到最后一次发作夺走了他的性命。

假如维多利亚女王确实死于中风，那么根据世界卫生组织（World Health Organisation）的数据，她的死因就是目前最常见的第二大死因。她的儿子伯特则是死于当前人们的第一大死因，即缺血性心脏病。

吸烟与心脏病之间具有密切的联系。对爱德华来说，动脉粥样硬化症并不是在他的法国之行中一夜之间出现的；1910 年 4 月，他在法国第一次昏倒了。这种病症在那时的很久以前就开始了，并且随着他吸的每一支香烟逐渐发展着。很可能还有其他一些因素，饮食、喝酒和基因都有可能导致血管内逐渐形成动脉粥样硬化斑块（即让动脉变硬）。斑块破裂会导致更多的血栓在其周围聚积起来，直到动脉被阻塞，血液难以流动。受此影响的并不是那些将血液从心脏来回输送到全身的大血脉，而是冠状动脉本身，即那些为心肌提供氧气的血管。伯特胸腔中原本不停搏动了 69 年之久的心肌此时开始缺氧了。爱德华的视力也已下降，因为心脏无法再将氧气随着血液泵到他的大脑中去维持视力了。

50 岁以上的人最有可能死于心脏病，或者在此过程中患上心绞痛。病情从心绞痛逐渐发展到势不可当的疼痛与昏厥是一种常见的现象。在爱德华七世患上心绞痛不到 20 年前，威廉·奥斯勒就已认识到，死于这种疾病的并不是体质衰弱者，而是那些"全速前进"地生活着的身强力壮者。如今那些匆匆忙忙地来去，然后突然倒地而亡的中年高管，就是这样的人。

　　与生活方式相关的慢性致死性疾病中，领头的通常都是高血压、肥胖症、糖尿病和阻塞性肺病，等等。随着疾病的每一次复发，病情都会变得更加严重；尽管患者常常都会康复，但他们的身体状况却会比上一次更加糟糕。病情通常是逐渐恶化下去的，直到患者最终病逝。爱德华七世的死因就是如今我们许多人的典型死因，即那些与饮食和久坐不动的生活方式相关的现代疾病，比如远离阳光与大自然、睡眠不好，以及用酒精、咖啡因和其他药物来在短期内解决长期性的问题。

　　爱德华的遗体停放在威斯敏斯特大厅，由侍卫（Gentlemen at Arms）和御林卫士（Yeoman of the Guard）以及王室骑兵与近卫旅（Household Cavalry and Brigade of Guards）的军官守护。他的遗体用炮车运往温莎的时候，有数百万人观看了这场送葬游行。欧洲各国的君主纷纷前来吊唁。爱德华是其中大多数君主的叔辈。

第 46 章

乔治五世:殁于 1936 年

George V

> 国王的生命正在平静地走向终结。
>
> ——引自第一任佩恩的道森子爵(1st Viscount Dawson of Penn)贝特朗·道森(Bertrand Dawson)

1865 年,汉诺威王朝的爱德华七世与丹麦的亚历山德拉(Alexandra of Denmark)两人的儿子乔治·弗雷德里克·欧内斯特·阿尔伯特(George Frederick Ernest Albert)出生了。1917 年,由于针对他们德国表亲的战争正在激烈进行着,汉诺威王朝便疏远了这个亲戚分支,将他们的姓氏从"萨克斯-科堡-哥达"(Saxe-Coburg and Gotha)改成了"温莎"。

祖母维多利亚女王曾说,小乔治和他的哥哥两人都缺乏教养和历练。他们会让每个人都筋疲力尽,而他们的父亲也反抗过自己接受的那种严苛的教养方式。但这一次,把年轻的王子送到海军去历练的做法确实达到了预期的效果。与父王爱德华不同的是,乔治学会了自律与坚韧;结果证明,在日后的岁月里,这两个方面都很重要。

这一回,又是次子继位成了国王。他的哥哥阿尔伯特·维克多王子(Prince Albert Victor)在1891年的一场瘟疫中死于流感,年仅28岁。微小的流感病毒深深地侵入了那位王子的呼吸道上皮细胞里。他应该经历了我们都很熟悉的那种感受:先是喉咙疼,接着是头痛、关节痛和体温升高。他可能一直都在打喷嚏和咳嗽,并且觉得头晕眼花。在温暖和潮湿之处会大肆繁殖的流感病毒,在王子的肺里找到了完美的生存环境。肺部产生的免疫反应会导致炎症,阻碍肺部的气流和气体交换。感染者咳嗽或打喷嚏时,病毒会呈气雾状散开,然后被吸入另一个人温暖、湿润的喉咙里。阿尔伯特·维克多王子去世了。尽管这个王位继承人的道德品行很成问题,还做出过很多令人难堪的古怪之举,他却还是获得了很多人的爱戴。他去世之后,除了那些指控他是"开膛手杰克"[1]的人,很多人都大感震惊和悲伤。当时人们所称的埃迪王子(Prince Eddy)[2]已经订了婚,就要娶特克的玛丽了。王子死后,玛丽便转而嫁给了他的弟弟乔治。

---

1 开膛手杰克(Jack the Ripper),1888年在伦敦东区的白教堂一带以残忍手法连续杀害至少5名妓女的凶手的代称。据说在此期间,凶手多次写信到相关单位挑衅,却始终没有落入法网,故引起了整个英国社会的极大恐慌。此人是欧美文化中最恶名昭著的杀手之一,但其真实身份至今仍不得而知。

2 阿尔伯特·维克多王子的全名是阿尔伯特·维克多·克里斯蒂安·爱德华,"埃迪"即"爱德华"的昵称。

第 46 章 乔治五世：殁于 1936 年

乔治与玛丽两人是第一次世界大战期间的英国国王和王后；尽管有些人曾经嘲笑说这对王室成员平庸普通得很，生活也太过与手下的臣民相似，但更多的人却对他们抱有好感，认为他们很是讨人喜欢。国王身体强壮，曾经前往西线（Western Front）视察；但在视察期间，他却从马背上摔下来，导致骨盆骨折。尽管他当时幸免于难，但到了 10 年之后的 1928 年，他的身体却面临着更加严重的威胁：当时他病入膏肓，几近死亡。御医道森勋爵（Lord Dawson）发现他患有积脓症（肺部有一个脓肿），便将脓液抽了出来，但国王又患上了败血症。他再次挺了过来，回到了伦敦；当时街道两旁人山人海，民众都对国王的幸存于世深感欣慰。从那以后，情况就完全不一样了。终生大量吸烟让他付出了代价，他的肺部早已受到了严重的损害。他患上了慢性肺阻塞之症，经常出现胸部感染。

患上慢性阻塞性肺疾之后，乔治日渐呼吸困难起来，还有令人恼火的持久咳嗽。每次剧烈咳嗽的时候，都有一团气味难闻的黏液从呼吸道咳到他的嘴里。呼吸道因为发炎而变狭窄了，使得他难以充分往外呼气，导致空气滞留在他的胸腔里。他的肺泡因为病情日益恶化而遭到了破坏，使得他呼吸的频率变得越来越低。

遭受了多年吸烟带来的损害之后，这种慢性肺疾导致的死亡极少是突然发生的。患者会出现急性发作，但通常都是病情的感染性恶化所致。他们每次康复之后，肺部都不会恢复到以前的容量。随着每一次受阻，肺部功能会逐渐衰退，直到最终出现一次难以对付的发作。

尽管从表面来看，乔治五世之死是现代生活方式的选择所导致的又一例死亡，但在这一过程中，却还有另外一个推动因素。有些人甚至走了极端，提出了谋杀的观点，说乔治是被人蓄意毒死的——是 20 世纪的一桩弑君案。

1936年1月，乔治国王的身体虚弱得连枢密院（Privy Council）的一场会议也无法参加了，因为他得了感冒，只能卧床休息。1月17日，玛丽王后召来道森勋爵，给她那位虚弱不堪的丈夫瞧病。这一次，国王的肺里没有可以引流的脓肿。国王病入膏肓了。

乔治躺在床上，因为罹患呼吸道疾病和心脏病而奄奄一息的时候，坎特伯雷大主教科斯莫·戈登·莱恩（Cosmo Gordon Laing）在昏迷不醒的君主身旁做了祷告。牧师刚走，道森勋爵便做出了一个决定。他发表了一份声明，称"国王的生命正在平静地走向终结"。他认为，国王的死去时机有着至关重要的意义。他当时一心所想的，就是让消息登上报纸的头条。要想让国王驾崩的消息率先刊登在他喜欢的大开本报纸上，他就必须采取行动。假如国王在白天去世，即在那些大报出版之后，那么消息就会率先刊登在一些小报上。他可不想如此不庄重地宣布国王驾崩的消息。国王必须死在夜间，这样公众才能在上午那些体面的大报上看到这条新闻。吩咐妻子把即将发布的消息告知《泰晤士报》（*The Times*）之后，他便往注射器里装满了吗啡和可卡因，帮助国王离开了人世。"因此，我决定控制国王驾崩的时机，往膨胀的颈静脉里注射了3/4格令[1]的吗啡，不久后又注射了1格令的可卡因。"由于国王的心脏奋力维持他的生命，因此脖子上的颈静脉鼓了起来。针头刺破国王颈部的皮肤，将两种药物注入了他的血液。

尽管坎特伯雷大主教说乔治国王看上去并不痛苦，但这可能是国

---

[1] 格令（gr.），英国历史上使用过的一种重量单位，最初规定1格令就是一颗大麦粒的重量，如今在宝石学（如钻石和珍珠）和贵金属领域仍有使用，1格令约合0.065克。

王所用的药物才给人们留下了那样的印象。在这位国王的周围神经系统中，肺部四周神经中的感知细胞一直都在识别损伤，并向脊髓中的神经元发送疼痛刺激信号。这些信号会沿着脊髓上传到大脑中的丘脑，再传递到乔治感知疼痛的体感皮层当中。如果没用镇痛剂，那么这位国王每呼吸一下，都会感到胸部和背部的疼痛更加剧烈。他会在病榻之上辗转反侧，试图减轻疼痛，但却无济于事。当时，御医给他开了阿片类止痛药。

经由静脉注射到血液当中的阿片类药物，会作用于中枢神经系统中的神经元细胞膜上的受体，产生镇痛和兴奋作用。它们会阻断细胞间的突触释放神经递质，从而遏止任何信号沿着神经往前传递的势头。阿片类药物虽然具有缓解作用，但也会带来问题。吗啡剂量的增加受其副作用的制约，主要会对呼吸功能有影响。吗啡会抑制呼吸系统。注射吗啡之后，乔治的呼吸频率肯定会越来越低，直到他无法吸入充足的氧气和排出二氧化碳来维持生命。如今吗啡过量，需要一种解毒剂，叫作纳洛酮（Naloxone），医护人员和急救人员都会随身携带，用于救助那些过量使用了二乙酰吗啡或者海洛因等吗啡类物质的人。它会缓解吗啡类药物对呼吸的抑制作用，保持气体进出畅通，同时可以实施其他的抢救措施。结束了乔治五世生命的，正是这种呼吸抑制作用。道森写道，他的决定是根据新闻报道的时机选择性地做出来的，是一个完全具有20世纪特色的决定。尽管当时道森显然是惦记着此事的新闻报道时机，但实际情况恐怕不止于此。

吗啡通常用于临终之时，以便缓解病人最后日子里的疼痛与痛苦。所需的吗啡剂量视病人而定，医生应当用滴定法测量有效剂量，但过量就会导致患者过早死亡。加快死亡的作用依赖的是患者的反应。道森医生很清楚自己在干什么。他已经吩咐妻子通知了他最喜欢的那家报社，即便连一位经验丰富的医生也不可能精准地预测一个人的死亡时间。

道森对安乐死的态度是很明确的。他相信，医生在病人生命即将结束的情况下实施安乐死的做法，必将变成一种正常现象，而他也提倡这样做。他认为，医生应当有权结束任何一位重疾患者临终之时的疼痛与痛苦。他还在英国上议院里提出，这种权利不该由立法来规定，而应当由相关的医生自行决定。第一次世界大战期间，道森曾在西线服过役，因此颇受人们敬重。他还担任过皇家医学院的院长及英国医学会（British Medical Association）的主席等职务。虽然他认为公众对待安乐死的态度终会改变，但他本人去世已久之后，他的日记在20世纪80年代曝光时，还是有许多人谴责他的做法，称这无异于狂傲嚣张的谋杀。如今争论仍在继续，安乐死也仍属非法之举。

安乐死一直以来都备受争议，并且对医学伦理产生了深远的影响，其中又以"不作恶"原则与"首先不伤害"义务两个方面为甚。或许，我们应该去跟查理二世、安妮女王，甚至是乔治三世的御医们讨论讨论安乐死的问题，因为他们都曾看到自己的病人遭受了极大的痛苦。然而，当时那些医生的意图却很可能是要想尽办法来挽救国王或女王的生命。1936年的情况则有所不同，因为道森相信，他杀死国王来减轻其痛楚的做法是正确的。严格说来，不管一个人怎么想，道森的行为都属于弑君。80多年之后，如今争论仍在继续。这位医生的行为究竟是为了缓解国王的痛苦，还是说当时他的心中只想着消息见报的时机呢？对于结束自己的生命，乔治五世又有多大的发言权呢？具有讽刺意味的是，这位国王出了名地讨厌报纸，曾称它们是"肮脏的破烂"；可他生命的最后时刻却是取决于哪家报纸会报道他的死讯。

直到道森勋爵本人去世之后，人们才得知这位医生是用吗啡和可卡因结束了国王的性命。此人的日记是在他去世已久之后才被发现的，因此这位医生无法为自己的行为辩护了。20世纪50年代，弗朗西斯·沃森（Francis Watson）出版了此人的传记《佩恩的道森勋爵传》(*Lord Dawson of Penn*)，但书中没有提到这件事情。数年之后沃森透露说，没有在书中提及此事是一件憾事；不过，他是尊重道森勋爵那位遗孀的要求，才有意没有提及的。

道森勋爵的争议之举，并没有止步于乔治五世。他很可能还为国王的妹妹实施了安乐死，后者是在1938年前往伦敦的途中病倒的。这位医生死于1945年，但他有可能听到了人们议论他时的那首嵌名打油诗。

> 佩恩的道森勋爵
> 杀死了很多的人。
> 这就是我们诵唱
> "天佑吾王"的原因。

据说，乔治五世在弥留之际还询问过治下帝国的情况。著名的遗言往往都是靠不太住的。还有一种传言，说是有人建议他可以到博格诺里吉斯（Bognor Regis）去疗养，而国王则以一句绝妙的反驳回答道："去他的博格诺。"（Bugger Bognor.）乔治五世的遗言更有可能是在他的护士凯瑟琳·布莱克（Catherine Black）面前说的。1928年乔治五世病情发作之后，凯瑟琳·布莱克便受命成了他的私人护士。此人在第一次世界大战期间做过军中护士,还是伊迪斯·卡维尔[1]的朋友。王室成员都叫她"布莱基"(Blackie),她在白金汉宫里还有自己的房间。道森在日记里写道,她为国王注射镇静剂的时候,乔治嘟哝着说出了自己的临终遗言:"你这个天杀的。"对于这位国王临终之夜发生的事情,布莱克护士从来没有透露过只言片语。她的所见所闻,我们永远都不得而知了。

1936年,国王的遗体停放在威斯敏斯特大厅期间,有将近100万悼念者列队瞻仰了他的遗容。他先是下葬在那里的王室地下陵墓中,后来又迁葬到了温莎的圣乔治礼拜堂。乔治的儿子兼继承人爱德华八世(Edward Ⅷ)继承了王位,只是他对这个儿子并未抱有太大的希望。他曾如此评价爱德华:"我死之后,这个孩子就会在一年之内身败名裂。"

---

[1] 伊迪丝·卡维尔(Edith Cavell,1865—1965),英国著名的护士,在第一次世界大战期间因放走了比利时与法国的受伤官兵而被德国军事法庭杀害。

第 47 章

爱德华八世：殁于 1972 年

Edward VIII

> 我发现自己不可能承担重任，也无法履行国王的职责。
>
> ——爱德华八世的退位演讲

在威廉获得"征服者"这一绰号的 900 年之后，王室成员彼此之间仍在直呼其名。乔治五世与特克的玛丽两人的长子阿尔伯特王子，则被大家亲切地称为戴维（David）。

与他的父王爱德华七世全然不同，乔治五世是个相当严格、厉行纪律的人；他管教起自己的子女来，可能像维多利亚女王一样。结果，他的下一代都成了焦虑不安和难以取悦的年轻人。

乔治五世的长子兼法定继承人是在一个新闻出版行业已经发展完善

起来的时代里长大的。他是一个拥有众多拥趸者、照片经常见诸报端的年轻人，而在公众看来，他也是一个热爱聚会的社交名流。他经常参加聚会，广受人们欢迎，让八卦专栏全都忙得晕头转向。他被视为第一次世界大战之后发生的诸多社会变革的象征，但不太可能是将来继位为王的合适人选。

爱德华八世的传记作品都不是特别宽容，对他的态度甚至可以说并不友善。有一种说法是，爱德华在青春期曾经感染流行性腮腺炎，导致他发育不全，因此成年之后很不成熟。据说，这个喜欢参加聚会的男孩子从未长大，缺乏承担国王职责所需的毅力。虽然这种说法可能有道理，但人们对这位国王的看法可能也反映出了20世纪中叶和当代之人对男子气概的态度。或许，最简单的办法就是把他不够有阳刚之气来当国王的原因归咎于一种病理吧。这是一种熟悉的指摘，他的父王乔治五世年轻之时也曾遭受过。不过，尽管王位在20世纪初让那位老国王安分了下来，可26年之后，王位对爱德华的作用却完全相反。退位之后还不到一两年的光景，各种传记作品就在将他与祖父做惯常的比较了。

1936年1月20日，戴维得知了父王驾崩和他已经成为爱德华八世的消息。许多棘手的问题即将出现。爱德华原本已经计划好，打算与他的恋人即迷人的华莉丝·辛普森（Wallis Simpson）一起私奔。这些计划此时不得不暂时搁置起来。她与一个酗酒成性的酒鬼离了婚，后来又嫁了人，这次是嫁给了一个名叫辛普森的商人。虽说她与国王有染的绯闻被英国的媒体暂时掩盖起来了，可其他的人都开始谈论此事，所以她不得不提出了离婚。对爱德华来说，这是他迎娶爱人的大好时机，可英国政府不这么想。在谁将成为他的妻子这个问题上，政府拥有否决权；他们可不愿让一个离过两次婚的美国人来当在位的王后。他们警告说，要么娶她，要么当国王。爱德华选择了辛普森。英国民众并不觉得这件事情很好笑。一场宪法、社会和政治危机随之而来。国王退了位，成了温莎公爵。他迎娶了华莉丝，过着奢侈安逸的生活，除了恭愚希特勒和在战后定居法国，就没有多少事情可做了。

1964年，我们的老朋友、美国外科医生迈克尔·狄贝基成功地为爱德华实施了腹部主动脉瘤手术。如若不然，我们讨论的很可能就是一种与1760年乔治二世之死并无不同的死亡场景了。

1971年，爱德华将一支香烟举到嘴边，然后猛吸了一口。当时，他的喉咙是不是感觉有点儿疼呢？那天上午，他注意到自己的声音有点儿嘶哑。把王位让给弟弟36年之后，温莎公爵患上喉癌，开始饱受折磨。爱德华奢靡享乐的那段岁月已经拖垮了他的身体。起初，他应该出现了吞咽困难的症状，并且有可能注意到自己的声音变了。这类肿瘤往往生长迅速，而患者也像许多癌症患者一样，身体会日渐虚弱，变得极其消瘦。他接受了钴疗法，即用放射性同位素钴-60（Cobalt-60）发出的伽马射线来治疗肿瘤组织的方法。

癌症这个词会让我们当中的大多数人都深感惧怕，因此我们会用委婉之语来避开癌症一词。对于癌症的历史，人们知之甚少。在过去的数个世纪里，导致人们产生这种恐惧的是各种传染病和受到传染的威胁，比如天花、汗热病和鼠疫。到了20世纪下半叶，传染病越来越少见，人类的平均寿命也增加了，我们便开始看到更多由癌症导致的死亡。在过去的数个世纪里看到癌症时，人们曾经认为那是体液中的黑胆汁失衡导致的。爱德华的喉咙里没有什么积滞的黑胆汁，而是活生生的组织，是在香烟中的焦油等有毒物质的刺激和摩擦之下才开始表现异常的。

细胞一直都在死亡，时时都在得到补充和替换；但在爱德华的肿瘤组织内，细胞发育成正常形态的功能却遭到了破坏。所有癌细胞都具有6个特征。它们会无限分裂，会在不受外部因素（比如荷尔蒙）引导或者影响的情况下生长。它们会参与血管生成即新血管的形成过程，从而为自己提供血液。它们会无视"停止"信号。它们不会对细胞凋亡或者程序性的细胞死亡做出响应。它们还会转移，扩散到其他的身体部位。

80%的癌症都出现在构成器官内壁和皮肤的上皮细胞中。您的年纪越大，患上癌症和接触致癌物质的可能性也就越大。珀西瓦尔·波特（Percivall Pott）是维多利亚时代的一名内科医生，他率先描述了导致细胞转变成恶性肿瘤的环境因素。他注意到，那些奉命光着身子到烟囱上去清扫烟尘的小男孩很容易患上阴囊癌，并且认为这种癌症与他们接触到烟囱壁上聚积的烟尘有关。男孩们的皮肤蹭到的烟尘中含有焦油，它会导致细胞发生反应，从而形成肿瘤。爱德华的喉咙内壁对他多年来的吸烟与饮酒产生了同样的反应。喉癌也可以由一种感染性的病原体引发。导致宫颈癌的人乳头瘤病毒也可以用同样的方式导致喉癌。如今的青少年都会接种预防这种病毒的疫苗。

1972年，在温莎公爵弥留之际，伊丽莎白二世前去探视了他。女王的父亲在爱德华退位之后继承了王位，但20年前已经去世。在一位现任君主面对一位前任君主这种令人尴尬的时刻，爱德华的身体已经虚弱得几乎无法站起身来了。他当了不到一年的国王，是英国历史上在位时间最短的君主（如果不算上简·格雷夫人的话）；他于1972年去世，享年77岁。

人们把爱德华的遗体从法国送回了英国；此时，遗体运送起来要比运送12世纪那些前任国王的时候容易得多了。下葬之前，他的遗体停放在温莎的圣乔治礼拜堂，供人们悼念。如今，爱德华长眠在弗罗格莫尔王室墓地一块朴素的墓碑之下。1986年，他放弃了王位所娶的公爵夫人华莉丝·辛普森在患上痴呆症去世之后，被安葬在了他的身旁。

爱德华退位之后，便再次出现了王位由一位弟弟继承的现象。伯特登基，成了乔治六世（George Ⅵ）；在与欧洲的战争一触即发之际，他正是英国当时需要的那种君主。

第 48 章

乔治六世：殁于1952年

George VI

我觉得筋疲力尽了。

在我们讲述了那么多由受伤、弑君、意外事故、阴谋、疾病和戏剧性事件组成的故事之后，1952年，上一位君主在自己的卧榻之上安详离世了。

尽管有长子继承制，即君主会把王位传给自己的长子，可年轻的伯特却是又一位当上了国王的次子。1936年，他的王兄爱德华八世退位，不管不顾地离他而去。伯特时年40岁。

由于任性不羁的哥哥早已被立为王储，所以伯特加入了皇家海军（Royal Navy）；不过，他并不是一个成绩优异的学生，成绩在毕业班里垫底。他在奥斯伯恩的海军学院里患过一次肺炎。后来在第一次世界大战期间，他参加了飞行队，并且获得了飞行员证书。可他的身体还是有问题。战争伊始，他就接受了阑尾炎手术，不得不离开战场去休养。他参加了1916年的日德兰海战（Battle of Jutland），但在1917年又动了一次手术，这次是十二指肠溃疡手术。他因为电影《国王的演讲》（*The King's Speech*）而为许多人所知，因为他从小就患有明显的口吃。小时候的他动不动就哭鼻子、发脾气——当时，那种管教严厉的养育方式又毫无用处地抬起了头。

到第二次世界大战（Second World War）爆发的时候，伯特已经成了英国国王乔治六世。相比于王兄那段短暂而不务正业的在位时期来说，他不但稳住了英国这艘大船，而且在战争期间的表现也很值得称道。德军轰炸期间，他与妻子伊丽莎白王后一直留在白金汉宫；只不过，与许多人不同的是，他们夫妇竟然毫发无损。国王和王后在战争期间通过视察、会见和问候，极大地鼓舞了全国上下的士气。

第二次世界大战给国王和他的身体都带来了巨大的损害。"我觉得筋疲力尽了。"他曾承认说。与父王和王兄一样，乔治是一个烟瘾很大的人，并且为此付出了代价。他被诊断出患有伯格氏病（Buerger's disease），这是与抽烟密切相关的另一种疾病。伯格氏病的正式名称是血栓闭塞性脉管炎（*thromboangiitis obliterans*），它会对动脉造成影响，伴有导致炎症的进行性血栓。乔治可能感到双脚疼痛，并且疼痛会沿着双腿上行。他可能已经注意到，自己的四肢颜色出现了令人恐惧的变化，起初或许呈青白之色，后来则变成了紫绀病的那种暗蓝色。对于英国冬季的寒冷，他的双手和双脚肯定都异常敏感。假如溃疡恶化成了坏疽，那么伯格氏病就有可能导致截肢。乔治的病情虽然没有严重到那种程度，但他还有其他的问题。首先，他的御医们应该已经知道，外周血管疾病通常都伴有类似的病变，并且较为集中在他的心血管或者脑血管里。他们肯定会担心国王患有冠心病和中风之症。

除了伯格氏病导致的阵痛性跛行（即小腿、大腿或者臀部疼痛），这位国王还被诊断出患有动脉粥样硬化症。他的冠状动脉血管壁内层上积聚了一些炎症物质。巨噬细胞（免疫细胞）、脂类、钙质和纤维性结缔组织，导致黏稠物逐渐聚积。在某些情况下，这种聚积物有可能阻塞动脉内腔，增加斑块破裂和形成更多血栓的概率。

除了心脏病，乔治还被诊断出患有肺癌。1951年9月，国王再度接受了手术。这一次，医生相当委婉地告诉他说，动手术是为了治疗"结构性异常"。左侧全肺切除术意味着，他们切除了国王的左肺。御医们不但向公众隐瞒了诊断结果，而且没有把结果告诉国王本人。伊丽莎白公主（Princess Elizabeth）和丈夫菲利普（Philip）出访非洲的时候，国王的身体都还很好，还给他们送了行；可不久之后，他却在睡梦之中意外离世了。贴身男仆清晨来到他的卧室之后，发现这位国王已经驾崩了。

由于此前诊断出他患有外周血管疾病和动脉粥样硬化症，因此当时人们都认为乔治六世是死于冠心病。但到了近期即2021年，心血管病理学家却提出了不同的观点。由于乔治六世接受了全肺切除术之后仍在咳血，因此他的右肺很有可能也患有疾病。肺栓塞和胸内出血都是支气管癌的并发症，都有可能在夜间出人意料地夺走这位国王的性命。尽管冠状动脉血栓完全有可能导致他的突然死亡，但如今人们认为，他动完手术之后肺癌并未根除，因此肺癌才是他的致死原因。

一段时间以来，每当王室成员死亡，官方的说法一直都是"他们

第 48 章 乔治六世：殁于 1952 年

在睡梦之中平静地离世了"。乔治六世驾崩之后，官方的说法正是如此。战场之上的君主们面对箭伤导致的坏疽、意外部位被通红的火钳灸烙和面临无处不在的中毒威胁的日子，已经一去不复返了。如今，国王、王后们就像手下的其他臣民一样，更有可能死于那些与生活方式相关的、在 21 世纪夺走大多数臣民性命的慢性疾病。对乔治六世而言，罪魁祸首就是他的大量吸烟。

他的妻子成了王太后（Queen Mother），而伊丽莎白王后也比丈夫多活了半个世纪之久。她于 2002 年去世，享年 101 岁，然后与丈夫及次女玛格丽特公主（Princess Margaret）一起安葬在温莎的圣乔治礼拜堂。这位王太后还要求人们将她棺椁上的花圈取下来，摆放到威斯敏斯特大教堂的"无名烈士墓"（Tomb of the Unknown Warrior）前。

乔治六世与妻子伊丽莎白生了两个女儿。乔治六世驾崩的消息传开之后，伦敦一度陷入了停摆状态，人们纷纷走下了车，关闭了商店与办公室，以表达他们对这位战时国王的敬意。在遥远的肯尼亚，他的女儿伊丽莎白也得知了她此时已是女王的消息。

伊丽莎白二世女王（Queen Elizabeth II）是英国历任君主中在位时间最久的一位，在 2022 年迎来的是她的登基 70 周年庆典。

女王万岁。

第 49 章

伊丽莎白二世：殁于 2022 年

Elizabeth II

> 我当着大家的面宣布，我的整个生命，无论长短，都将致力于为你们服务。
>
> ——伊丽莎白二世，1947 年

2022 年 9 月 6 日星期二，女王位于苏格兰的巴尔莫勒尔庄园大雨滂沱。所有人的目光都透过暴风雨，望向了苏格兰的女王行宫，因为这位君主已有 96 岁高龄，行动不便，无法再前往伦敦。女王没有南下，而是由两位首相，也就是即将离任的鲍里斯·约翰逊（Boris Johnson）和即将上任的利兹·特拉斯（Liz Truss）北上，到巴尔莫勒尔去觐见她。随行的还有新闻记者和媒体摄影师，然后他们发布了女王的一张照片。

她的模样比人们最近见到她的时候更加虚弱，可她的笑容却一如她在位70多年以来那般热情。仅仅两天之后，全球的媒体摄影团队便回到了巴尔莫勒尔堡；只不过，这一次他们都穿上了黑色的丧服。

9月8日上午，女王身体不适的消息就传开了。据报道称，御医们都很担心，女王则正在接受治疗。英国在位时间最久的君主有恙了。仅仅几个月前，在夏日的艳阳之下，女王、整个英国和英联邦还为她的"白金禧年"（Platinum Jubilee），即在位70周年举行庆典活动。而到了此时，在萧瑟的秋雨中，女王却即将离世了。

1936年父王登基时，伊丽莎白才10岁。在那以前，她只是约克公爵的女儿。小时候的伊丽莎白和妹妹玛格丽特一直过着无忧无虑的生活；由于身体健康的叔父登基成了爱德华八世，所以她根本就没有想过有朝一日自己会成为女王。爱德华八世会娶妻结婚，会生下子女，然后由他的子女去继承王位。然而，乔治五世死后不到一年，她的叔父却相当突然地退了位。伊丽莎白便成了假定王位继承人。也就是说，她成了下一位顺位继承人，除非她的父亲有一个儿子；在那种情况下，尽管她是父王的长女，她的继承顺序也会排到那个假定的弟弟之后。可伊丽莎白没有弟弟，所以1952年父王乔治六世驾崩之后，也就是年仅25岁的时候，她便继位成了女王伊丽莎白二世。

伊丽莎白在13岁的时候，就结识了风度翩翩、魅力十足的希腊王子菲利普（Philip of Greece）。两人共有一个高曾祖母，即维多利亚女王，而菲利普的父亲曾是希腊和丹麦两国的国王，只不过在1922年希腊爆发革命之后，全家都被逐出了希腊，当时菲利普才18个月大。王子的母亲是巴腾堡的爱丽丝公主（Princess Alice of Battenberg），她后来因为精神崩溃而被送进了精神病院。娶了伊丽莎白之后，菲利普王子就稳住了家族这艘大船的命运。两人在1947年成婚,而伊丽莎白当上女王之后,菲利普则在余下的一生中始终支持着她,成了在位时间最久的一位王室配偶。

2021年,爱丁堡公爵(Duke of Edinburgh)菲利普亲王死于年老体衰,享年99岁。他的去世启动了"福斯桥行动"[1];之所以如此命名,是为了向公爵爵位所在的城市爱丁堡致敬。这是一个关于菲利普亲王身后之事的全面计划,其中就包括要邀请哪些人来参加他的葬礼。计划中还规定,这位亲王的灵柩将由他亲自设计并经过特殊改装的一辆路虎牌(Land Rover)汽车运送。他的葬礼是在实施新冠疫情管控措施期间举行的。尽管女王一生当中拍摄的照片多如牛毛,但当时她茕然而坐、悼念亡夫的那张非凡照片,马上成了她最具代表性的照片之一。

17个月之后,人们又将拍到女王的家人哀悼她的去世的照片。多年以前,女王陛下就批准了她驾崩之后将要实施的两项治丧方案:"伦敦桥行动"(Operation London Bridge)和"独角兽行动"(Operation Unicorn)。所用的暗语将是"伦敦桥塌了"。使用这种暗语的目的,是避免电话接线员在宫里正式宣布之前无意中得知某位王室成员的死讯。乔治六世驾崩之时,治丧计划叫作"海德公园角行动"(Operation Hyde Park Corner);王太后的治丧计划叫作"泰桥行动"(Operation Tay Bridge),而日后查尔斯三世(Charles Ⅲ)驾崩之后要实施的治丧计划,则叫"梅奈桥行动"(Operation Menai Bridge),因为他当了那么久的威尔士亲王。一位君主去世之后,总会有一名王族成员(无论关系多么疏

---

1 "福斯桥行动"(Operation Forth Bridge)以桥名作为王室葬礼的暗号,早已成为英国王室的一项传统。

远）来继承王位；因此我们不禁会想，他们会不会把所有的桥梁名字用光呢？

"伦敦桥行动"中含有许多的细节安排，比如公布女王死讯的方式、电视屏幕上应当播放哪些影像、灵柩之上应当摆放哪种鲜花、遗体停放期间应由哪些人来守夜，以及她将安葬在哪里。

"独角兽行动"则不那么广为人知，只有在伊丽莎白女王驾崩于苏格兰的情况下才会开启。自1542年苏格兰的詹姆斯五世据说是得知手下军队在索尔威莫斯之战中败于英格兰军队后心碎而死以来，已有近500年没有一位英国君主驾崩于苏格兰了。1852年，维多利亚女王买下了巴尔莫勒尔庄园；伊丽莎白和家人每年都会去那里度假，享受苏格兰高地的宁静。因此，他们始终都有可能需要实施"独角兽行动"——之所以如此命名，是因为独角兽属于苏格兰的国兽，这一点千真万确。该行动中详细安排了将女王的遗体运到爱丁堡的后勤工作：先应在爱丁堡的圣吉尔斯大教堂（St Giles Cathedral）举行一场苏格兰式的追悼会，然后她的遗体才会踏上前往边界地区以南的最后旅程。

在这个新的21世纪里，伊丽莎白女王不再需要像她的祖父驾崩后那样，不再需要等着大开本报纸来发布死讯了。这位女王的加冕典礼是历史上第一场在电视上播放的加冕典礼；如今，她的死讯也将由英国广播公司（BBC）在电视上公布。当晚，打着黑色领带的记者休·爱德华兹（Huw Edwards）告知全国观众，白金汉宫已经宣布了女王陛下驾崩的消息。宫里称，女王是在巴尔莫勒尔安详离世的。接下来，将是为期10天的全国哀悼期。这个消息迅速传遍了世界各地。英国各地变得漆黑的广告牌为接下来的10天定下了忧郁的基调。

在巴尔莫勒尔城堡的各个大门口，来自苏格兰各地的民众都前来表达他们的敬意、献上鲜花、见证这一场面,并且成为这一历史时刻的参与者。气氛肃穆,唯一的声音就是各国媒体记者的嘈杂声,他们纷纷对着镜头进行报道,描述现场的情况。我曾带着84岁高龄的婆婆前往那里,好让她能够献上几枝鲜花。她还记得70多年前上一任君主去世的情形。如今能够记得当时情形的人可不多了。

女王的灵柩上盖着一面国旗,先是到了阿伯丁,接着是爱丁堡,然后南下前往伦敦。在伦敦,那些站在街道两旁或者通过互联网观看的人,全都可以瞻仰女王那具用一辆大窗灵车运着的灵柩。然而,并不是人人都相信女王就躺在那具棺材里。在社交媒体的时代里,没人会因为害怕被砍掉脑袋而不敢大说出自己的想法。有些人毫无根据地认为女王在巴尔莫勒尔城堡时就已火化,而他们唯一的证据就是女王的妹妹玛格丽特被火化了。假如这是一位修道士在一部古代史书中记载的,那么我们如今可能仍在讲述这个传说。或许,这种说法会变成将来的民间传说中的组成部分吧。不管里面是不是空的,那具棺椁都长途跋涉到了伦敦,并在威斯敏斯特大厅停放了一段时间。

然后就是排队了。女王的灵柩停放于威斯敏斯特大厅供人瞻仰的时候,人们纷纷加入了那支很快就变得庞大无比的"排队者"队伍当中,排着队走过女王的棺椁旁。悼念者由王室卫兵和军方人员负责接待,甚至一度由新任国王和王室成员负责接待。据估计,有25万民众前去致敬瞻仰。那支"队伍"一度长达10英里[1],哀悼者有可能要等上一整天。一时之间,"排队"就像女王一样成了人们谈论的话题,而人们也开始创作关于它的书籍、剧本、爱情故事和犯罪小说了。

---

1 英里,英制距离单位,1英里约合1.609千米。

等到"队伍"中的最后一个人走出大厅之后，葬礼的各项事务便开始了。女王的葬礼成了历史上收视率最高的一场电视转播。在英国，这一天被定为银行休息日。由于什么都关停歇业了，所以人们也没有别的事情可做。据报道称，女王的那具橡木棺椁以铅衬里，重达500多磅[1]；因此，当卫兵们把棺材搬离底座、抬上炮车，然后又放回底座上的时候，全世界的人都一齐屏住了呼吸。在一场由军方仪仗队护送，从白金汉宫到威斯敏斯特大教堂，然后前往温莎的送葬游行中，女王走完了她的最后一程。一根象征着宫务大臣职责的木制权杖在她的棺椁之上被折断，标志着宫务大臣侍奉伊丽莎白女王这位君主的职责结束了。在温莎圣乔治礼拜堂举行的下葬仪式上，伴随着一名孤独的风笛手吹奏的挽歌，她的棺椁被放进了礼拜堂下方的地下陵墓里。数个月前去世后下葬在一座临时墓穴里的菲利普亲王，则被葬到了她的身旁，与她一起长眠于这个安息之地。

伊丽莎白二世的死亡证明书在苏格兰属于公共信息，可以在"国家档案"（National Records）中查到，其中的记录却很简单。死亡原因为1A：年事已高。道格拉斯·格拉斯医生（Dr Douglas Glass）签署了她的死亡证明，此人是女王陛下的御用药剂师（Apothecary to Her Majesty's Household）。听起来像是一位250岁的药剂师签署了她的死亡证明书，可实际上这是一种古老的荣誉称号，数年之前才颁发给这位地方全科医生（GP），以表彰他在巴尔莫勒尔为王室做出的贡献。身为一名历史学家，我倒是很想就签署她的死亡证明一事去请教一下格拉斯医生，因为他碰巧也是我本人的全科医生。但由于我也是一名医生，因

---

[1] 合227多千克。

此我懂得保密原则，不会让他陷入那种尴尬的境地。除非是我在本地的酒吧里看到了他；那样的话，我可能会请他喝上一杯，然后再看情况。

女王去世3周之后，她的死亡证明一经公布，有些人便迅速写信给新闻编辑，抱怨说"年事已高"一词具有误导性。记者们也纷纷质疑这种说法的有效性。"官方是想蒙混过关，欺骗我们，"他们都说，试图寻找一种更加具体的死因。尽管让人挠头，但在苏格兰，人们却认为在一个96岁高龄才去世的人的死亡证明书中写上"年事已高"是一件完全合乎情理的事情。

无论导致死亡的实际生理原因或者病理原因是什么，把"年事已高"一词当成死因，其实在某种程度上更容易被人接受。它会让人觉得，死者是平静而缓慢地睡着了。它不会让我们得知死于癌症可能给人带来的那种巨大痛苦。它不会让我们得知死于慢性阻塞性肺病可能导致的呼吸困难。它不会让我们得知死于痴呆症可能给每一个人带来的那种沉重负担。它让人觉得很宁静。它几乎像是为了抚慰阅读死亡报告的人写的。然而，死因背后其实隐藏着某种东西。有人曾经问我，为什么没有写她死于心脏停搏呢？"心脏停搏"比"年事已高"更没有道理，因为每个人最终都是心脏停搏而死的——我们死时，心脏都会停止跳动。"自然因素"也是一种棘手的说法。要知道，砷也是自然之物。好吧，从历史的角度来看，君主死亡后经常出现投毒指控，而这一回却没有出现，所以这是一个糟糕的例子。

"这是意料之中的事情，我们完全清楚接下来会发生什么，"在《伊丽莎白：亲密肖像》(*Elizabeth: An intimate portrait*)一作中，吉尔斯·布兰德雷斯（Gyles Brandreth）引述了格拉斯医生的话。在此书中，布兰德雷斯声称伊丽莎白女王的真正死因是骨髓癌。他的说法迅速流传开来，在有些地方还被误引成了骨癌。它们是两种不同的疾病，但都属于癌症。

骨髓癌会导致骨髓内的细胞异常增生。骨髓是某些骨骼中心的海绵状脂肪组织，能够生成血细胞——携带氧气的红细胞、免疫系统中的白细胞——和参与凝血功能的血小板。这种癌症包括白血病和骨髓瘤。它们是根据受到感染的是哪种细胞或者哪种组成部分来进行分类的。这种癌症的诊断可以通过体征、症状和血液分析来加以确定。对已有96岁高龄的人来说，这种疾病治疗起来很是棘手。有些人选择不接受治疗，而是在没有重大医疗干预的情况下度过他们余下的时间。

不管导致伊丽莎白女王死亡的相关病理究竟是什么，从细胞的层面来看，其中都存在与年老有关的问题。DNA不可能永远繁殖，不可能永远产生新的蛋白质。每条染色体的末端都有一种叫作端粒体的结构。由于繁殖机制的作用方式就是如此，所以染色体上必须有端粒体。每当一个基因被复制出来，基因的一小部分都必须被切掉，并且永久丧失。端粒体实际上是构建在冗余的基础之上，旨在将它们牺牲掉，来保持生成蛋白质所需的关键信息的完整性。最终，连端粒体也会耗尽，基因就会枯竭。它们无法再行繁殖，因而也无法再生成结构依然相同的新蛋白质了。随着有缺陷的蛋白质越来越多，细胞和器官就无法再那么有效地发挥功能了。我们熟悉的、种种因为年老体衰而出现的外在表征，就会变得更加明显。在环境因素、生活方式、体育锻炼、遗传基因、饮食和恶习等的影响下，我们的细胞和身体并非天生就能永远存活下去。

伊丽莎白女王的一生和统治期间发生过许多值得注意的重大事件，出现了许多的变革，而她始终坚定不移。自70年前她的父王去世以来，最显著的变革就是全球即时通信的发展。然而，即便是有了这种技术和传播信息的能力，在 2022 年竟然还有人提出了与过去 1 000 年来历任英国君主死亡之后相类似的猜测。她真的去世了吗？她是不是早已去世多年了？她究竟在没在那具棺椁里？她的遗体后来怎样了？她带没带什么东西入土陪葬呢？互联网并没有澄清一切，反倒让这些谣言迅速传播开来了——可以说，这种情况几乎已是英国的离世君主的一条必经之路。然而，最清晰也最明确的信息其实是：这是一位受人爱戴的君主，一位优秀的女王。我们会记住，她的辞世是温和且平静的；整个国家和整个世界，都将带着深情一直铭记着她。

与过去 1 000 年间的许多君主之死相比，伊丽莎白的遗产给世人留下的苦涩之味或者腐臭之气要少得多。继位问题没有出现任何洋相，没有出现任何投毒的猜疑，与教会之间也没有出现任何争执；这次王位继承顺利、平静而可控，就像女王本身及其统治一样。伊丽莎白女王的儿子兼继承人查尔斯在 73 岁时继位，成了国王查尔斯三世。

国王万岁。

参考文献

Selected Bibliography

Appleby, J. et al, "Perimortem Trauma in King Richard III: a skeletal analysis", *The Lancet*, Vol.385, No.9964 (2015), pp.253–259

Brewer, C., *The Death of Kings: A Medical History of the Kings and Queens of England* (Abson Books, 2000)

Burch, D., *Digging up the Dead: Uncovering the Life and Times of an Extraordinary Surgeon* (Chatto & Windus, 2007)

Chibnall, M., *Anglo-Norman England 1066–1166* (Wiley Blackwell, 1987)

Chibnall, M., *The World of Orderic Vitalis: Norman Monks and Norman Knights* (Boydell & Brewer, 1996)

Crawfurd, R., *The Last Days of Charles II* (Clarendon Press, 1909)

Douglas, D. C., *William the Conqueror: The Norman Impact Upon England* (University of California Press, 1964)

Engel, H., *Lord High Executioner: An Unashamed Look at Hangmen, Headsmen, and Their Kind* (Robson Books, 1997)

Emson, H. E., "For the want of an heir: the obstetrical history of Queen Anne", *British Medical Journal*, Vol.304, No.6838 (1992), pp.1365–1366

Erickson, C., *Bloody Mary: The Life of Mary Tudor* (St Martin's Press, 2007)

Erickson, C., *Brief Lives of The English Monarchs: From William the Conqueror to Elizabeth II* (Constable, 2007)

Evans, M., *The Death of Kings: Royal Deaths in Medieval England* (Bloomsbury Academic, 2006)

Fitzharris, L., *The Butchering Art: Joseph Lister's Quest to Transform the Grisly World of Victorian Medicine* (Penguin, 2017)

Fraser, A., *King Charles II* (Weidenfeld & Nicholson, 2011)

Goodall, A. L., "The Health of James the Sixth of Scotland and First of England", *Medical History* (1957), pp.17–27

Gillingham, J., "The unromantic death of Richard I", *Speculum*, Vol.54 (1) (1979), pp.18–41

Glynn, I and J., *The Life and Death of Smallpox* (Profile, 2004)

Holmes, G. F., "The Death of Young King Edward VI", *New England Journal of Medicine*, Vol.345 (1) (2001), pp.60–61

Holmes, F., *The Sickly Stuarts: The Medical Downfall of a Dynasty*

(Sutton, 2003)

Horspool, D., *The English Rebel: One Thousand Years of Troublemaking from the Normans to the Nineties* (Viking, 2009)

Hutchinson, R., *The Last Days of Henry VIII: Conspiracy, Treason and Heresy at the Court of the Dying Tyrant* (Weidenfeld & Nicholson, 2011)

King, E., "Stephen of Blois, Count of Mortain and Boulogne", *The English Historical Review*, Vol.115, No.461 (2000), pp.271–296

Knappen, M. M., "The Abdication of Edward VIII", *The Journal of Modern History*, Vol.10 (2) (1938), pp.242–250

Keynes, M., "The Aching Head and Increasing Blindness of Queen Mary I", *Journal of Medical Biography*, Vol.8 (2) (2000), pp.102–109

Kean, S., *The Tale of the Duelling Neurosurgeons: The History of the Human Brain as Revealed by True Stories of Trauma, Madness, and Recovery* (Transworld, 2014)

Lacey, R., *Great Tales from English History: Cheddar Man to the Peasants' Revolt* (Little, Brown, 2003)

Lamont-Brown, R., *Royal Poxes and Potions: The Lives of Court Physicians, Surgeons & Apothacaries* (The History Press, 2001)

MacArthur, W. P., "The Cause Of The Death Of William, Duke Of Gloucester, Son Of Queen Anne, In 1700", *British Medical Journal*, Vol.1, No.3507 (1928), pp.502–503

Medvei, V. C., "The Illness and Death of Mary Tudor", *Journal of the Royal Society of Medicine*, Vol.80 (1987)

Mortimer, I., "The Death of Edward II in Berkeley Castle", *The*

English Historical Review, Vol.120, No.489 (2005), pp.1175–1214

Mortimer, I., *The Perfect King: The Life of Edward III, Father of the English Nation* (Vintage, 2018)

Nuland, S. B., *How We Die* (Vintage, 1997)

Nuland S. B., *How We Live* (Vintage, 1998)

Nicholas, J., "Nova et Vetera—Some Royal Death-Beds", *British Medical Journal*, Vol.1, No.1557 (1910)

Parsons, J. C. and B. Wheeler (eds), *Medieval Mothering* (Taylor & Francis, 1996)

Paxman, J., *On Royalty* (Penguin, 2006)

Schama, S., *A History of Britain 1: 3000BC – AD1603 At the Edge of the World?* (BBC, 2000)

Shrewsbury, J. F. D., "Henry VIII: A Medical Study", *Journal of the History of Medicine and Allied Sciences*, Vol.7 (2) (1952), pp.141–185

Skidmore, C., *Bosworth: The Birth of the Tudors* (Weidenfeld & Nicholson, 2013)

Spencer, C., *Killers of the King: The Men Who Dared to Execute Charles* I (Bloomsbury, 2014)

Spencer, C., *The White Ship: Conquest, Anarchy and the Wrecking of Henry* I*'s Dream* (Harper Collins, 2020)

Strachey, L., *Queen Victoria* (Penguin Classics, 2000)

致 谢

Acknowledgements

已故的舍温·B. 纽兰博士（Dr Sherwin B. Nuland）撰写的著作让我立志成为一名医生。尽管他并不知道这一点，但我一直希望用自己的方式去追随他的脚步。这是一种极有意思的尝试。感谢阿伯丁大学骨科系的 G. 帕特里克·阿什克罗夫特先生（Mr G. Patrick Ashcroft），是您用极具感染力的热忱，鼓励着我走自己的道路。

非常感谢我在 DHH 文稿经纪公司（DHH Literary Agency）的经纪人艾米莉·格伦尼斯特（Emily Glenister），她不但对我的叙事能力深信不疑，而且沉着冷静、事无巨细地引导着我完成了出版一部书籍的具体工作。在新冠疫情封控的那几个月里，创作任何东西都是很不容易的。毫无疑问，是因为有了菲利普·康纳（Philip Connor）的帮助、热情和经验，才让我在那条艰难的道路上走起来较为轻松了。感谢露西·霍尔（Lucy Hall）、艾米莉·帕蒂斯（Emily Patience）、吉尔·科尔（Jill Cole），以及"野火与头条"（Wildfire and Headline）团队中的其余成员。

感谢克丽希娜·瓦哈丽亚（Krishna Vakharia）、伊冯娜·贝雷斯福德（Yvonne Beresford）、乔吉娜·弗比斯（Georgina Forbes）、路易丝·艾伦（Louise Allan）、英格·克劳泽-杰尼斯（Inge Kreuser-Genis）、汤因·阿贾伊（Toyin Ajayi）、卡特丽娜·布切尔（Katrina Butcher）、妮可·高（Nicole Goh）、尼基·威尔逊（Nicky Wilson）、克劳迪娅·卡姆登-史密斯（Claudia Camden-Smith）、瑞秋·哈德森（Rachel Hudson）、凯瑟琳·于（Kathryn Yu）、瑞秋·沃利斯（Rachel Wallis）和查莉斯·曼加尼斯（Charis Manganis），他们是尽职敬业的医生，是通情达理的母亲，是勇敢无畏的支持者，同时也是我的好朋友。他们不分昼夜，倾听着我讲述自己的计划，给了我鼓励，送来了咖啡，偶尔甚至还有香槟酒。

每当我需要的时候，瑞安·克拉克（Ryan Clark）、梅丽莎·拉特利夫（Melissa Ratliff）、芭斯玛·格里夫（Basma Greef）以及剑桥在线写作小组的成员们都在电话里给了我温柔的鼓励。但愿有朝一日，我能够当面感谢他们。

感谢我在"抖音国际"上所有优秀且善良的粉丝，他们来自世界各地，其中有些人看了我制作的第一个人体历史视频之后，一直都在积极评论和提出鼓励。感谢大家，感谢你们所有的人。

感谢艾奇一家子：德里克、凯瑟琳、夏洛特和朱恩（June），感谢你们。我希望你们已经做好了再次支持我的准备，因为我似乎在探究这些逝者遗体的同时，染上了写作的毛病。

图书在版编目(CIP)数据

君主之逝：千年来英国诸王死亡史 /（英）苏西·艾奇著；欧阳瑾，宋安可译. —上海：上海社会科学院出版社，2024
书名原文：Mortal Monarchs
ISBN 978-7-5520-4336-5

Ⅰ.①君… Ⅱ.①苏… ②欧… ③宋… Ⅲ.①英国—历史 Ⅳ.①K561.0

中国国家版本馆 CIP 数据核字(2024)第 055468 号

MORTAL MONARCHS ：1000 YEARS OF ROYAL DEATHS
by
SUZIE EDGE
Copyright ：© 2022 SUZIE EDGE
This edition arranged with DHH Literary Agency Ltd through Big Apple Agency，Inc.，Labuan，Malaysia.
Simplified Chinese edition copyright：
2024 SHANGHAI ACADEMY OF SOCIAL SCIENCES PRESS
All rights reserved.
版权合同登记号：09-2023-0599

君主之逝：千年来英国诸王死亡史

著　　者：[英]苏西·艾奇
译　　者：欧阳瑾　宋安可
责任编辑：张　晶
封面设计：杨晨安
出版发行：上海社会科学院出版社
　　　　　上海顺昌路 622 号　邮编 200025
　　　　　电话总机 021-63315947　销售热线 021-53063735
　　　　　https://cbs.sass.org.cn　E-mail：sassp@sassp.cn
照　　排：南京理工出版信息技术有限公司
印　　刷：上海盛通时代印刷有限公司
开　　本：890 毫米×1240 毫米　1/32
印　　张：9.25
字　　数：226 千
版　　次：2024 年 6 月第 1 版　2024 年 6 月第 1 次印刷

ISBN 978-7-5520-4336-5/K·725　　　　　　　　定价：68.00 元

版权所有　翻印必究